À l'ombre de Winnicott

Ludovic Manchette

Christian Niemiec

À l'ombre de Winnicott

Roman

le cherche midi

Des mêmes auteurs
au Cherche Midi

Alabama 1963, 2020.
America[s], 2022.

Vous pouvez consulter notre catalogue général
et l'annonce de nos prochaines parutions sur notre site :
www.cherche-midi.com

92, avenue de France
75013 Paris

Composition : Facompo
Dépôt légal : août 2024
ISBN : 978-2-7491-7992-6

À Adeline, notre filleule.

« Quand une porte se ferme, une autre s'ouvre. »
Miguel de Cervantès

La
longue
silhouette se
dessinait de plus en plus
nettement dans le brouillard,
jusqu'à le déchirer, avant de s'arrêter à
l'entrée du domaine. La femme, puisque c'est d'une femme dont il s'agissait, leva les yeux vers les lions sculptés dans la pierre, assis au sommet des deux piliers massifs. Ils semblaient la mettre au défi d'entrer. Viviane Lombard, puisque tel était son nom, hésita à s'engager dans l'allée cavalière encadrée de bois denses et bordée de chênes moussus dont les ramures se rejoignaient en une voûte de branches dénudées. Lui vint alors à l'esprit l'idée qu'elle pouvait encore faire demi-tour et reprendre un train pour Londres.

Ou *se jeter* sous un train pour Londres.

Non, cela créerait trop de désagréments au chef de gare, aux voyageurs, à tout le monde. Et causerait beaucoup trop de chagrin à Émilienne, sa cousine.

Sur ces considérations, Viviane se décida à pousser les lourdes grilles de Winnicott Hall, qui laissèrent alors échapper comme un cri strident.

Elle progressa un moment sur le sentier sinueux avant d'apercevoir enfin, au détour d'une courbe, une immense bâtisse noyée dans la brume. Elle marcha encore deux bonnes minutes et finit par mieux distinguer le manoir. Winnicott Hall était un bijou de l'architecture anglaise du XVIIe siècle, tout de pierres grises et percé d'une multitude de fenêtres à guillotine et à petits carreaux, de vitraux et autres bay-windows[1].

Viviane atteignit enfin l'imposante porte d'entrée rouge et son heurtoir de bronze : un faune grimaçant qui tenait dans sa bouche un énorme anneau. Elle frappa trois coups.

BANG ! BANG ! BANG !

Elle ne doutait pas qu'on les avait entendus : ils avaient semblé résonner à travers toute la demeure. Elle attendit, et s'apprêtait à frapper une nouvelle fois lorsqu'un homme de taille moyenne, aux cheveux grisonnants et au visage peu amène, lui ouvrit. Il eut un mouvement de recul en la voyant et lui jeta à la figure un cinglant :

« Nous n'avons rien à vous donner à manger. »

Viviane le toisa et annonça froidement :

« Je suis miss Lombard. La nouvelle préceptrice.

— Oh... »

Dubitatif, le grossier personnage leva un sourcil avant de la détailler. « Négligée » fut le premier mot qui lui vint à l'esprit,

---

1. Bay-windows : Baies vitrées en saillie, constituées de trois sections de vitres et souvent caractérisées par une grande fenêtre centrale flanquée de deux fenêtres latérales plus petites, là où les bow-windows, apparus au XVIIIe siècle, sont constitués de quatre sections de vitres ou plus, de taille égale, formant un arc doux plutôt qu'un angle saillant.

puis « revêche ». Sous son vieux couvre-chef aux bords élimés, elle était d'une pâleur maladive, accentuée sans doute par ses cernes et son manteau sombre, par ailleurs trop grand et mité. L'homme en noir accorda à la visiteuse le mérite d'une certaine audace voire hardiesse pour oser se présenter ainsi au monde.

« Nous ne vous attendions pas avant demain.

— Comment cela ? Je m'étais pourtant entendue avec Mrs Montgomery sur la date du 17 février.

— Vraiment ? »

Il s'écarta enfin pour la laisser entrer, puis referma derrière elle.

« Je vais chercher Madame. »

Il s'éclipsa par une double porte.

Seule dans le vestibule, Viviane ôta son chapeau et observa le sol en marbre blanc et cabochons noirs, l'escalier en chêne – dont les marches étaient en partie recouvertes d'un tapis à dominante rouge –, les portraits qui vous accompagnaient jusqu'à l'étage et le lustre monumental. Des bruits de coups lui parvinrent soudain, puis des éclats de voix. La double porte s'ouvrit alors sur l'homme hostile, accompagné d'une élégante jeune femme blonde à qui Viviane ne donna guère plus de trente ans.

« Mrs Montgomery », s'annonça la maîtresse de maison en lui tendant une main délicate que Viviane secoua de manière un peu rude.

« Viviane Lombard.

— *Enchantée, mademoiselle**. »

Une fois libérée de la poigne énergique, Lucille Montgomery étudia son interlocutrice avec une pointe de curiosité qui

* Tous les mots en italique suivis d'un astérisque sont en français dans le texte.

confinait presque à la méfiance. Visiblement, cette étrange apparition se coupait les cheveux elle-même. Et n'était-ce pas un trou dans son manteau ?

« Je suis terriblement confuse ! s'exclama Lucille. J'étais persuadée que nous étions le 16, mais Mr Talbott, notre précieux majordome, dit-elle en désignant le malotru qui avait si mal reçu Viviane, m'a confirmé que nous étions bel et bien le 17. Vraiment, je suis navrée… Comment êtes-vous parvenue jusqu'ici ?

— À pied.

— Depuis la gare ? Mais… cela a dû vous prendre un temps fou !

— Un peu plus d'une heure.

— Grands dieux… Comme j'ai honte !

— Ne vous inquiétez pas. J'ai pu apprécier la campagne du Sussex… c'est-à-dire, entre deux nappes de brouillard. »

Lucille rit nerveusement, puis fit remarquer :

« C'est étrange, votre accent français est beaucoup moins prononcé qu'au téléphone.

— Ah…

— Mais ne vous méprenez pas, ma chère, il n'en est pas moins… délicieux. En revanche…

— Oui ?

— J'avais cru comprendre que vous aviez trente-huit ans.

— C'est exact.

— Ah. »

Mr Talbott sourit.

De nouveaux bruits sourds vinrent interrompre le silence gêné qui s'était installé.

« Nous sommes en pleins travaux », expliqua Lucille.

Son regard balaya le vestibule.

« Vos bagages sont restés à la gare, je présume ?

— En effet. Une malle et une valise. »

Mr Talbott sourit de nouveau à la pensée que ses effets n'auraient pas le temps de passer par la case « Manoir ». À n'en pas douter, Mrs Montgomery allait renvoyer sans délai cette grande gigue mal dégrossie dans ses French pénates.

« Eh bien, fit Lucille en se tournant vers son majordome, il faudra que vous envoyiez Bertram les chercher au plus vi...

— Attendez, l'interrompit Viviane. Je veux rencontrer votre fils avant de me décider.

— De vous décider... ?

— Je veux dire, avant d'accepter cette place.

— Pardon ?

— C'est-à-dire que, vous comprenez, je veux être sûre d'avoir envie de travailler ici. »

Mr Talbott, outré, sursauta presque avant de regarder la maîtresse de maison. Cette dernière, bien que déstabilisée, ne se départit nullement de son flegme tout britannique.

« Comment cela ?

— C'est que... comment dirais-je ? J'ai eu mon compte d'élèves difficiles, pour ne pas dire... abrutis, parfois. Je crains de ne plus avoir la patience nécessaire à une telle entreprise.

— *Mademoiselle** ! réussit à articuler Lucille en dépit de sa mâchoire crispée. Je vous assure que George est loin d'être difficile et encore moins... *(d'une voix à peine audible)* abruti.

— Je n'en doute pas, mais je préfère m'en assurer par moi-même.

— Eh bien... »

Lucille réfléchit à toute vitesse et arriva à la conclusion qu'elle n'avait guère le choix : cette énergumène était la seule préceptrice qualifiée à avoir fait le déplacement.

« … soit. »

Elle jeta un regard désespéré à son majordome, puis s'attarda sur le manteau de Viviane.

« Voulez-vous que Mr Talbott vous débarrasse ?

— Je veux bien. »

La visiteuse tendit son manteau et son chapeau usés au chef du personnel qui s'en saisit du bout des doigts, puis Lucille l'invita à la suivre. Toutes deux traversèrent le vestibule avant de s'engager dans l'escalier. La nature humaine est ainsi faite qu'il avait suffi que Viviane évoquât la possibilité de refuser l'emploi pour que la maîtresse des lieux eût tout à coup une furieuse envie de la voir tomber sous le charme de son fils et de la maison.

Des travaux étaient également en cours à l'étage.

« Le manoir a été à l'abandon pendant des années. Enfin, il était occupé, mais disons que son propriétaire vieillissant avait cessé de l'entretenir. Il n'avait pas d'enfants et savait que le domaine reviendrait à un lointain parent. Mon époux, en l'occurrence. »

Elles s'arrêtèrent sur le seuil d'une pièce dont les boiseries venaient visiblement d'être restaurées.

« Ce sera ma pièce, expliqua Lucille en y entrant. De vous à moi, je ne sais pas encore ce que j'y ferai. J'y lirai, sans doute. Quoi qu'il en soit, je pense y mettre ma collection de poupées anciennes. »

Elle sembla considérer cette éventualité un instant, puis reprit :

« Enfin, ce qui est sûr, c'est que je veux *un lieu à moi*. Vous comprenez ? J'imagine que vous connaissez Virginia Woolf ?

— Pas personnellement, hélas, mais je connais son œuvre.

— Savez-vous qu'elle habite près d'ici ?

— Je l'ai entendu dire, oui.

— À Rodmell, précisa une Lucille pas peu fière. Nous avons un nid d'écrivains dans la région. Henry James a vécu à Rye. Rudyard Kipling vit à Burwash…

— Oh.

— Mais où en étais-je ? Ah, oui : je veux un lieu à moi.

— Je vous comprends. Ô combien ! »

Lucille se détendit un peu. Suffisamment pour se risquer à montrer un échantillon de tapisserie à la peut-être future préceptrice de son fils.

« J'hésite encore. J'ai peur que ce vert ne me donne mauvaise mine. J'ai un doute.

— Comme le dit si bien ma cousine : "Quand il y a un doute, il n'y a pas de doute" », professa Viviane.

Lucille la considéra en souriant et se dit que cette Française mal embouchée, cette Française en somme, était décidément étonnante.

« Votre cousine a raison. "Quand il y a un doute, il n'y a pas de doute." J'aime beaucoup ! »

Elle déchira l'échantillon et le jeta par terre avant de ressortir.

« J'ai hâte d'avoir ma pièce ! »

Elles empruntèrent à nouveau l'escalier.

« D'un autre côté, elle serait terminée que je n'aurais même pas le temps d'y mettre un pied. Je suis dééé-bor-dée par tous ces travaux… »

À l'écouter, on aurait pu croire qu'elle les réalisait elle-même.

Elles s'enfoncèrent ensuite à travers un dédale de corridors.

« La bibliothèque, le jardin d'hiver, le kiosque à musique, et j'en passe… Heureusement, nous avons fait installer l'électricité, le téléphone et toutes les commodités avant notre arrivée. J'ai été très claire avec Mr Montgomery sur ce point : je voulais bien m'établir à la campagne, avec tout le charme que cela implique, mais il était hors de question que nous nous passions du confort moderne. Nous sommes en 1934, que diable ! »

Viviane acquiesça.

« Dieu merci, Mr Talbott nous a suivis ! Enfin, il serait plus juste de dire qu'il nous a précédés. C'est lui qui s'est chargé de recruter quelques gens de maison avant notre arrivée. Trop peu, puisque nous n'avons encore, outre notre cher majordome, que deux femmes de ménage, une cuisinière, un homme à tout faire et son commis. Cela étant, c'est suffisant pour l'instant, avec ces travaux qui n'en finissent pas. J'espère avoir la force de souffrir encore quelques mois cette vie de bohème… »

Viviane se dit que toutes les deux n'avaient visiblement pas la même définition de la vie de bohème.

« Que voulez-vous, poursuivit Lucille, intarissable, c'est ainsi. Je ne peux m'en prendre qu'à moi-même. Personne ne m'a obligée à renvoyer le décorateur ! Mais le pauvre ne comprenait pas l'âme de cette maison. Nous ne sommes pas à Grosvenor Square ! Il voulait en faire un de ces hôtels particuliers que l'on voit partout, et je me refuse à vivre dans le même intérieur que tout le monde. »

Elles s'arrêtèrent devant une nouvelle pièce en chantier qui arracha un soupir à Lucille. Viviane profita de cet instant de répit pour demander :

« La préceptrice de votre fils n'a pas pu vous suivre ?

— Oh, si, mais… elle a dû nous quitter. Comment dire ? Elle souffrait d'un trop-plein d'imagination. Non pas que je sois contre l'imagination, au contraire, mais enfin, vous conviendrez que point trop n'en faut. Surtout dans certains domaines.

— Sans doute, mais… de quel domaine parlons-nous au juste ?

— Eh bien, d'un de ceux que la raison ne nous permet pas d'évoquer. Permettez-moi donc de ne pas aller plus avant, ma chère. »

Viviane comprit qu'il était inutile d'insister et elles reprirent la direction de la chambre de George.

« Vous verrez, George est un enfant très agréable, à l'esprit vif, même si je dois avouer qu'il me semble soucieux depuis notre arrivée ici. Il lui faut s'adapter à son nouvel environnement, ce qui n'est simple pour personne, et à plus forte raison pour lui… »

Un peu plus loin dans le corridor, une pièce était ouverte d'où s'échappait une voix de petit garçon. Viviane s'arrêta, aussitôt imitée par sa guide.

« Vous pouvez me laisser ici. Pour un premier contact, j'aimerais mieux être seule avec l'enfant. »

Lucille tiqua.

« Je préférerais être présente.

— Je comprends, mais le premier contact est primordial et, croyez-en mon expérience, il est important que votre fils soit aussi spontané que possible. Ce qui ne sera pas le cas si vous m'accompagnez. »

Lucille, bien que déçue, dut reconnaître que ces paroles n'étaient pas dépourvues de bon sens. Aussi se résigna-t-elle.

« Fort bien. Je vous laisse. Vous me trouverez en bas. Ou peut-être au premier. »

Cependant que la mère éconduite retournait sur leurs pas, Viviane s'avança jusqu'au seuil de la chambre bleue. L'enfant, qui jouait avec ses soldats de plomb, lui tournait le dos. Il s'était tu à son approche. Il se retourna vers Viviane :

« Vous pouvez entrer. »

Il la fixait de ses yeux éteints.

« Bonjour, Mr George, dit-elle en entrant.

— *Bonjour, mademoiselle**. »

Il se leva.

« Vous avez un bon accent français, le complimenta-t-elle.

— Vous aussi. »

Lucille n'avait pas menti : le petit avait effectivement l'esprit vif, ce qui rassura la préceptrice. Il lui tendit une main et perçut l'odeur de son eau de Cologne quand elle s'avança pour la saisir. Viviane eut l'impression de serrer la main d'un mort tant elle était glacée.

« Eh bien, mon garçon, il semblerait que vous ayez du sang de navet ! »

Il rit. Encore un bon point pour lui.

« J'ai toujours froid dans cette chambre… Le feu dans la cheminée n'y change rien. Voulez-vous prendre un siège ? »

Il désigna un fauteuil capitonné de soie bleue qu'il ne voyait pas.

« Non, merci… J'aime autant rester debout. »

Elle choisit d'aller à la fenêtre. Il lui sembla que George la suivait du regard.

« Vous avez raison, commenta-t-il. La vue est magnifique. »

Viviane en resta coite. Il précisa :

« Bien sûr, je suis obligé de croire ma mère sur parole. »

Viviane aussi dut se fier à l'appréciation de Lucille. C'est tout juste si elle distinguait ce qui semblait être un étang.

« Je vous dirai ce que j'en pense lorsque le brouillard se sera levé. »

S'il se lève un jour ! pensa-t-elle.

« S'il se lève un jour ! » plaisanta George.

Déconcertée, elle se tourna vers ce drôle de petit bonhomme qui lui demanda de but en blanc :

« Avez-vous déjà enseigné à des enfants qui voyaient ?

— Cela m'est arrivé, oui.

— Et êtes-vous ici parce que vous préférez dispenser des cours à un aveugle ou parce que vous n'avez pas trouvé mieux ?

— En voilà une question !

— Ce n'est pas une réponse.

— Je ne sais pas si je *préfère* dispenser des cours à un aveugle... Mais, vous savez, jeune homme, vous n'êtes pas si différent des autres enfants. À ceci près qu'au moins vous ne risquez pas de regarder les mouches voler ! »

Il sourit.

« Et ne préféreriez-vous pas enseigner à toute une classe ? Dans une école ?

— Mon Dieu, non ! Quelle horreur !

— Parce que moi, je préférerais aller à l'école, comme tout le monde.

— Mais vous n'avez pas le choix, n'est-ce pas ?

— Contrairement à vous, non. »

Il baissa la tête.

« Regrettez-vous votre ancienne préceptrice ?

— Pas le moins du monde. Elle ou une autre...

— Est-ce à dire que moi ou une autre... ?

— C'est égal, oui. C'est exactement ce que je dis. »

Le petit insolent !

« Et vous, regrettez-vous votre dernier élève ?

— Pas le moins du monde. Lui ou un autre... »

George porta à nouveau sur elle son regard inexpressif.

« Je vois. Enfin, si je puis dire... Mais c'est de bonne guerre. »

Viviane remarqua alors la peluche sur le lit : un ourson dont les yeux avaient été arrachés.

« J'aimerais savoir à quoi ressemble celle qui va me faire la classe. Pourrais-je toucher votre visage ?

— Certainement pas. Je déteste qu'on me tripote. D'autant que je ne suis pas sûre que vous ayez les mains propres. »

Cette fois, il lui sembla qu'elle lui avait cloué le bec. Elle s'approcha alors des soldats de plomb et s'accroupit pour en saisir un.

« Si vous pouviez éviter de tripoter mes soldats… Moi non plus, je ne suis pas sûr que vous ayez les mains propres. »

Viviane, à la fois agacée et amusée, posa le grenadier et se releva.

« Vous avez l'ouïe fine. C'est bien, je n'aurai pas à m'époumoner en classe. »

S'ensuivit un silence que George rompit :

« Lequel préférez-vous ?

— Lequel… quoi ?

— Lequel soldat, pardi ! »

Elle s'accroupit à nouveau et réfléchit sérieusement à la question, contrairement à tous les adultes à qui George l'avait posée.

« Je dirais… celui-ci… Je crois que c'est un artilleur. Sa baïonnette est cassée.

— Oh, fit George, extrêmement surpris. C'est la première fois que quelqu'un d'autre désigne mon préféré à moi aussi. »

Passé l'étonnement, il se ressaisit :

« J'ai beau répéter à Ruby et Pearl que je déteste que l'on touche à mes affaires, rien n'y fait, elles n'arrêtent pas de déranger mes soldats. »

Viviane se releva et aperçut son reflet dans le miroir vénitien qui était accroché au-dessus de la cheminée. Comme souvent, elle eut un choc. C'était tout juste si elle se reconnaissait dans ce visage aux traits tirés, encadré de mèches grisonnantes. Elle se sentit horriblement vieille et ne put s'empêcher de songer que ses meilleures années étaient désormais derrière elle. Elle tenta un sourire, mais le cœur n'y était pas.

« Êtes-vous belle ? » demanda George comme s'il savait qu'elle se regardait.

Elle hésita.

« Je ne suis pas la mieux placée pour en juger.

— Moi non plus.

— …

— Mais je suis sûr que vous êtes belle. »

Viviane ne démentit pas. Et culpabilisa quelque peu.

« Vous avez une si jolie voix », expliqua l'enfant.

Le compliment la toucha. Alors elle s'en voulut d'être flattée par les mots d'un enfant. Tout en songeant qu'au moins, lui ne la jugeait pas sur sa seule apparence.

George tressaillit.

« Avez-vous entendu ?

— Non. »

Tout à ses pensées, elle n'avait pas fait attention.

« N'avez-vous rien entendu ?

— Non. Quoi ? »

George triturait nerveusement un bouton de son gilet. Il hésita.

« Euh… Rien.

— Bon… Eh bien, je vais retrouver votre mère.

— Ne voulez-vous pas rester encore un peu ? N'avez-vous pas de questions ?

— Non, je sais ce que je voulais savoir. Et je crois que je préfère rester sur une bonne impression. »

Sur ce, elle prit congé de l'enfant.

Hélas, elle n'avait pas prêté attention au chemin que Lucille et elle avaient suivi. Elle se trouva rapidement désorientée dans ce labyrinthe de galeries, de pièces et d'escaliers, à tel point qu'elle n'eut bientôt plus la moindre idée de l'endroit où elle se trouvait. Elle ne pouvait même pas se repérer au bruit des travaux, ces derniers ayant cessé. Elle errait dans un silence de mort, dans des corridors curieusement glacés par endroits, se rêvant un instant en Jane Eyre partie à la recherche de Rochester. Un tic-tac qui commençait à résonner au loin l'attira jusqu'à une comtoise. Là, elle regarda par une fenêtre pour tenter de se repérer. Était-elle sur l'avant, sur l'arrière ou dans une aile du manoir ? Elle en était là dans ses réflexions lorsqu'un carillon aigrelet la fit sursauter. Elle se retourna vers la comtoise qui sonnait la demie. Mrs Montgomery allait finir par croire qu'elle dispensait à son fils sa première leçon !

« Que faites-vous ici ? »

Viviane sursauta à nouveau. Elle devait prendre garde à ce que cela ne devînt pas une habitude ! Malheureusement, point d'Edward Rochester… En lieu et place, ce triste sire de Mr Talbott.

« Je crois que je me suis perdue.

— De toute évidence. Madame vous attend. Je vous prie de me suivre. »

Il l'escorta silencieusement jusqu'à une porte du premier étage à laquelle il frappa trois coups secs.

« Entrez ! »

Lucille fumait debout près de la fenêtre, dans une bibliothèque à l'atmosphère feutrée avec ses boiseries jaune pâle, ses fauteuils et banquettes rouges, ses tapis épais et ses tableaux représentant de romantiques paysages italiens.

« Alors ? demanda-t-elle, avant de tirer sur son fume-cigarette en ivoire.

— Je commence lundi. Si cela vous convient. »

Lucille poussa un soupir de soulagement dans un nuage de fumée.

« Cela me convient parfaitement. »

Toutefois, la nature humaine est ainsi faite qu'il avait suffi que Viviane acceptât la place pour que Lucille se mît en tête de trouver quelqu'un d'autre, de moins rustre et, surtout, de plus présentable.

« NOM DE NOM ! hurla-t-on. LUCILLE ! LUCILLE, OÙ ÊTES-VOUS ?

— Dans la bibliothèque !

— Dans la bibliothèque, Monsieur ! » répéta Mr Talbott, plus haut.

Entra Mr Montgomery, un assez bel homme moustachu et furibond de trente-cinq ans. Il s'adressa à son épouse comme s'ils étaient seuls, ne jetant pas même un regard à Viviane.

« On a encore touché à mon couteau en silex, à mes statuettes et à mes poteries ! Des fragments du deuxième et du troisième millénaire ! Non mais vous imaginez ?

— Non…

— Les domestiques ont pourtant interdiction de toucher à mes affaires. Si cela continue, je vais tout bonnement leur interdire l'accès à mon cabinet de travail, comme à des enfants, comme à George ! C'est tout de même insensé !

— Archibald, vous tombez à pic. Permettez-moi de vous présenter *mademoiselle** Lombard, la nouvelle préceptrice de George. »

Archibald se tourna vers Viviane, qu'il sembla découvrir, et se fendit d'un :

« Oh-très-bien-fabuleux. »

Cependant, il prononça ces mots si vite qu'il ne sembla même pas les avoir pensés.

« Et pour ce qui est de vos artefacts, Archie, comment voulez-vous que nos bonnes fassent la poussière sans les déplacer ?

— Elles pourraient *au moins* les remettre à leur place. Je ne demande pas la lune, il me semble !

— Moi-même, je retrouve régulièrement mes bijoux éparpillés sur ma coiffeuse et je n'en fais pas un drame.

— Si cela vous amuse de les chercher ! »

Son épouse accueillit cette réflexion par un haussement d'épaules.

« Pour ma part, reprit-il, j'ai trop à faire d'ici lundi. »

Lucille expliqua à Viviane :

« Mon époux s'est piqué d'archéologie. Il travaille à sa prochaine expédition et doit nous quitter après-demain.

— Ah ? Où allez-vous ? demanda Viviane.

— En Irak, répondit Archie.

— Où ça ?

— En *Irak*, répéta Lucille plus fort. Au Moyen-Orient...

— Mais *où*, en Irak ?

— Oh, euh... balbutia Lucille. Quelque part dans le désert...

— À Khorsabad, précisa Archie. C'était une des capitales de l'ancienne Assyrie. Enfin, à l'époque, elle s'appelait Dur-Sharrukin. C'est à côté de Mossoul.

— Je vois très bien, fit Viviane.

— Vraiment ?

— C'est au nord du pays, n'est-ce pas ?

— Tout à fait, miss... Lombard, c'est cela ? demanda Archie, soudain curieux.

— C'est cela.

— Ainsi, vous vous intéressez à l'archéologie ?

— Entre autres choses. Mais dites-moi, vous partez lundi ? Il fait froid là-bas en février...

— Très juste. Seulement, avant le premier coup de pioche, je dois préparer le terrain, si je puis dire. Autorisations, logements, etc. Autant de choses que je ne peux faire d'ici. Mais, ma foi, vous m'impressionnez. Nous ne devons pas être nombreux en Angleterre à connaître cette région du Moyen-Orient. Et encore moins nombreux à connaître son climat. »

Archie hocha la tête et se tourna vers Lucille :

« *Nous sommes vernis, ma chère** *! (À Viviane.)* Oh, mais j'y pense, c'est amusant : figurez-vous que ce sont des consuls français qui ont conduit les premières fouilles à Khorsabad ! »

Lucille se crispa, craignant de devoir assister à un cours magistral pour lequel elle ne s'était pas inscrite.

« Mais aujourd'hui, poursuivit l'archéologue sur sa lancée, ce sont les Américains qui ont repris le chantier. Je collabore avec l'Oriental Institute de Chicag... »

Il se décomposa à la vue de son épouse écrasant distraitement sa cigarette sur une pierre.

« Que faites-vous ?

— J'écrase ma cigarette. »

Il se saisit de la pierre, alla à la fenêtre qu'il ouvrit, et jeta cendres et mégot au-dehors. Lorsqu'il revint vers son épouse, il demanda, en brandissant l'objet du délit :

« Où avez-vous trouvé cela ?

— Dans votre cabinet de travail. Je cherchais un cendrier.

— Un cendrier ? s'étrangla Archie. Pour votre gouverne, très chère, ce "cendrier", comme vous dites, est un *fossile* qui a, approximativement, entre quatre-vingt-dix et cent millions d'années. »

Lucille regarda l'objet d'un autre œil tandis que celui d'Archie frisait.

« Vous êtes impossible ! Mes journées à Khorsabad vont être bien plates sans vous. »

Son épouse rosit.

« Il n'empêche, mon cabinet vous est dorénavant interdit, au même titre qu'aux domestiques et à George. Je ne voudrais pas que vous écrasiez votre prochaine cigarette sur une tablette mésopotamienne du quatrième millénaire avant Jésus-Christ !

— Vous avez un tel objet dans votre cabinet ? s'étonna son épouse.

— Euh… oui, je l'ai… Enfin, on me l'a… s'embrouilla-t-il. Bref… ne l'ébruitez pas, mais… oui. »

Mr Talbott appliquait à merveille le conseil qu'un de ses professeurs lui avait prodigué une trentaine d'années auparavant, à savoir qu'une pièce devait sembler encore plus vide en présence d'un majordome. En effet, tout le monde semblait l'avoir bel et bien oublié. Il toussota.

« Ah, Mr Talbott ! s'exclama Archie. Je ne vous ai pas entendu entrer ! »

Le serviteur, flatté d'être à ce point passé inaperçu, le prit comme un compliment. Il demanda :

« Dois-je envoyer Bertram chercher les affaires de miss Lombard à la gare ou… ? »

Il ambitionnait encore de bouter hors de son territoire cette envahisseuse française.

« S'il vous plaît », le pria Lucille, brisant ses derniers espoirs.

Il s'inclina légèrement, sans rien laisser paraître de son dépit, et quitta dignement la pièce.

Archie prit la main de son épouse et y déposa un baiser avant de se défiler :

« Je vous laisse vous charger des détails. Vous faites cela si bien. »

Il abandonna les deux femmes, non sans avoir salué la nouvelle préceptrice de son fils d'un chaleureux « *Bienvenue** ».

Ces dames réglèrent donc les « détails », à savoir l'emploi du temps de George – et, du même coup, de Viviane – puisqu'elles s'étaient déjà entendues au téléphone quant au montant des gages de cette dernière.

Du lundi au vendredi, la matinée serait consacrée à l'instruction du jeune garçon : anglais, arithmétique, histoire, géographie, français, latin et tout ce qui pourrait parfaire son éducation de gentleman. Deux heures dans l'après-midi seraient dédiées à sa leçon de piano, suivie d'une promenade dans le parc, puis, après le thé viendrait le tour d'activités ludiques telles que la lecture ou les dominos.

Mère et professeure convinrent également que cette dernière passerait, de surcroît, une partie du samedi avec son élève puisque la *nanny* de leur fils, largement en âge de prendre sa retraite, ne les avait pas suivis dans le Sussex et n'avait pas été remplacée, Archie estimant que George était désormais trop grand pour recourir aux services d'une nourrice. Toutefois, Lucille le jugeait trop petit pour être livré à lui-même. Viviane entendit un « surtout avec son handicap », même s'il ne fut jamais prononcé.

Les deux femmes s'avisèrent soudain que Mr Talbott était réapparu, elles n'auraient su dire depuis combien de temps. Toujours est-il que Lucille le chargea de montrer la salle d'étude à Viviane, puis de la mener à l'étage du personnel, à savoir les combles, où l'attendaient ses appartements.

La salle d'étude se situait au deuxième étage, à quelques pièces de la chambre de George. Pour le moins spartiate, elle se résumait à un bureau et un pupitre qui se faisaient face, ainsi qu'à une bibliothèque rudimentaire. Point.

Dans ce triste décor, le planisphère accroché au mur, avec ce rouge flamboyant dont se drapaient les pays membres du Commonwealth, attestant de la puissance de l'Empire britannique, faisait presque figure d'élan fantaisiste. Selon toute apparence, l'ancienne préceptrice de George, sous prétexte que son élève ne voyait pas, n'avait pas jugé utile de rendre l'endroit vivant.

La nursery, qui se trouvait juste à côté, s'avéra beaucoup moins lugubre, avec son tapis de Smyrne rouge, ses fauteuils de velours vert, son piano-forte Empire en acajou, son buffet chinois laqué et ses jouets. Une table et deux chaises venaient parfaire ce sobre et néanmoins chaleureux tableau.

Mr Talbott ne s'attarda pas et, de fait, Viviane non plus. Il marchait d'un si bon pas qu'elle finit par se demander s'il ne cherchait pas à la semer et faillit lui rentrer dedans lorsqu'il se figea subitement devant une porte. Il afficha tout à coup une expression d'intense concentration. Il semblait à l'écoute. Mais de quoi ? Tous deux sursautèrent en même temps au fracas d'un bris de verre. Ou de porcelaine. Mr Talbott ouvrit la porte avec une vivacité que Viviane ne lui aurait pas soupçonnée. Son expression d'intense concentration se mua alors en un masque de consternation : la chambre, si délicate avec ses murs tendus de toile de Jouy rose et blanche, avait été saccagée par un vandale ! Le chaos régnait dans la pièce, du sol, jonché de bibelots cassés, au rideau du ciel de lit déchiré.

Le coupable vint frôler le majordome d'un battement d'ailes affolé. Un corbeau, en sang, alla se cogner pitoyablement aux murs, décrochant ici un tableau, bousculant là un vase qui se fracassa en mille morceaux sur le parquet. L'oiseau, qui semait des traces de sang partout sur son passage, fonça ensuite tête baissée contre les vitres aux losanges de plomb de la bay-window, déjà maculées de taches rougeâtres, avant d'achever sa course sur des petits coussins de soie blanche. Le pauvre animal, secoué de spasmes, planta son regard dans les yeux de Viviane, paraissant lui adresser une supplique. Mr Talbott, insensible à son sort, l'ignora royalement, tout occupé qu'il était à dresser un état des lieux. La sidération passée, il se dirigea d'un pas décidé vers le criminel et, sans l'ombre d'une hésitation, lui brisa net le cou.

Hébété, il lui fallut quelques secondes pour reprendre ses esprits, avant d'aller tirer sur le cordon de tissu rouge, parfaitement assorti aux taches de sang, qui actionnait une clochette à l'office.

« Quelle tristesse, soupira Viviane en regardant le volatile.

— Quelle tragédie, vous voulez dire ! Ces petits coussins en soie que Madame venait tout juste d'acquérir… Sans parler de tout le reste. Ce vase Wedgwood, cette porcelaine de Sèvres, ce… *(Il soupira.)* C'est horrible. »

Pearl Collins, une jolie jeune fille de seize ans en jupe noire et tablier blanc, fit bientôt son entrée. Sa chevelure brune était relevée en chignon au-dessus du pan amidonné du bonnet de coton blanc bordé de dentelles qui lui ceignait le front.

« Mon Dieu ! s'exclama la domestique en pénétrant dans la chambre.

— Je ne vous le fais pas dire ! Qu'avez-vous fait… ?

— Moi ? Comment ça ?

— Vous avez ouvert cette fenêtre et l'avez refermée sans prendre garde à l'oiseau qui était entré. Et voyez le résultat !

— Non… Je… J'ai pas touché à cette fenêtre. Pas avec ce froid… Je… »

La jeune fille pleurait maintenant.

« Il a bien fallu que quelqu'un laisse entrer cet oiseau.

— Mais c'est pas moi !

— Alors ce doit être votre sœur.

— Non…

— Nous allons voir… »

Les sanglots de Pearl redoublèrent.

« Cessez donc de geindre comme un veau ! C'est insupportable ! »

Il tira à nouveau sur le cordon de tissu rouge. Viviane tenta de consoler la jeune domestique d'un sourire contrit.

Trois minutes plus tard entra en scène Ruby Collins, deux ans et deux tours de taille de plus que Pearl. La ressemblance entre les deux sœurs n'en était pas moins frappante.

« Seigneur Jésus ! s'exclama-t-elle.

— Félicitations ! persifla Mr Talbott. Vous avez fait du propre !

— Pardon ?

— Inutile de nier. Vous êtes démasquée. Vous avez laissé cette fenêtre ouverte, et voilà : l'oiseau, la fenêtre… les coussins ! L'enchaînement fatal !

— Mais j'ai rien fait ! Je suis même pas venue dans cette pièce…

— Il suffit ! Ce n'est personne, donc ! C'est bien simple, ce n'est même pas l'oiseau ! En attendant, il a bien fallu que… Oh, non ! »

Il se précipita pour ramasser un tableau.

« Mon Charles Leslie ! »

Il lança un regard noir à Ruby.

« Mon Leslie…

— Euh, pardon, mais c'est pas *votre* Leslie, Mr Talbott. Y a rien à vous ici. »

Il allait répliquer lorsque Viviane, qui était allée examiner la cheminée, fit part de son observation :

« La trappe de la cheminée est ouverte. Le corbeau a dû entrer par là… »

Pearl se calma un peu. Sa grande sœur osa :

« C'est vous, Mr Talbott, qui avez tenu à allumer un feu avant-hier. À tous les coups, vous avez oublié de refermer la trappe dans la soirée. »

Le majordome se redressa :

« Je ne vous permets pas !

— Qu'est-ce que vous voulez, ça arrive.

— Je n'ai rien à voir avec cette catastrophe ! Je suis certain d'avoir refermé cette trappe…

— Alors vous avez raison : c'est personne. Ce corbeau a dû ouvrir la fenêtre ou la trappe tout seul. En attendant, excusez-nous, mais on a du travail, nous autres. »

Ruby attrapa sa sœur par la main.

« On revient avec tout ce qu'il faut pour remettre cette pièce en état. »

Et elle entraîna Pearl loin des foudres de leur tyran, ou du « croque-mort », comme elles l'appelaient entre elles.

Mr Talbott, aussi furieux que penaud, referma la trappe de la cheminée. Il annonça ensuite à Viviane :

« Je vous conduis à vos appartements avant d'aller rendre compte à Madame de ce désastre. »

L'escalier qui menait aux combles n'était pas en chêne, comme ceux qui montaient du vestibule au deuxième étage, mais en sapin, moins onéreux. Il était également plus étroit et plus sombre. Là-haut, les plafonds étaient plus bas et le plancher constitué de grosses lattes de bois brut. Entre deux puits de lumière, quelques malheureuses appliques ici et là éclairaient vaguement des murs beiges, sinistres et nus entre lesquels le « *Bienvenue* » que Mr Montgomery avait adressé à Viviane quelque vingt minutes plus tôt résonnait tristement.

Le maître des clés sortit un trousseau de sa poche et s'arrêta devant la première porte, qu'il ouvrit sans plus de cérémonie. La nouvelle occupante des lieux entra dans ses « appartements », qui se composaient d'un petit « salon », chichement meublé – dans lequel se côtoyaient une commode, une table faisant office de bureau, une chaise et un fauteuil –, et d'une petite chambre communicante, pourvue d'un lit en fer recouvert d'un édredon, et d'une armoire.

« Votre clé est sur le bureau, précisa Mr Talbott qui était resté sur le seuil. Les commodités sont sur le palier, ainsi que la salle de bains que vous partagerez avec Ruby et Pearl, que vous avez rencontrées, et Mrs Dodds, la cuisinière. Si vous préférez, vous avez tout ce qu'il faut pour faire votre toilette dans votre chambre. »

Il désigna, à côté du lit, un trépied sur lequel reposaient une cuvette et un broc en faïence.

« Mes appartements se trouvent plus loin, de l'autre côté du corridor, dans le quartier réservé aux hommes. »

Viviane sortit pour voir ce que le majordome pointait du doigt : une porte qui séparait en deux le corridor.

« La bienséance veut que cette porte soit maintenue verrouillée. La clé est accrochée au mur, de votre côté. J'accède à mes quartiers, dont je suis pour l'heure le seul occupant, par un autre escalier. »

Devançant la question de Viviane, il enchaîna :

« Je ferai monter vos bagages dès qu'ils seront arrivés.

— Merci. »

Il montra une vieille armoire imposante un peu plus loin.

« Vous trouverez dans cette armoire draps et serviettes. »

Viviane opina.

« Et de ce côté, vous avez l'escalier de service. »

Il le pointa du doigt.

« Il dessert tous les étages et mène directement aux communs. C'est celui que vous emprunterez au quotidien, naturellement.

— Très bien.

— Vous dînerez avec Mr George à sept heures dans la nursery, précisa encore Mr Talbott.

— Parfait.

— Des questions ?

— Non.

— Dans ce cas, je vous laisse. Je dois aller faire part à Mrs Montgomery de… du drame. »

Il secoua la tête et s'éloigna. Viviane l'entendit encore marmonner :

« Mon Dieu, que va dire Madame ? »

Il avait perdu de sa superbe à cet instant et semblait partir pour l'échafaud.

Viviane, trop heureuse de ne pas être à sa place, s'empressa de refermer la porte de sa nouvelle chambre, bien décidée à laisser de l'autre côté ces tourments qui ne lui appartenaient pas. Elle prit la clé sur le bureau et, pour la symbolique, s'enferma à double tour.

*

George et Viviane dînaient dans la nursery.

« Ainsi, vous n'étiez pas très attachée à votre dernier élève… ? »

L'enfant mit un index dans son verre et se resservit de l'eau jusqu'à ce qu'elle touche son doigt.

« Pas très, non. Je ne lui voulais aucun mal, c'est déjà bien. »

George rit.

« De même que vous ne vouliez aucun mal à votre ancienne préceptrice, je suppose… »

L'enfant redevint sérieux. Il confia :

« Elle est partie du jour au lendemain, sans même me dire au revoir. Rendez-vous compte !

— Et… savez-vous pourquoi elle est partie ?

— Non. Enfin, j'ai cru comprendre qu'elle avait vu… des choses… »

Il se tut et prit une bouchée de viande de bœuf. Viviane attendit qu'il l'eût avalée pour tenter d'en apprendre davantage :

« Des choses ?

— Oui. »

Elle hésita avant d'insister :

« Quel genre de choses ? »

Il posa sa fourchette et essuya sa bouche avec la serviette qui était posée sur ses genoux.

« Du genre… qu'elle avait inventées, d'après ce que j'ai cru comprendre. Évidemment, mère m'a raconté une tout autre histoire. Elle serait partie au chevet de son vieux père malade… Quoi qu'il en soit, je n'ai aucune nouvelle depuis. »

Chacun se remit à manger, plongé dans ses réflexions. Le silence ne semblait les gêner ni l'un ni l'autre et ce n'est que quelques minutes plus tard que George le rompit :

« C'est mon anniversaire demain. Je vais avoir dix ans.

— Ah, très bien. »

Elle continuait à manger. Il s'était attendu à davantage d'enthousiasme.

« Heureusement, je peux compter sur la présence de mon parrain, parce que aucun de mes grands-parents ne peut venir.

— Et cela vous peine-t-il ? »

Il réfléchit avant de décider que :

« Non, pas vraiment. La mère de père déteste quitter sa maison. Elle ne venait pas plus souvent nous voir quand nous vivions à Londres. Et les parents de mère sont en voyage. Ils sont *toujours* en voyage. Je ne les connais pas tellement, tous les trois, quand j'y pense. Je passe plus de temps avec notre personnel. Que je ne connais pas mieux pour autant, mais enfin… »

Il s'interrompit un moment, songeur, avant de reprendre :

« Les vôtres sont en France, je suppose ?

— Mes grands-parents ? Non, ils sont morts.

— Oh, je suis désolé. Vos parents alors ? Sont-ils en France, eux ?

— Non plus. Ils n'ont pas tardé à rejoindre mes grands-parents.

— Ah… »

George préféra ne pas mener plus loin ses investigations généalogiques. Il tenta de réconforter Viviane :

« Mon grand-père aussi est mort. Le père de père. J'étais petit, je ne me souviens plus de lui.

— Je suis sûre qu'il sera là demain. »

George se raidit.

« Mon grand-père mort ?

— Oui.

— Vous pensez qu'il sera à nos côtés demain ?

— Oui, il ne voudra sûrement pas rater cela. Dix ans, c'est un cap important. Votre premier anniversaire à deux chiffres.

— Êtes-vous sérieuse ? Enfin... Croyez-vous vraiment... que les morts... puissent revenir ?

— J'ai envie d'y croire, en tout cas. »

Elle réfléchit encore à la question avant de conclure :

« Oui. C'est à espérer. »

*

Deux étages plus bas, dans la salle à manger, assis à une table beaucoup trop grande pour eux seuls, Archie, en bout de table, et Lucille, à sa droite, dînaient sans qu'aucune conversation ne troublât le crépitement du feu dans la cheminée. Ou plus exactement, Lucille dînait tandis qu'Archie lisait, laissant sa viande refroidir.

Lucille se leva d'un air décidé. Alors qu'elle s'apprêtait à quitter la pièce, Archie décolla le nez de son ouvrage historique.

« Où allez-vous ?

— Je reviens. »

Une minute plus tard, elle réapparut, un roman à la main. Elle s'assit et se mit à lire, elle aussi. Perplexe, Archie poursuivit sa lecture quelques secondes, avant de se décider à refermer son livre. Lucille mit alors le sien de côté. Archie s'éclaircit la voix :

« C'est très fâcheux, cette chambre qui a été saccagée...

— C'est épouvantable, vous voulez dire. Je m'étais tant investie dans sa décoration. J'y avais mis toute mon âme.

— Oh, non, pas toute, j'espère ! Dites-moi qu'il vous en reste tout de même un peu ! »

Au vu du regard qu'elle lança à son époux, Lucille ne semblait guère goûter la plaisanterie.

« Il n'y a pas mort d'homme, la consola Archie. Il nous faudra racheter des coussins, un couvre-lit, quelques bibelots... La belle affaire !

— On voit que ce ne sont pas *vos* bibelots.

— C'est que, précisément, je n'en ai pas. Seulement des...

— Des cendriers qui ont des millions d'années. Je sais.

— Des cend... ! »

Il secoua la tête, incrédule.

« Vous êtes incorrigible ! Même après toutes ces années, vous avez le chic pour me surprendre et m'amuser.

— Vous avez bien de la chance, parce que personnellement, je ne vois rien d'amusant dans tout cela. »

Bien que flattée, elle affichait un air faussement renfrogné qu'Archie tenta de dissiper :

« Voyons... Ma chérie... Ma huitième merveille du monde... »

Il sentit que les résistances de Lucille commençaient à vaciller. Il lui porta l'estocade :

« Ma petite rose des sables... »

Un sourire se dessina sur les lèvres de Mrs Montgomery.

« Et vous, vous avez le chic pour m'amadouer !

— Dieu m'est témoin que ce n'est pas toujours aussi facile… Hélas ! Oh, à ce sujet, notre nouvelle préceptrice est-elle entrée dans vos bonnes grâces ?

— Je crains que non. Avez-vous vu sa mise ? On croirait voir une paysanne ! Non, non, je vais chercher quelqu'un d'autre. Mais bon, celle-ci fera l'affaire en attendant.

— Pour ma part, je la trouve très bien. Elle est cultivée, semble curieuse… Et je pense que George se fiche éperdument de sa mise. Je dirais qu'elle a toutes les qualités requises pour la fonction. Ne vaut-il pas mieux cela qu'une gourde qui passerait des heures à se pomponner ?

— Mais si mes amies la voient ?

— Eh bien, il est évident qu'elles ne voudront plus jamais vous parler », se moqua Archie.

Comme son épouse ne riait pas, il la raisonna :

« Par pitié, cessez de vous préoccuper du regard des autres…

— Cela vous est facile : ce ne sont pas vos collègues de l'Oriental Institute de Chicago qui risquent de la croiser !

— *Touché**. Il n'empêche, elle m'a fait une très bonne impression. »

L'argument ne semblait pas peser lourd dans la balance de son épouse.

« Enfin, conclut-il, c'est vous qui déciderez. Comme d'habitude. »

*

Lorsque le feu dans la cheminée de la salle à manger ne fut plus que braises et que Ruby et Pearl eurent fini de desservir la table et d'empiler plats, assiettes et couverts dans le monte-plats, elles descendirent à l'office, où elles retrouvèrent

Mr Talbott et Mrs Dodds, la cuisinière, une petite femme replète d'une cinquantaine d'années. C'était au tour du personnel de dîner – du potage – et de discuter de Viviane – le chapitre de l'oiseau, et surtout de la trappe, étant sensible.

« Je suis sûre que vous exagérez, Mr Talbott, pouffa Mrs Dodds dans l'espoir de déclencher de nouvelles confidences.

— Vous verrez par vous-même, mais je pense que vous ne serez pas déçue. »

Tous avaient pris l'habitude de parler plus fort dès lors que la cuisinière, un peu sourde, était présente. Sauf, bien entendu, lorsqu'ils ne voulaient pas qu'elle entendît. Les deux sœurs, en particulier, faisaient souvent des messes basses à voix haute.

« Tout de même, poursuivit Mrs Dodds, Madame l'aurait pas engagée si elle ressemblait à une mendigote !

— Je sais bien. Je suis aussi perplexe que vous.

— Elle a l'air gentille, en tout cas, osa Pearl. Est-ce qu'il vaut mieux pas une…

— Certainement pas ! l'interrompit Talbott.

— Attendez, fit Ruby, vous savez même pas ce qu'elle va dire.

— Si, si, je le sais très bien. "Est-ce qu'il ne vaut pas mieux quelqu'un de gentil qui ait l'air d'une mendiante que quelqu'un de méchant qui soit bien vêtu ?" C'est ce que vous alliez dire, n'est-ce pas ? »

Pearl acquiesça.

« Eh bien, c'est parfaitement idiot ! Comme si l'on ne pouvait pas être à la fois gentil et bien mis… Et laissez-moi vous dire qu'à choisir je préfère quelqu'un qui présente bien et qui soit un peu moins aimable.

— Vous m'en direz tant… marmonna Ruby.

— Pardon ?

— Non, rien.

— Oh ! s'exclama Pearl en tressautant. Vous m'avez fait peur ! »

Viviane, un châle sur les épaules, se tenait debout, face à elle. Personne ne l'avait entendue arriver. Tout le monde, excepté la préceptrice, était très embarrassé, ne sachant pas ce qu'elle avait entendu ou non.

Mrs Dodds se leva.

« Enchantée. Je suis Mrs Dodds, la cuisinière.

— Enchantée. Miss Lombard. La préceptrice de Mr George, mais vous le savez déjà. »

La cuisinière la regardait en souriant.

« Il faut parler plus fort, indiqua Ruby. Elle est un peu sourde. »

Viviane se présenta à nouveau, en haussant la voix. Cette fois, Mrs Dodds acquiesça, puis demanda :

« Vous vouliez quelque chose ?

— De l'eau chaude.

— De l'eau chaude… ?

— Pour mon infusion. »

Viviane souleva la théière et la boîte en fer qu'elle avait à la main.

« Ah, oui. Attendez… »

La cuisinière se leva et mit de l'eau à bouillir. Les autres restaient penchés sur leur potage.

« Alors ? Comment vous trouvez le manoir ? demanda Mrs Dodds.

— Très grand. Et vous ?

— Oh, très grand, oui, et très joli… De plus en plus joli, d'ailleurs. Je dis ça parce que j'y travaille depuis longtemps. Du temps de l'ancien propriétaire, un parent de Mr Montgomery. Alors vous pensez si je connais la maison ! J'y suis un peu comme chez moi. Enfin, au moins dans les cuisines... Et dans ma chambre. Vous êtes bien installée dans la vôtre ?

— Très bien, merci. »

Pour sa part, Viviane n'était pas certaine de s'y sentir un jour comme chez elle. Ni d'en avoir envie.

« Vous avez pas trop froid ? » demanda Ruby.

À cette question, les deux sœurs sentirent le croque-mort, enfin, Mr Talbott, se crisper. Ce fut à peine perceptible, mais elles commençaient à le connaître, depuis plus de deux mois qu'ils se côtoyaient.

« C'est vrai qu'il ne fait pas chaud là-haut, reconnut Viviane. D'où le châle. Et l'infusion. »

L'eau était chaude, justement. Elle ouvrit sa boîte en fer et jeta quelques pincées de feuilles séchées dans sa théière. Mrs Dodds, d'une nature curieuse, voulut savoir :

« Qu'est-ce que c'est ?

— Un mélange de camomille, de mélisse, de valériane et d'autres plantes que j'ai ramassées. Ça m'aide à trouver le sommeil.

— Oh, là, là, moi, ce serait plutôt le sommeil qui me trouve ! Et il a jamais besoin de me chercher bien loin ! Il m'en faut pas alors, de votre tisane... Déjà que je dors comme une bûche ! »

Mrs Dodds versa l'eau chaude sur les herbes et Viviane reposa le couvercle sur sa théière.

« Merci. Dites, une chose m'étonne...

— Oui ? »

Mr Talbott releva la tête.

« Vous n'êtes pas très nombreux, pour vous occuper d'une si grande demeure. »

Les sœurs échangèrent un regard.

« C'est-à-dire que… commença Mrs Dodds.

— Je recherche du personnel, l'interrompit le majordome, mais…

— Ça se bouscule pas au portillon ! » constata Ruby.

Talbott la fusilla du regard.

« Pourtant, rebondit Viviane, en ces temps de crise, tout le monde cherche du travail…

— Il se raconte des choses sur le manoir, expliqua Mrs Dodds.

— Quel genre de choses ?

— Il serait hanté, répondit Ruby. Et c'est vrai que des fois, je me pose des questions. Encore hier soir, par exemple, quand je suis descendue, j'ai vu les tableaux, dans l'escalier, qui se balançaient tout seuls.

— Et on a beau les remettre droits, ils se remettent toujours de travers, ajouta Pearl. Et y en a même un qui était carrément retourné, l'autre fois.

— J'en ai assez entendu ! s'agaça Mr Talbott. Je ne veux plus avoir à supporter ce genre d'inepties à ma table. C'est une insulte à votre intelligence, donc à la mienne, puisque c'est moi qui vous ai engagées. »

S'ensuivit un silence gêné, que Ruby ne tarda pas à rompre pour poser à la nouvelle venue une question qui lui brûlait les lèvres :

« Est-ce que… vous êtes de la famille de Carole Lombard ?

— De qui ?

— Carole Lombard. C'est une actrice.

— Française, j'imagine, avec un nom pareil… railla Mr Talbott.

— Non, américaine. C'était la femme de William Powell. »

Mr Talbott se figea :

« "C'était" ? Il est mort ?

— Non ! répondit Mrs Dodds à qui les sœurs Collins prêtaient leurs magazines consacrés aux vedettes de cinéma. Ils ont divorcé. »

Le majordome, choqué, pesta :

« Je hais cette époque. Quelle décadence ! »

Ruby et Pearl échangèrent un regard amusé, avant que Viviane mît fin au mystère :

« Désolée, mais cette Carole n'est pas de ma famille.

— Oh, dommage… regretta Ruby. J'aurais tellement aimé.

— Et moi donc ! s'exclama Mrs Dodds. Elle a tourné un film avec Gary Cooper y a trois ou quatre ans. Vous auriez pu me le présenter. »

La cuisinière et les deux femmes de ménage gloussèrent comme des écolières. Ce qui eut le don d'exaspérer le majordome, qui préféra se concentrer sur son potage.

La préceptrice assistait à la scène avec un certain recul. Elle eût tout aussi bien pu être au théâtre, d'autant plus que tout le monde devait porter la voix. Quand elle jugea que la représentation touchait à sa fin, elle salua poliment la troupe et prit congé.

Dès qu'elle se retrouva dans l'escalier, elle goûta le silence retrouvé.

Arrivée dans les combles, elle sentit un courant d'air et ne put réprimer un frisson. Elle resserra son châle autour de ses épaules et remercia le Ciel que cet hiver ne fût pas plus rude.

*

Avant de se coucher, Lucille et Archie passèrent souhaiter une bonne nuit à George. Madame s'assit au bord de son lit tandis que Monsieur restait légèrement en retrait.

« Comment trouvez-vous votre préceptrice ? demanda ce dernier.

— Je ne sais pas encore si je l'aime bien ou non.

— Ne vous attachez pas trop à elle, conseilla Lucille. Je ne suis pas sûre qu'elle reste très longtemps avec nous.

— Vous a-t-elle laissé entendre qu'elle voulait partir ? Elle ne m'en a rien dit.

— Non, ce n'est pas elle, c'est moi. Je ne suis pas certaine de vouloir la garder. »

Archie secoua la tête, dans le dos de son épouse.

« Pourquoi ? demanda George.

— Eh bien… je crains qu'elle ne fasse mauvaise impression à… tout le monde. À mes nouvelles amies du cercle littéraire, pour commencer.

— Pourquoi “mauvaise impression” ? Elle doit être élégante puisqu'elle est française ! Et n'est-elle pas très belle ? »

Ni son époux ni son fils ne purent voir la stupéfaction sur le visage de Lucille.

« Qui diable a pu vous dire une chose pareille ?

— Personne. Je l'ai déduit au son de sa voix.

— Dans ce cas, j'ai bien peur de vous décevoir, mais elle est on ne peut plus quelconque. Et surtout, affreusement négligée. »

Archie soupira. Quant à Lucille, elle préféra changer de sujet et évoqua l'anniversaire de l'enfant et le goûter du lendemain qui réunirait toute la maisonnée. Il eut beau insister, ses parents ne révélèrent rien des cadeaux qui l'attendaient.

Finalement, Lucille déposa une bise sur son front et se leva.

« N'oubliez pas de regarder sous mon lit, lui rappela-t-il.

— Bien sûr. »

C'est son père qui s'exécuta, avant de le rassurer :

« Tout va bien. Il n'y a rien. Vous pouvez dormir tranquille.

— Merci, père.

— Bonne nuit, George.

— Bonne nuit, mon chéri, ajouta sa mère.

— Bonne nuit. Pensez à laisser la porte ouverte. »

Avant de le quitter, sa mère lui adressa un sourire qu'il ne put lui renvoyer, faute de l'avoir vu.

Une fois ses parents partis, le petit garçon fit une prière à voix basse, les mains jointes par-dessus ses draps :

« Seigneur, faites que j'aie un chien pour mon anniversaire. Je préférerais un petit frère, mais mère ne veut plus d'enfant. Je crois qu'elle a peur qu'il ne soit aveugle, lui aussi. Mais moi, j'aimerais tellement avoir un ami… »

On frappa alors deux coups au mur, à côté de son lit. Son cœur s'emballa.

« Mère ? »

Il savait que cela ne pouvait pas être elle : il l'avait entendue s'éloigner et les coups, comme d'habitude, semblaient venir des murs eux-mêmes.

« Mère ? » tenta-t-il encore néanmoins d'une voix aussi blanche que sa nuit à venir.

Lucille avait accompagné Archie jusqu'à la porte de sa chambre.

« J'espère que George va s'habituer à cette grande demeure, dit-elle. Cela m'inquiète qu'il nous demande de regarder sous son lit. Il ne faisait pas cela à Londres.

— Il doit prendre ses marques, voilà tout. C'est normal à son âge d'avoir peur des monstres. Moi-même, je faisais d'affreux cauchemars au sujet de momies qui sortaient de leurs sarcophages ! Que voulez-vous, c'est un petit garçon comme les autres.

— Vous savez bien que non. »

Las, il poussa un soupir.

« Vous n'allez réussir qu'à lui transmettre vos angoisses. Traitez-le comme n'importe quel enfant et il grandira comme n'importe quel enfant.

— Si seulement c'était aussi simple. »

*

Lucille avait toujours le plus grand mal à trouver le sommeil et cette nuit-là ne fit pas exception.

« … j'ai l'honneur, mesdames et messieurs, de me dessaisir de cette affaire », acheva Poirot.

Seule dans son lit, avec le bruit du vent pour seul compagnon, elle venait d'achever la lecture du *Crime de l'Orient-Express*, le dernier roman d'Agatha Christie. Estomaquée par le final, elle se releva et alla frapper à la porte d'Archie pour partager son enthousiasme. Malheureusement, il s'était endormi sur son propre livre, alors que le roi Hattusili Ier, en guerre contre le royaume hourrite, assiégeait la ville d'Urshu, sur la rive ouest de l'Euphrate, mille six cents et quelques années avant Jésus-Christ.

À l'étage au-dessus, George tentait de résister à une envie pressante. Il allait se lever lorsqu'il entendit le plancher de sa chambre grincer.

Plusieurs fois.

À divers endroits.

Comme si l'on marchait.

Soudain, il en eut la certitude, ce n'était pas *comme si* l'on marchait : quelqu'un déambulait bel et bien autour de son lit ! La terreur qu'il ressentit alors s'exprima à travers tout son corps par toutes sortes de manifestations simultanées : il frissonna de la tête aux pieds, eut la chair de poule, sentit son cœur s'emballer et tous ses muscles se contracter.

« Il y a quelqu'un ? » chuchota-t-il, espérant une réponse tout autant qu'il la redoutait.

Il se rendit compte qu'il ne respirait plus, à l'affût du moindre bruit. Le hululement d'un hibou quelque part dans la nuit acheva de le terroriser. Son ours en peluche et lui disparurent sous les draps jusqu'au matin.

Viviane fut réveillée par les bruits de pas et les chuchotements de Ruby et Pearl qui s'étaient levées étonnamment tôt en ce dimanche matin. C'est ainsi qu'après s'être vigoureusement frictionnée à l'eau de Cologne, la nouvelle pensionnaire de Winnicott Hall se promenait dès l'aube dans les allées du parc encore brumeuses avant de longer l'étang où se côtoyaient quelques feuilles de nénuphar éparses, une dizaine de colverts et deux couples de cygnes encore endormis. Les statues qu'elle croisait un peu partout dans le domaine lui donnaient le curieux sentiment de n'être jamais seule. Elle en croqua quelques-unes dans son cahier d'esquisses, ainsi que l'étang, mais le froid qui glaçait ses doigts la contraignit à abréger la séance de dessin.

Elle avait pris le chemin du retour lorsqu'un bruit étrange lui parvint. Un crissement régulier qui avait quelque chose de sinistre et d'inquiétant, d'autant qu'elle ne distinguait aucune présence humaine nulle part. Il devait s'agir d'une charrette, supposa-t-elle. Elle songea immédiatement à l'Ankou et aux histoires que lui racontait sa grand-mère bretonne sur ce vieillard muni d'une faux qui récoltait les âmes dans sa charrette, justement. Elle se raisonna : elle était une adulte désormais et ne devait plus croire à ces balivernes.

Elle s'arrêta et regarda tout autour d'elle pendant quelques secondes, puis, constatant qu'elle était seule dans ce parc, hormis les statues, elle se décida à rentrer. C'est alors qu'un homme apparut au détour de buissons. Vêtu tout de noir, comme elle, un peu plus vieux et coiffé d'une casquette, il poussait une brouette remplie non pas d'âmes, mais de bûches. C'était cette brouette qui couinait ! Lorsqu'il aperçut Viviane, l'homme sembla aussi surpris qu'elle et presque apeuré.

« 'jour, dit-il.

— Bonjour. »

Il s'arrêta, sans toutefois lâcher sa brouette, et avoua :

« Vous m'avez foutu une de ces trouilles ! C'est qu'on a pas l'habitude de voir du monde aussi tôt le matin...

— Vous êtes déjà au travail ?

— Pour sûr ! Sinon, qui c'est qui va chauffer la baraque ? »

Il ne se départait pas de son sourire qui lui donnait, avec sa bonne bouille, un air innocent, voire naïf, voire benêt.

« Oui, évidemment...

— Moi, c'est Bertram.

— Je vois. C'est donc vous qui êtes allé chercher ma malle à la gare.

— C'est ça. Et vous, vous êtes la Française qui va faire l'école à Mr George...

— Exactement.

— Et comment qu'vous vous appelez ?

— Miss Lombard.

— Ah, oui, ça sonne bien français, ça.

— Vous trouvez ?

— Oh, oui ! Remarquez, je dis ça, j'y connais rien. »

Une boule de poils fauves tout excitée se joignit à eux et se hissa sur ses petites pattes arrière pour réclamer des caresses à Viviane, en vain. Bertram présenta le jeune corniaud :

« Et lui, c'est mon Chicken.

— Chicken ?

— Oui, on dirait pas comme ça, mais il est trouillard comme pas deux[1] ! Il a l'air de bien vous aimer, dites donc. »

Le chiot tournait maintenant sur lui-même en jappant, visiblement heureux de cette rencontre fortuite. Bertram lâcha enfin sa brouette pour donner quelques petites tapes affectueuses à l'animal.

« C'est un gentil chien, ça. Hein, mon p'tit père ? »

L'homme grattouilla encore le flanc rebondi du chiot, avant de se redresser. Il sembla alors vaciller, comme victime d'un léger étourdissement.

« Tout va bien ? demanda Viviane.

— Oui, oui… C'est rien du tout. Vous en faites pas. C'est depuis que je me suis pris des balles dans la tête…

— Des balles… ? »

Elle regarda le chien.

« Vous voulez dire… en jouant avec votre chien… ? »

Il rit.

« Non ! Non, non… Des vraies balles. Trois. Trois coups de fusil. Dans la tête. »

Le tout énoncé avec un grand sourire, si bien que Viviane ne savait quoi en penser.

Soudain, Chicken se mit à aboyer. Viviane crut d'abord qu'il en avait après elle, mais elle s'aperçut ensuite que c'était un point dans le vide, *juste à côté d'elle*, qu'il fixait.

---

1. *Chicken* signifie à la fois « poulet » et « poule mouillée ».

« Qu'est-ce que tu vois encore, mon p'tit père ? demanda Bertram. Ah, il voit des choses celui-là… Remarquez, moi aussi, des fois, mais bon… »

Viviane se retourna, mais il n'y avait rien à voir. En revanche, il y avait à entendre. De nouveaux crissements. Elle jeta un œil à la brouette de Bertram, immobile.

« Vous entendez ? demanda-t-elle.

— Quoi ?

— Vous n'entendez pas ? On dirait une brouette.

— Attendez… »

Il tendit l'oreille.

« Non… »

Viviane commençait à se demander si elle n'était pas folle quand apparut une nouvelle brouette, suivie d'un jeune garçon cette fois.

« Ah, oui, c'est Reggie, expliqua Bertram. Mon second. Je m'excuse, mais j'entends pas bien. C'est que ça bourdonne là-dedans. *(Il désignait sa tête.)* C'est depuis les coups de fusil.

— Ah… Oui. Je comprends…

— Reggie, je te présente miss Lombard. C'est la p'tite dame qui va faire la classe à Mr George. Enfin, p'tite, façon de parler, hein ! »

Le jeune garçon posa sa brouette.

« 'jour, mam'zelle ! Z'êtes tombée du lit, dites donc !

— Oui, j'aime l'idée d'être debout lorsque tout le monde dort. Enfin, *presque* tout le monde… »

Reggie sourit. Bertram aussi. Comme toujours.

« Ah, oui. Ça, c'est un choix… philosopha ce dernier.

— Votre brouette n'est-elle pas trop lourde ? demanda Viviane à Reggie. Vous m'avez l'air bien jeune… »

Pour ne pas dire frêle.

« Pas du tout, j'ai dix-sept ans. J'suis dans la force de l'âge, ha, ha !

— C'est pour moi que ça devient lourd ! plaisanta Bertram.

— Oui, c'est lui qu'est vieux, ha, ha !

— Bon, on va quand même s'y remettre…

— Oui, peut-être, ha, ha ! Allez, faut y retourner ! C'est pas tout ça, faut chauffer le château avant que ces seigneuries se lèvent ! »

Tous deux soulevèrent leurs brouettes et souhaitèrent à la préceptrice une bonne journée, avant de s'éloigner.

Alors qu'elle regagnait sa chambre, Viviane croisa dans l'escalier la jeune Pearl et sa grande sœur Ruby qui descendaient.

« Bonjour ! Vous êtes déjà debout ? s'étonna Pearl.

— Oui, je me suis levée il y a au moins une heure. Quand je vous ai entendues dans le corridor.

— Dans le corridor ?

— Oui, quand vous êtes passées devant ma porte…

— Mais… on vient de se lever ! s'exclama Ruby.

— Non, je… je vous ai entendues marcher. Et vous chuchotiez…

— Non, non, c'est pas possible, on dormait ! »

Viviane n'insista pas. Elle se demanda simplement quel intérêt les deux jeunes filles pouvaient bien avoir à lui mentir.

*

Le petit George était toujours dans son lit lorsqu'il entendit approcher le pas de Mr Talbott. Soulagé, il se redressa lorsque le majordome frappa à la porte entrouverte. Ces derniers temps, chaque matin apparaissait à l'enfant comme une délivrance après une nuit effroyable.

« Entrez !

— Bonjour, Mr George ! s'exclama Mr Talbott en entrant. Joyeux anniversaire !

— Merci, Mr Talbott, répondit George en se levant. Savez-vous qui d'autre est né un 18 février ?

— Non, Monsieur.

— Mary Tudor.

— Oh... »

Mr Talbott venait de s'aviser que George avait encore mouillé ses draps.

« Eh oui ! poursuivit l'enfant. Notre reine fêterait aujourd'hui ses quatre cent dix-huit ans !

— Je vois que Monsieur n'a pas eu le temps de se lever cette nuit...

— Ah... Non... Je suis vraiment désolé...

— Ce n'est pas grave. Je vais faire changer vos draps.

— Merci. »

Le majordome tira sur le cordon pour appeler une des domestiques.

« La prochaine fois, si vous sentez que vous n'aurez pas le temps d'arriver dans votre cabinet de toilette, n'hésitez pas à utiliser le pot de chambre, que j'ai disposé dans votre table de chevet.

— Oui...

— Bien, je vais préparer la tenue que votre mère souhaite vous voir porter aujourd'hui. »

Il énonça au fur et à mesure qu'il prenait les vêtements dans l'armoire :

« Nous disons donc… une chemise blanche… le pull en laine que vous trouvez si doux… votre veste à carreaux… et le pantalon qui va avec. Je pose tout cela dans votre cabinet de toilette. »

Il s'exécuta.

« Merci, dit George lorsqu'il l'entendit revenir.

— Je ferai votre nœud de cravate lorsque vous serez prêt. »

*

Exceptionnellement, George était convié à prendre le petit déjeuner avec ses parents. Lorsqu'il entra dans la salle à manger, sur son trente et un, sa mère se précipita vers lui.

« Joyeux anniversaire, mon chéri ! »

Elle le serra dans ses bras.

« Doucement, mère, vous allez m'étouffer. Et puis je ne suis plus un bébé.

— Vous savez bien que vous serez toujours mon bébé ! »

Archie attendit patiemment son tour, puis ébouriffa son fils.

« Bon anniversaire, mon grand !

— Merci, père. »

Ce dernier lui tapota l'épaule et retourna à sa place. George alla s'asseoir à sa gauche, fit reposer sa canne blanche contre la table et patienta sagement tandis que sa mère, qui avait rejoint la desserte, finissait de composer le petit déjeuner de son grand bébé : œufs brouillés, bacon, petites saucisses, haricots blancs à la tomate.

« Tenez, mon trésor. »

Elle déposa l'assiette devant son fils avant de l'embrasser bruyamment sur le haut du crâne.

« Eh bien, s'étonna Archie, que d'effusions, de bon matin !

— Ne soyez pas jaloux », le taquina Lucille, avant de le soumettre au même traitement.

George sourit en entendant le claquement exagérément sonore de ce deuxième baiser. Au bruit de la chaise que l'on déplaçait face à lui et à la faible secousse de la table, il sut que sa mère venait de prendre place.

« Je vous trouve d'humeur bien badine aujourd'hui, fit remarquer Archie.

— On le serait à moins ! C'est l'anniversaire de notre petit rayon de soleil ! »

Archie sembla ne pas savoir quoi ajouter à cette déclaration d'amour. Il parut quelque peu emprunté, cherchant à son tour une réplique aimable. Qu'il finit par trouver :

« Alors, George... Euh... Qu'est-ce que cela vous fait d'être un homme ?

— Oh, père, vous exagérez. Je ne me sens pas si différent d'hier.

— Et pourtant...

— Vous croyez ?

— Évidemment.

— Alors, soit. Eh bien... c'est agréable.

— Savez-vous que... Toutânkhamon est devenu pharaon à l'âge de dix ans ? Imaginez que vous ayez dès aujourd'hui à diriger la Haute et Basse Égypte ! Bon, certes, c'était le fils d'un dieu vivant...

— Ce qui, hélas, n'est pas votre cas, George, plaisanta Lucille.

— ...Akhenaton... poursuivait Archie.

— Oh, je vous en prie, se lamenta son épouse, cette journée avait si bien commencé...

— Décidément, ma chère, je constate encore une fois que vous ne respectez rien. Et surtout pas votre mari ! »

Lucille lui envoya un tendre baiser du bout des doigts, dont l'écho parvint jusqu'à George. Il adorait entendre ses parents s'asticoter. Il tenta de tirer profit de la bonne humeur ambiante :

« Suis-je vraiment obligé d'aller à l'église le jour de mon anniversaire ?

— Enfin, George, vous plaisantez ? s'offusqua Lucille. Justement ! C'est ce jour-là que Dieu a choisi de vous envoyer à nous. Cela mérite bien, *a minima*, une visite de courtoisie. »

L'enfant ne pouvait pas voir son père lever les yeux au ciel.

« Peut-être pourriez-vous laisser cet enfant tranquille ne serait-ce qu'un dimanche par an ?

— Voilà que c'est vous qui ne respectez rien ! »

George entendit son père soupirer, puis plaider sa propre cause :

« J'espère au moins que je ne suis pas tenu de rendre, moi aussi, cette visite de courtoisie. Comprenez-moi bien, George, je suis très heureux que… "le Seigneur"… vous ait envoyé à nous, mais j'ai encore tant à faire avant mon départ.

— Vous manqueriez l'office ? fit mine de se scandaliser Lucille. Comme c'est étonnant ! C'est à se demander si vous n'avez pas choisi de partir un lundi pour éviter ce que vous considérez comme la corvée du dimanche. »

George sourit.

« Quelle imagination ! s'exclama Archie. Vous devriez écrire !

— Oh, puisque vous le demandez, j'ai terminé mon roman.

— Vous avez écrit un roman ?

— Non… Je parle du roman que je lisais. *L'Assassin de l'Orient-Express*. Quelque chose dans ce goût-là… En tout cas, l'action se passe dans l'Orient-Express. Et il y a un assassinat.

— Et moi qui le prends demain ! plaisanta Archie.

— Ne vous inquiétez pas, vous n'êtes pas dans un roman ! Toujours est-il que cette Agatha Christie est bien retorse. Je n'ai rien vu venir. »

La jeune Pearl entra :

« Vous avez sonné ? »

Archie et Lucille se regardèrent, étonnés.

« Non… » répondit Lucille.

La domestique se tourna vers Archie :

« Monsieur non plus ?

— Pas davantage.

— Pourtant… »

Elle paraissait si désappointée qu'Archie proposa :

« Mais puisque vous êtes là, si vous voulez débarrasser… J'ai terminé.

— Bien sûr. »

La jeune fille attrapa un plateau sur la desserte, s'approcha et prit l'assiette et les couverts d'Archie en même temps qu'une grande, et néanmoins discrète, inspiration. L'odeur du tabac à pipe du maître de maison la mettait dans tous ses états. Comme l'odeur de sa brillantine. Et sa coupe de cheveux. Et ses petites oreilles. Et ses yeux verts. Et sa moustache. Et ses belles dents. Et ses mains qui, grâce au coup de fer à repasser de sa domestique aussi dévouée qu'amoureuse, ne seraient pas tachées par l'encre d'imprimerie. En somme, tout Archie l'envoûtait.

« J'ai fini de repasser votre journal, Monsieur. Je vous le porte dans votre cabinet de travail ou vous désirez le lire ici ?

— Posez-le plutôt dans la bibliothèque, pour Madame. C'est elle qui s'intéresse aux nouvelles. »

Pearl fit de son mieux pour cacher sa déception.

« Très bien, Monsieur.

— En revanche…

— Oui ?

— Pourriez-vous aller mettre une bûche dans la cheminée de mon cabinet ? Je crains que le feu ne vienne à mourir.

— J'y vais tout de suite, Monsieur.

— Mais surtout, ne touchez à rien.

— Non. Bien sûr.

— Merci. Vous êtes une perle. »

Les joues de la domestique s'empourprèrent. Elle déposa les assiettes, les couverts et les tasses dans le monte-plats avant de s'en retourner en cuisines, les mains vides, le cœur léger et le sourire aux lèvres.

« Franchement, Archie… soupira Lucille, "Vous êtes une perle" ? Dire cela à Pearl ? Vous valez mieux que cela.

— Ah, c'était Pearl ? Je croyais que c'était Ruby ! »

Lucille secoua la tête.

« Parce que vous croyez que c'est plus fin de dire "Vous êtes une perle" à Ruby ?

— Pour ma part, je trouve cela très drôle, approuva George.

— Merci, mon grand. Heureusement que vous êtes là. Si l'on écoutait votre mère, je serais bon à jeter aux chiens ! »

George retint son souffle : son père venait-il de se trahir en parlant de chiens ? Ses prières allaient-elles être exaucées ?

« Qu'est-ce que t'as ? demanda Ruby à sa petite sœur lorsque celle-ci arriva à l'office en affichant un air béat.

— Rien. Je me dis qu'on a de la chance de travailler ici. »

Pearl sortit la vaisselle du monte-plats.

« Mmh », fit Ruby, qui s'échinait à astiquer l'argenterie et semblait moins enthousiaste.

Elle s'arrêta et, baissant d'un ton, demanda :

« De travailler ici ou de travailler pour *Monsieur*... ?

— Chuuuuut ! fit Pearl en désignant d'un coup de tête Mrs Dodds qui s'affairait sur son plan de travail, de dos.

— Quoi ? Penses-tu ! Elle est sourde comme un pot ! »

Elles rirent. Mrs Dodds se retourna :

« Qu'est-ce que vous avez encore à glousser, vous deux ? Vous avez pas mieux à faire ?

— Si, répondit Pearl en attrapant le *Sunday Times*. Je vais poser ça dans la bibliothèque. Et je dois aller raviver le feu dans le cabinet de Monsieur. »

Ruby donna un dernier coup de chiffon sur une petite cuillère et rangea les couverts à leur place.

« Et moi, je vais faire les lits. Et m'assurer que Mr Talbott a bien fermé les trappes des cheminées ! »

En sortant, elles croisèrent l'homme en noir.

« Allons, on s'active, mesdemoiselles ! Et soyez prêtes pour le départ à l'église. Bertram ne vous attendra pas.

— Oui, Mr Talbott », répondirent-elles en chœur en s'éloignant.

Le majordome s'approcha de Mrs Dodds.

« Est-ce que miss Lombard sait que nous partons à l'église à dix heures vingt ?

— Je lui ai dit, mais elle m'a répondu qu'elle viendrait pas.

— Ah, non ? Vous a-t-elle dit pourquoi ?

— Elle est catholique.

— Ah, oui. Bien sûr. Décidément, ces Français... Ils ne font jamais rien comme tout le monde ! »

*

Mr Talbott conduisit Lucille et George à l'église, tandis que Bertram emmenait Mrs Dodds, Ruby et Pearl.

À leur arrivée, chacun rejoignit sa place habituelle. Lucille, qui conversait avec sa voisine, était ravie que Viviane et ses oripeaux fussent restés au manoir. Assis à ses côtés, George guettait le début de l'office avec une certaine impatience. Non point qu'il adorait particulièrement la liturgie, mais parce qu'il avait hâte que l'office se terminât. Il rongeait son frein en attendant l'heure de sa fête d'anniversaire, et ce pour plusieurs raisons : la visite d'Alistair, son parrain, le gâteau au chocolat de Mrs Dodds et l'ouverture de ses cadeaux. Pas nécessairement dans cet ordre.

Il patientait en se concentrant sur les effluves de bois ciré, de poussière, de pierre, d'humidité et de bougies, celles qui brûlaient et celles qui venaient de s'éteindre. Ces bonnes odeurs qu'il affectionnait tant et qui n'étaient pas sans lui rappeler celles de sa maison, les relents de peinture fraîche et de boiseries neuves en moins.

Son attention se porta ensuite sur un parfum de violette qui précéda de peu deux fillettes, qui prirent place juste derrière lui. Au son de leurs voix, il estima qu'elles devaient avoir à peu près son âge. L'une d'elles, qu'un homme, vraisemblablement son père, appela « Rosie », avait des inflexions douces et mélodieuses, et un ton qui conférait à la moindre de ses paroles autant de légèreté que d'espièglerie. Il écouta sans vergogne leur conversation et apprit que leur maîtresse était « une peau de vache » qui, pour les réprimander, leur tapait sur la tête avec sa grosse bague.

Les propos du vicaire étaient beaucoup moins drôles :

« Jésus leur parla de nouveau, et dit : “Je suis la lumière du monde ; celui qui me suit ne marchera pas dans les ténèbres, mais il aura la lumière de la vie.” »

Heureusement, George ne l'écoutait pas. Il se contentait de suivre le mouvement lorsque ses voisins se levaient, s'asseyaient, se relevaient, se rasseyaient, selon les injonctions monocordes de l'officiant.

Son esprit vagabonda un certain temps et ne fut rappelé à la réalité qu'au moment où la chorale entonna un hymne. Plus précisément à l'instant où une vieille dame au sein de la formation amateur se mit à chanter. Particulièrement aigu et particulièrement faux. Il entendit Rosie et son amie pouffer et, très vite, sentit qu'elles devaient lutter pour contenir un fou rire. Il ne tarda pas à ajouter ses rires hoquetés à ceux des deux chipies, au grand dam de sa mère qui lui donna des petits coups de coude. Les parents des filles les rappelèrent également à l'ordre, à grand renfort de « Chut », et les enfants finirent par se calmer. Un calme précaire. George était à l'affût du moindre frémissement derrière lui, prêt à craquer au premier signe d'hilarité. La voix de fausset poussa une note toujours aussi insolite mais un peu plus aiguë que les autres qui eut raison de leurs bonnes résolutions à tous les trois.

Malheureusement, les parents des deux amies demandèrent aux petites effrontées de sortir, sonnant la fin de cette joyeuse parenthèse.

*

En début d'après-midi, Archie, qui s'était enfermé dans son cabinet de travail après le déjeuner, n'arrivait pas à se concentrer. Il pestait dans son coin contre les ouvriers qui faisaient un boucan de tous les diables. Excédé, il quitta sa table et partit à la recherche de Lucille. Puisque c'était elle qui avait absolument tenu à entreprendre ces grands travaux, il estimait que c'était à elle qu'incombait de résoudre les problèmes qu'ils engendraient.

Il la trouva dans le petit salon vert du premier étage. Elle réarrangeait paisiblement les coussins sur la méridienne lorsqu'il la fit tressauter en vociférant :

« Cela ne peut plus durer ! Faites cesser immédiatement ce vacarme. C'est insupportable. On dirait que vos ouvriers sont en train de démonter ce manoir pierre par pierre ! »

Elle le regarda, interloquée.

« Mais enfin, Archie… De quoi parlez-vous ? Nous sommes dimanche… Les ouvriers, qui ne sont pas *mes* ouvriers, mais *nos* ouvriers, ont congé. »

Ces paroles eurent le don de calmer immédiatement son époux.

« Ah, oui… bien sûr… Eh bien, il faut croire que quelqu'un a pris le relais.

— Peut-être est-ce Mrs Dodds qui attendrit la viande de ce soir à coups de maillet ?

— Mrs Dodds… ? Si c'est le cas, elle doit avoir un sacré contentieux avec cette pauvre bête ! »

On frappa à nouveau. De grands coups sourds, dont le dernier fit tomber un petit tableau.

« Et cela, est-ce Mrs Dodds ? »

Lucille ramassa la toile et s'assura qu'elle n'était pas abîmée. Une fois rassurée, elle la posa et tira sur le cordon de tissu vert pâle, dont la teinte se fondait dans le décor, pour appeler une des bonnes.

« Il y a forcément une explication.
— Forcément », confirma Archie.

C'est une Pearl particulièrement apprêtée qui répondit à cet appel.

« Madame et Monsieur ont sonné ?

— Je sais que votre après-midi de congé est déjà mis à mal par la petite fête d'anniversaire de George, mais pourriez-vous réunir tout le monde, je vous prie ?

— Tout le monde… ?

— Tout le monde.

— Miss Lombard également ?

— S'il vous plaît. »

La domestique se retira.

Cinq minutes plus tard, Pearl réapparut avec sa sœur aînée, Mr Talbott, Mrs Dodds et Viviane.

« Y aurait-il un problème ? » s'enquit Mr Talbott.

Lucille s'apprêtait à répondre, mais Archie la devança :

« Oui, je n'arrive pas à me concentrer sur mon travail. Je ne sais pour quelle raison, quelqu'un s'amuse à taper comme un sourd ! »

Au mot « sourd », Ruby et Pearl se tournèrent vers Mrs Dodds. Archie suivit leurs regards :

« Mrs Dodds ?

— Moi ? Mais… je faisais des biscuits.

— N'avez-vous rien tapé ? Ou cassé ? demanda Archie.

— Non. Enfin, si… Des œufs… »

Tout le monde sourit, sauf Mr Talbott, qui se justifia à son tour :

« En ce qui me concerne, j'astiquais les bougeoirs du salon bleu, Monsieur. »

Puis il se tourna vers sa voisine, Viviane, qui se disculpa elle aussi :

« J'écrivais une lettre dans ma chambre. »

Mr Talbott prit alors sur lui de tirer cette affaire au clair et pria Ruby et Pearl de se dénoncer :

« Mesdemoiselles, je vous prie de vous dénoncer.

Les deux sœurs s'insurgèrent. Elles n'avaient rien fait.

« Mais on a rien fait ! »

Ce que Mr Talbott avait beaucoup de peine à croire.

« J'ai beaucoup de peine à le croire. Ce n'est tout de même pas le Saint-Esprit qui… »

BOUM !

Un violent coup au plafond fit trembler le lustre et taire Mr Talbott.

Tous les yeux, ou presque, se levèrent pour voir les pampilles s'entrechoquer. Mrs Dodds, qui n'avait rien entendu, finit par lever la tête elle aussi, pour voir ce que le plafond avait de si intéressant.

« Qui peut bien s'amuser à sauter là-haut ? » demanda Archie.

Il semblait que l'on courait juste au-dessus de leurs têtes.

« Cela ne peut pas être George… avança Lucille.

— Mais alors qui ? » demanda son époux.

Toute la petite troupe, emmenée par Archie, quitta le salon et monta jusqu'à la chambre d'où provenait le bruit. L'archéologue ouvrit la porte en grand, surgissant comme un beau diable dans une pièce… vide.

« C'est à n'y rien comprendre… balbutia Mr Talbott.

— Que faites-vous ? demanda George qui, alerté par tous ces pas dans l'escalier, les rejoignait.

— Rien du tout, mon chéri, le rassura sa mère. Où étiez-vous ?

— Dans ma chambre.

— Et qu'y faisiez-vous ? voulut savoir Archie.

— Je jouais.

— En sautant à pieds joints ?

— Pardon ?

— Jouiez-vous en sautant à pieds joints ?

— Euh, non... Je jouais avec mes soldats. Pourquoi ?

— Pour rien, pour rien », éluda Lucille.

À ce moment, se mirent à sonner, les unes après les autres, les innombrables pendules de la maison, presque toutes héritées de feu le père d'Archie qui en avait longtemps fait collection. Bien qu'elle eût le goût de résoudre des mystères, surtout dans des romans, Lucille loua le Ciel pour cette diversion. Elle craignait que cette histoire de bruits inexpliqués ne perturbât son fils, déjà sujet à des peurs enfantines. Aussi annonça-t-elle joyeusement en tapant dans ses mains :

« Nous réglerons cette affaire plus tard. Je crois que l'heure des festivités a sonné ! »

George comprit surtout que c'était l'heure des cadeaux qui venait de sonner.

*

À part Mrs Dodds, qui avait rejoint les cuisines pour aller chercher le gâteau, tout le monde s'était réuni dans le grand salon d'apparat à la tapisserie pourpre et or. Les cousins de George, son oncle, sa tante et ses grands-parents n'ayant pas fait le déplacement jusqu'à Winnicott Hall, l'assemblée ne se composait que de ses parents et du personnel.

George était assis en bout de table, sur l'insistance de son père qui, de même que Lucille et leurs employés, attendait debout le retour de la cuisinière.

Lorsque le heurtoir de la porte d'entrée retentit, Mr Talbott s'éclipsa avec sa discrétion habituelle, pour revenir avec le fringant et bouillonnant Alistair Fairfax, parrain de George, cousin d'Archie et régisseur du domaine.

« Joyeux anniversaire, bonhomme ! » s'exclama le jeune trentenaire, à peine entré dans la pièce.

Après avoir posé son cadeau avec les autres, Alistair prit dans ses bras le petit roi de la fête.

« Comme il est loin le temps où tu m'as fait pipi dessus alors qu'on te baptisait ! »

Tout le monde rit, ce qui encouragea Alistair :

« Nous avons été deux à être baptisés ce jour-là ! Et copieusement en ce qui me concerne !

— Parrain… ! » se plaignit George, qui avait déjà eu droit à cette anecdote embarrassante l'année précédente.

Alistair s'assit à côté de son filleul.

« Alors, où est Mrs Dodds ? Et le gâteau ? C'est qu'on a faim, nous ! Hein, bonhomme ? »

Il prit George par le cou. Le spectacle qu'ils offraient tous les deux pinça le cœur d'Archie, qui envia la spontanéité et les élans de tendresse dont était capable son cousin envers son fils, contrairement à lui, toujours si gauche lorsqu'il s'agissait d'exprimer son amour paternel. Alors, certes, il pouvait blâmer son éducation rigide toute victorienne, mais au fond, il se demandait si ce n'était pas le handicap de George qui avait érigé ce mur entre son fils et lui.

Archie considéra l'assemblée et se surprit à songer que sa mère serait probablement venue si George avait été un petit garçon comme les autres. Ne quittait-elle pas plus facilement sa maison lorsqu'il s'agissait de rendre visite à son autre fils et ses autres petits-enfants ?

Il croisa le regard de Lucille qui sembla lire en lui. Gêné, il arbora un sourire de façade et fut sauvé par l'entrée triomphale de Mrs Dodds, accueillie par les applaudissements nourris d'Alistair et ceux, tout en retenue, du personnel, puis de Lucille qui, il le sentait bien, ne le quittait pas des yeux.

La petite assemblée entonna « Happy Birthday to You », après quoi George souffla les dix bougies qu'avait revêtues le gâteau au chocolat. Puis, cependant que Mrs Dodds servait chacun, les uns et les autres y allèrent de leurs bons vœux.

« *Joyeux anniversaire*, souhaita Viviane en français quand fut venu son tour.

— *Merci beaucoup**.

— Tu n'as jamais été aussi vieux, mon petit George ! plaisanta Alistair.

— Nous pouvons tous en dire autant, fit remarquer Viviane. Chaque jour. »

Sa réflexion médusa Alistair et donna à réfléchir à tout le monde.

Son gâteau valut à Mrs Dodds une pluie d'éloges, le plus beau de tous étant sans nul doute la bouche largement barbouillée de chocolat de Mr George. Puis vint enfin le moment tant attendu, du moins par le principal intéressé : le déballage des cadeaux. Sa grand-mère de Londres avait, quelques années auparavant, suggéré que l'on se passât de les emballer puisque, de toute façon, George ne pouvait les voir ! C'est Lucille qui avait insisté pour que l'on observât le cérémonial, auquel leur fils prenait beaucoup de plaisir.

C'est avec une joie non feinte que le petit garçon déchira le papier qui entourait le cadeau d'Alistair. Tout le monde sut avant lui ce que renfermait la boîte. En effet, un dessin ne laissait aucun doute quant à son contenu. Quand il réussit enfin à ouvrir le carton, il s'exclama, enthousiaste :

« Une automobile !

— Une automobile *de course*, précisa Alistair. Ce sera la plus rapide de toute ta collection !

— Merci, parrain.

— Attends, il y a autre chose... Je suis sûr que tu vas adorer.

— Qu'est-ce que c'est ?

— Je ne dirai qu'une chose : c'est le meilleur des compagnons ! »

Le cœur de George s'emballa. Un chien ! Il n'osait y croire. Alistair lui tendit alors un énorme paquet rectangulaire. Le petit garçon, déçu, l'ouvrit et constata qu'il s'agissait... d'un livre en braille.

« *Les Aventures de Tom Sawyer* », lut-il, au bord des larmes, en passant ses deux index sur le titre.

Tout le monde se méprit sur son émotion, y compris son parrain qui l'étreignit.

« Je suis heureux que ça te fasse plaisir ! »

George déballa ensuite, et survola de ses petits doigts avec la même déception, des soldats de plomb et des figurines d'animaux que lui avaient choisis sa mère et son père.

Le personnel ne tarda pas à se retirer afin de profiter de ce qui restait de sa demi-journée de congé. Sitôt à l'écart, Mrs Dodds ne manqua pas de complimenter Pearl :

« Dis donc, t'es rudement en beauté aujourd'hui !

— C'est… pour Mr George.

— Tu te pomponnes pour Mr George, toi ? Quelle idée ! Il y voit rien, nigaude ! »

La remarque de la cuisinière fit pouffer Ruby, ce qui agaça Pearl.

« C'est la meilleure ! insista Mrs Dodds. Elle se fait jolie pour les beaux yeux d'un aveugle, celle-là ! »

De leur côté, Alistair et Archie rejoignirent le cabinet de travail de ce dernier pour une ultime réunion avant son départ. Quant à Lucille, elle alla entamer une nouvelle lecture dans la bibliothèque. George, pour sa part, monta pleurer dans sa chambre.

*

En fin d'après-midi, les Montgomery eurent la surprise de recevoir la visite du vicaire. Archie, qui n'avait pas encore eu l'honneur de le rencontrer, trouva qu'il portait beau pour un homme de soixante ans. Le couple accueillit l'ecclésiastique dans un de ses salons les plus élégants, à savoir le salon bleu – plus petit et plus intime que le grand salon pourpre et or –, et lui témoigna toute la déférence qui lui était due, toutefois mâtinée d'une certaine défiance, en ce qui concernait Archie. Ce dernier comprit qu'il avait eu raison de se méfier lorsque le révérend Millward, après une entrée en matière laborieuse, posa sa tasse de thé et entra dans le vif du sujet : il souhaitait que George rejoignît l'École du dimanche.

« Je ne sais pas trop, répondit Archie en se tournant vers Lucille, assise à ses côtés. Il faudra que nous en discutions.

— Allons-y. Je suis venu pour cela.

— Je veux dire, ma femme et moi. »

Le vicaire parut surpris qu'Archie consultât son épouse pour prendre des décisions de cette importance.

« Vous me semblez bien moderne pour un archéologue ! Mais… enfin, pourquoi refuseriez-vous l'enseignement de la Bible à votre enfant ? »

Archie esquissa un sourire et scruta le fond de sa tasse, craignant la tournure que semblait prendre cette conversation. Lucille vint à sa rescousse :

« Il ne s'agit pas de lui refuser quoi que ce soit, bien sûr. Nous voulons ce qu'il y a de mieux pour George.

— Ah ! C'est donc entendu ? Je peux compter sur votre fils ?

— Non, nous allons en discuter, clarifia Lucille. Dès ce soir, d'ailleurs. En effet, mon mari part demain pour une nouvelle campagne de fouilles au Moyen-Orient. »

Le vicaire se tourna vers Archie.

« Ah, oui, vos fouilles… Drôle de hobby pour un gentleman.

— Plaît-il ?

— Disons qu'il y a quelque chose de… d'impie dans cette… activité.

— Pardon ?

— Remarquez, cela va de pair avec vos absences à mes offices. »

Cette fois, c'est Lucille qui s'inquiétait de la tournure que prenait leur échange.

« C'est vrai que je ne suis pas très assidu, concéda Archie. Mais pourquoi dites-vous que mes fouilles ont “quelque chose d'impie” ?

— Parce que vous troublez le repos des morts. »

Archie ne fit aucun effort pour masquer son agacement face à cet argument mille fois rebattu. Il soupira et alluma sa pipe.

« Je vous assure que… *(Il tira une bouffée.)* …nous sommes très respectueux des sépultures que nous mettons au jour.

(Deuxième bouffée.) Songez plutôt que sans notre *travail* à nous, archéologues… *(Troisième bouffée.)* …des civilisations entières et leurs cultures tomberaient dans l'oubli. »

À la moue de l'homme d'Église, Archie comprit que l'argument n'avait pas vraiment fait mouche.

« C'est tout ce que cela vous inspire ? s'étonna-t-il en tirant à nouveau sur sa pipe. Ne croyez-vous pas que nous avons à apprendre de notre passé ? Personnellement, il me semble essentiel de savoir d'où nous venons.

— Mais nous le savons. »

Le vicaire sortit sa bible de sa sacoche.

« Tout est là, noir sur blanc. Voilà justement pourquoi je souhaiterais vivement que votre fils rejoigne l'École du dimanche. Pour qu'il sache non seulement d'où il vient, mais aussi où il ira un jour.

— Là, vous parlez bien de… ?

— Du Paradis. Enfin, je le lui souhaite.

— C'est gentil. Je vous le souhaite aussi. »

Le vicaire, offusqué, se redressa d'un air pincé.

« Évidemment que j'y ai ma place !

— Si vous le dites. »

Archie se leva pour signifier à son « invité » qu'il était temps pour lui de prendre congé. Le vicaire ne comprit que trop bien le message et se leva à son tour, aussitôt imité par Lucille.

« Moi qui pensais vous aider à regagner les faveurs du Tout-Puissant… soupira l'homme de Dieu.

— Comment cela, "regagner" ? s'étonna Lucille. J'ignorais que nous les avions perdues.

— Allons bon ! Vous savez bien de quoi je parle.

— Je crains que non.

— Oh, je vous en prie, enfin…

— Quoi ? demanda Archie. Éclairez-nous.

— Enfin… Votre fils aveugle… »

Il n'avait pas plus tôt prononcé ces trois mots que Lucille lui administra une gifle retentissante qui le stupéfia autant qu'Archie. Puis, tremblante de rage, elle affirma :

« Mon fils est un *don du ciel*. Certainement pas un châtiment. »

L'homme d'Église se tenait la joue, sidéré.

« Vous feriez mieux de partir », lui conseilla Archie.

L'ecclésiastique fulminait.

« Je ne veux plus vous voir aux offices. Ni l'un ni l'autre. »

Archie haussa les épaules :

« Je crois que je me ferai une raison. »

Il raccompagna le révérend Millward à la porte. À son retour, Lucille, prostrée, tremblait encore.

« Allons… Calmez-vous… Il n'y a pas de quoi se mettre dans des états pareils. Ce n'est qu'un imbécile. »

Son épouse ne réagissant pas, il poursuivit :

« Bon, il faut voir le bon côté des choses… »

Lucille, qui n'imaginait pas qu'il pût y avoir un bon côté des choses, releva la tête, effarée.

« … Au moins, la question de l'École du dimanche est réglée. »

*

Archie, aussi désireux de se racheter des pensées, indignes d'un père, qui lui avaient traversé l'esprit dans l'après-midi que peu désireux de se retrouver en tête à tête avec son épouse après l'épisode du vicaire, convia George à se joindre à eux pour le dîner. Son sentiment de culpabilité le poussa à inviter également l'inconnue à qui il venait de confier l'éducation de son fils.

Lucille, qui aurait préféré partager une certaine intimité avec son mari pour leur ultime repas ensemble avant de longs mois, déplora cette initiative, de même que Mr Talbott qui, outré à l'idée de devoir servir à table cette Française négligée, faillit en avaler sa livrée. En fin de compte, cette invitation ne réjouissait personne : elle indifférait George et enquiquinait Viviane, qui se serait volontiers contentée d'une collation à l'office.

Mr Talbott venait de servir l'entrée, un velouté de carottes auxquelles Mrs Dodds ajoutait sa botte secrète, le jus et le zeste d'une orange, lorsque Archie demanda à Viviane, afin de briser la glace :

« D'où venez-vous exactement en France ?

— Je suis née dans un tout petit village dans la Meuse. C'est dans l'Est.

— Oui, oui, je sais. Où ça ?

— Près de Bar-le-Duc.

— Ah. Où exactement ?

— À côté d'une petite ville qui s'appelle Ligny-en-Barrois.

— Oh, j'ai entendu parler de Ligny-en-Barrois.

— Vraiment ? Je n'ai jamais rencontré personne en Angleterre qui connaisse Ligny-en-Barrois. Ni même en France, à la réflexion ! Mis à part les habitants de Ligny-en-Barrois ! »

George rit entre deux bouchées, ce qui ne manqua pas d'alarmer sa mère :

« Attention à ne pas vous étouffer ! »

Archie expliqua à Viviane :

« Un de mes frères était officier de liaison pendant la guerre. Il a parcouru l'est de la France et dans ses lettres, que j'ai lues et relues depuis sa mort, il parlait de Ligny-en-Barrois. Et de Verdun, bien sûr.

— Est-ce qu'il parlait de Menaucourt ?

— C'est le village où vous êtes née ?

— Oui.

— Non… Désolé, cela ne me dit rien. »

Lucille n'écoutait qu'à moitié cette conversation qui ne l'intéressait en aucune façon.

« Toute votre famille est de là-bas ? interrogea encore Archie.

— Non, ma mère était bretonne. Elle est née dans un petit village elle aussi, Landévant. Dans le Morbihan. J'imagine que votre frère n'y a jamais mis les pieds.

— Non, en effet. Mais alors comment vos parents se sont-ils rencontrés ? Entre l'Est et la Bretagne… »

Lucille bouillait. Elle se moquait éperdument de la façon dont avaient pu se rencontrer les parents de la préceptrice de son fils. Quant à Viviane, elle n'avait envie de raconter ni la vie de ses parents ni la sienne. Elle fit au plus court :

« Ils se sont rencontrés au milieu, à Paris. »

Puis elle désigna une des estampes accrochées au mur qui représentait vraisemblablement un enfant, sa mère et sa grand-mère, qu'observait un fantôme à la silhouette translucide.

« C'est de… Yoshitoshi ? »

Archie se retourna pour considérer l'œuvre en question.

« Tout à fait. Alors là, je suis bluffé ! Vraiment ! George, je sens que vous allez apprendre beaucoup de choses au contact de miss Lombard.

— Mmh, fit George en mangeant.

— Et, poursuivit Archie en pointant du doigt une autre estampe sur laquelle une femme en kimono bleu et rouge se tenait accroupie sur un ponton, celle-là est de…

— Toyokuni », reconnut Viviane.

Archie reposa ses couverts.

« Alors là, vous m'impressionnez ! Lucille, n'êtes-vous pas impressionnée, vous aussi ? »

Cette dernière prit le temps de terminer son verre de vin blanc et de tamponner délicatement sa bouche avec sa serviette avant de se fendre d'un lapidaire :

« Très. »

En cuisines, si Mrs Dodds, Ruby et Pearl n'en finissaient pas de dénoncer l'incongruité de ce dîner, la cuisinière plaignait surtout Lucille :

« Elle aurait sûrement voulu profiter d'un dernier dîner en tête à tête avec son mari. La pauvre… qui va se retrouver seule pendant quatre mois et demi.

— Elle est pas la plus à plaindre, estima Pearl. Au moins, elle, elle est mariée.

— T'inquiète pas, répondit Mrs Dodds, ton tour viendra…

— Merci.

— …et là, tu verras que le mariage, c'est pas toujours rose ! »

La veuve de Neal Dodds savait de quoi elle parlait. Elle reprit :

« T'as qu'à voir les Montgomery ! Non, mais quelle idée de quitter sa femme et son gamin pendant des mois pour aller déterrer de la vaisselle cassée et des vieux os ? Monsieur a pas mieux à faire, franchement ? Ah, heureusement que son grand-père et son père ont travaillé avant lui ! »

Elle savait par Mr Talbott qu'Archie avait hérité, avec son frère aîné, de leur père qui avait lui-même hérité d'une fortune considérable acquise grâce à l'exploitation du minerai de fer… et d'ouvriers !

« Ah, la vie est belle pour lui ! Et vas-y que mon frère dirige l'entreprise familiale ! Et vas-y que j'hérite du manoir et des fermes d'un grand-oncle ! Et vas-y que mon cousin s'occupe de mes fermes ! Et vas-y que moi, je voyage ! Non, mais quel clampin ! Eh ben, moi, je dis que c'est une feignasse, et qu'il a eu bien de la chance d'être né avec une cuillère en argent dans la bouche. »

Ruby mit cette diatribe sur le compte du champagne que Mr Talbott avait servi lors de la fête d'anniversaire et dont Mrs Dodds avait légèrement abusé.

« C'est du travail aussi, les fouilles… plaida Pearl.

— Parce que tu crois que c'est lui qui creuse ? poursuivit sur sa lancée une Mrs Dodds en grande forme. Te fais pas de bile pour lui ! Je vois ça d'ici : il doit être au-dessus du trou avec sa pipe et sa citronnade, à regarder des pauvres bougres se fatiguer en bas et à leur dire : "Un peu plus profond, y a sûrement une momie là-dessous !" »

Elle s'interrompit pour récupérer la soupière que lui renvoyait Mr Talbott par le monte-plats, et lui envoya le chapon. Puis elle reprit :

« Madame a bien du mérite. Toute seule avec un gamin comme ça ? C'est sûrement pas à cette vie-là qu'elle rêvait quand elle a dit "oui"…

— On va pas non plus la plaindre, répondit Ruby.

— Ah, ça, non ! s'exclama Pearl. Ça risque pas. En tout cas, moi, j'échangerais bien ma place avec elle. »

*

Après le dîner, Archie gagna sa chambre pour ses ultimes préparatifs. Tandis qu'il vérifiait le contenu de ses valises, Lucille le rejoignit. Elle étala des plans sur le lit.

« Il faut absolument que nous nous décidions, pour ce kiosque…

— Mmh.

— Le refaisons-nous à l'identique, dans une facture somme toute classique…

— Très bien !

— …ou y apportons-nous notre patte ? Une touche d'Art déco qui ferait souffler un vent de modernité sur le parc.

— Parfait !

— J'hésite…

— Est-ce que je n'aurai pas trop chaud avec cette chemise ? »

Il montra à son épouse une chemise de flanelle qu'elle regarda sans la voir.

« Et d'un autre côté, poursuivit-elle, je ne voudrais pas dénaturer le domaine.

— Mmh.

— Non, vraiment, quel dilemme !

— À qui le dites-vous ! Allez, je la prends.

— Je n'aurais peut-être pas dû me passer des services de ce décorateur après tout… Il aurait certainement eu un avis tranché, lui. Et je n'aurais eu qu'à faire le contraire pour être sûre de ne pas me tromper ! »

Archie retira d'une de ses valises un livre qu'il garda quelques secondes en main, avant de l'y remettre.

« Que de décisions à prendre… soupira-t-il. C'est épuisant. Mais aussi excitant.

— Je suis d'accord.

— Quand je pense à tout ce qu'il nous reste à découvrir…

— C'est vrai que le manoir se révèle à nous petit à petit.

— Si seulement il ne faisait pas aussi chaud…

— Aussi chaud ? »

Elle regarda Archie pour la première fois depuis qu'elle était entrée dans sa chambre. Elle venait de comprendre qu'une fois de plus ils ne s'écoutaient pas. Dépitée, elle ramassa ses plans et pria son époux de s'asseoir. Quant à elle, elle préféra rester debout et alla se poster à la fenêtre, bien qu'il n'y eût rien à y voir par cette nuit d'encre.

« Je comprends que cette expédition vous préoccupe, mais je vous ai trouvé absent durant la petite fête d'anniversaire de George. Je sais que ces fouilles sont importantes pour vous, mais parfois… »

Elle se tourna vers lui.

« … j'ai l'impression de vivre avec une ombre. Pour tout vous dire, j'en viens à me demander si l'archéologie n'est pas un prétexte pour fuir… notre foyer. Pour me fuir moi… et George. »

Quand bien même Archie s'était attendu à des reproches, leur violence le prit totalement au dépourvu.

Il se leva et s'avança jusqu'à son épouse. Lorsqu'il lui prit les mains, il eut le sentiment qu'elle était à fleur de peau. Lui-même sentit une certaine émotion l'envahir. Il détestait cela.

« Non, balbutia-t-il, pas du tout. Qu'allez-vous chercher là ?

— Et vous ? »

Il haussa les épaules.

« Je ne plaisante pas, insista-t-elle. Qu'allez-vous chercher là-bas que vous n'ayez ici ? À part vos vieux cendriers, bien entendu.

— Mes cendr… Oh… !

— Je suppose que vous vous intéresserez davantage à moi lorsque je serai une relique…

— Ma chérie… Ignorez-vous donc que c'est toujours à contrecœur que je vous quitte et que je vous emmènerais dans mes bagages si je le pouvais ? »

Ne savait-elle pas qu'il ne pouvait partir *que* parce qu'il la portait en lui, où qu'il allât ?

« Bien sûr, reprit Lucille, je ne vous empêcherai jamais de partir, mais lorsque vous êtes avec nous, j'aimerais que vous soyez vraiment présent. Est-ce trop demander ?

— Non... Bien sûr que non...

— Je suis désolée de vous faire une scène la veille de votre départ. Simplement, j'ai besoin de savoir que je peux compter sur vous, de temps à autre. De savoir que vous êtes à mes côtés et non pas dans votre monde, entouré de vos pharaons, de vos rois babyloniens ou de je ne sais qui.

— Je comprends... »

Comme elle devait regretter de l'avoir préféré à ce jeune blanc-bec, presque quinze ans plus tôt ! Elle aurait été femme d'avocat et n'aurait pas eu à déplorer de si longues absences. Elle aurait eu un autre enfant, peut-être plusieurs... Archie, qui voulait ce qu'il y avait de mieux pour elle, en venait presque à regretter le choix qu'elle avait fait.

« Je vous assure que je connais ma chance de vous avoir dans ma vie, lui fit-il savoir. Et sachez que lorsque je suis au bout du monde, c'est vous qui occupez toutes mes pensées.

— Comme c'est mal fait ! » s'en amusa-t-elle, une pointe d'ironie dans la voix.

Elle balaya une poussière sur l'épaule de la veste d'Archie avant de reprendre :

« Enfin... Au moins, tout n'est pas perdu ! Il suffit de... réorganiser un peu vos pensées : lorsque vous êtes ici, soyez tout à moi... et lorsque vous êtes là-bas, soyez tout à vos fouilles. Et aussi un peu à moi ! »

Il sourit et, les yeux plongés dans ceux de son épouse, affirma :

« Je vous promets qu'à l'avenir je m'efforcerai d'être là et bien là. »

Il se jura de ne jamais plus donner à Lucille de raisons de douter de l'amour qu'il lui portait. Il l'enlaça et ils restèrent l'un contre l'autre pendant une bonne minute. Ce fut Lucille qui se résolut à se dégager. Dans un soupir, elle accorda à son époux :

« Archibald Henry James Wilbur Montgomery… il n'y en a décidément pas deux comme vous.

— Je l'espère bien ! Et des comme vous… Attendez, laissez-moi réfléchir… »

Elle lui tapa sur le bras.

« Je n'en vois qu'une aussi », admit Archie.

Il l'embrassa tendrement sur la joue.

« Vous n'épargnez pas mes nerfs, observa-t-elle.

— Mon trésor adoré… Ma petite rose des sables… »

Il déposa un baiser sur ses lèvres, puis l'entraîna vers le lit sur cette interrogation muette : pourquoi s'évertuait-il à aller creuser si loin quand son trésor était ici ?

*

Après avoir terminé une lettre à sa cousine qu'elle avait entamée dans l'après-midi, Viviane écrivit ces quelques mots dans son journal :

Une journée semblable à toutes les autres, ni plus agréable ni plus désagréable.

C'était l'anniversaire de George aujourd'hui. Les Montgomery me font bonne impression. J'ai dîné à leur table ce soir et ce ne fut pas aussi affreux que j'aurais pu le craindre.

Lui est intéressant ; elle, je ne saurais dire pour l'instant. Je ressens une gêne à mon égard, mais je peux me tromper.

Les deux sœurs me font me sentir vieille. Mais je suis vieille. Heureusement, Mr Talbott et Mrs Dodds sont là !

Il règne dans cette maison une atmosphère particulière.

Encore des bruits de coups cet après-midi. Je n'ai pas d'explication, mais il doit y en avoir une. En tout cas, je ne suis pas la seule à entendre ces bruits et ne suis donc pas folle. Pas complètement, en tout cas. Ce qui est plutôt une bonne nouvelle !

Viviane n'avait pas plus tôt fini de poser ce point d'exclamation qu'elle entendit le plancher du corridor grincer. Elle hésita un instant et choisit de ne pas aller voir. Quoi de plus normal que ce genre de craquements dans une aussi vieille demeure ? Elle posa un buvard sur la page de son journal avant de le refermer et d'aller le glisser sous une pile de vêtements dans son armoire. Puis elle fit sa toilette. Elle s'apprêtait à se mettre au lit lorsque lui parvinrent à nouveau du corridor des grincements encore plus semblables à ceux qu'auraient produits des pas. Cette fois, il fallait qu'elle en eût le cœur net, c'est pourquoi elle alla ouvrir sa porte. Et ce qu'elle vit dans la pénombre la cloua sur place : un fantôme ! Tel qu'on se le représente dans les contes horrifiques, à savoir une silhouette recouverte d'un linceul. Qui avançait, de dos, à la lueur d'une bougie. Puis, tout à coup, se sentant sans doute observé, le spectre s'arrêta. Et se retourna lentement. Viviane, pétrifiée, entendit alors une voix non pas sépulcrale, mais familière, lui demander tout bas :

« Je vous ai réveillée ? »

Le fantôme souleva son linceul et la préceptrice put enfin reconnaître le visage de :

« Pearl ? »

Son ton trahissait à la fois son émoi et sa surprise.

« Je suis désolée », répondit la dame blanche, qui s'approcha.

Le linceul se révéla alors être tout autre chose.

« J'essayais la robe de mariée de ma mère. »

Viviane, qui n'avait pas encore retrouvé toute sa voix ni tous ses esprits, balbutia :

« Mais… pourquoi… pourquoi vous promener la nuit dans cette tenue ?

— J'ai pas de grand miroir. Je suis allée me regarder dans… une "psyché", comme dit Madame, dans une des chambres du deuxième. Je pensais que tout le monde dormait.

— J'aurais préféré ! Vous m'avez fichu une de ces trouilles !

— Pardon. Surtout, ne dites rien à ma sœur. C'est elle qui est censée porter cette robe la première.

— Euh… d'accord…

— Merci. Bonne nuit.

— Rien n'est moins sûr à présent ! »

Viviane referma sa porte, laissant Pearl regagner sa chambre à pas feutrés.

Comme avant chaque départ d'Archie, Lucille et lui dormirent ensemble. Et très mal. Lui craignait toujours que leurs deux réveille-matin ne sonnent pas, quand elle redoutait leurs sonneries qui, immanquablement, les faisaient tous deux bondir.

Ils prirent le petit déjeuner en tête à tête, aux aurores, avant d'aller réveiller George qui insista pour se lever et accompagner son père jusqu'à l'automobile. Bertram et Reggie, sur les instructions de Mr Talbott et les encouragements d'Alistair, chargeaient la Daimler à grand-peine. Les valises d'Archie, bien trop lourdes, car remplies de livres, leur donnèrent une bonne suée.

« N'avez-vous rien oublié ? » s'enquit Lucille.

Reggie lui lança un regard incrédule. Il ne faisait aucun doute que Monsieur emportait tout son cabinet de travail dans ses bagages !

« Je ne crois pas, répondit Archie. Je vous rappelle qu'une malle est déjà en route.

— Avez-vous vos montres-bracelets ?

— Oui. J'en emporte cinq. »

Le désert ne faisait pas de cadeau aux montres, qui avaient la fâcheuse habitude de se détraquer sans raison apparente. Une énigme de plus à ajouter à la liste des grands mystères de l'Orient...

Sortirent alors Mrs Dodds, Viviane, Ruby et Pearl. Cette dernière, particulièrement affectée, n'avait pas quitté son mouchoir depuis qu'elle avait ouvert les yeux, bien avant que les réveille-matin d'Archie et Lucille ne se missent à sonner.

« Reprenez-vous ! » la houspilla Mr Talbott.

Après qu'Archie eut salué le personnel, Ruby entraîna sa sœur à l'écart.

« Elle est très sensible, cette petite, s'étonna le responsable de tout ce chagrin.

— Elle est si jeune, expliqua Mrs Dodds.

— Bien sûr... »

Archie s'avança vers Alistair, qui lui donna une accolade émue et se voulut rassurant :

« Ne t'inquiète pas, je m'occupe de tout.

— Je sais. Je ne suis pas inquiet. Je te fais une confiance... »

Il n'osa prononcer le mot « aveugle » devant son fils.

« ... absolue. »

Son cousin sourit, flatté.

Lucille tenait la main de George. Pour lui, elle s'était promis de ne pas craquer et tenait bon, bien qu'elle dût lutter lorsque Archie souffla à leur petit garçon :

« Au revoir, mon grand. Prenez bien soin de votre mère.

— Je vous promets de veiller sur elle, père. »

Puis Archie embrassa Lucille.

« Faites attention à vous, lui recommanda-t-elle.

— Promis. Et, j'y pense, que voulez-vous que je vous rapporte de là-bas ?

— Vous me prenez de court. Un tapis, peut-être ? Volant, si possible. En tout cas, surtout, rien que vous aurez déterré ! »

Il rit.

« Ah, la vie sera plate là-bas, sans vous… ! Au revoir, ma douce.

— Vous savez comme je déteste les au revoir. Disons-nous plutôt… à bientôt.

— Dans ce cas… à tout à l'heure. »

Ils s'embrassèrent à nouveau, puis Archie monta dans l'automobile. Bertram referma la portière et se mit au volant. Lucille passa un bras autour des épaules de George qui, au bruit du moteur, commença en même temps qu'elle à agiter une main en signe d'au revoir. Elle l'informa que son père leur envoyait des baisers à travers la vitre arrière. Puis le véhicule disparut dans la courbe du sentier qui menait à l'allée cavalière.

Le cœur gros, mère et fils regagnèrent le manoir, suivis par Alistair et le cortège silencieux du personnel.

*

George, peu en appétit, prit un petit déjeuner frugal en compagnie de sa mère et de son parrain, qui fit de son mieux pour leur changer les idées à tous les deux, avant de les abandonner à son tour pour aller régler un différend entre deux fermiers du domaine – une sombre histoire de clôture.

L'enfant monta alors faire sa toilette et s'habiller, et c'est tiré à quatre épingles que, sur une suggestion de Mr Talbott, il redescendit montrer à sa mère comme il était élégant pour sa rentrée. Seulement, elle était introuvable… Aussi déambulait-il à sa recherche, entrant dans chaque pièce et l'appelant pour s'assurer qu'elle ne s'y trouvait pas, lorsqu'il entendit, au loin, une drôle de mélodie, qu'il suivit… jusqu'au salon de musique. Deux notes de piano que l'on tapait tour à tour, lentement, inlassablement, mécaniquement, derrière la porte entrebâillée. George reconnut le la et le si bémol, mais ni le toucher ni le tempérament de sa mère. Il réfléchit : qui pouvait bien jouer si ce n'était pas elle ? Miss Lombard ? Un visiteur qui attendait là ? Mais ils ne recevaient que peu de visites à Winnicott Hall…

Il finit par se décider à pousser la porte. La musique cessa aussitôt.

Alors il demanda :

« Mère ?

— Oui, mon chéri. »

C'était bien elle. Sa voix avait trahi sa mélancolie. Elle s'efforça toutefois de donner le change en s'exclamant :

« Oh, mais vous êtes très chic, dites-moi !

— N'est-ce pas ? »

Il s'approcha et s'assit à ses côtés sur le banc. Il appuya sa canne blanche contre le piano à queue, puis posa une main timide sur l'épaule de sa mère. Pendant quelques instants, ils goûtèrent le silence, ensemble. Machinalement, George commença à caresser les touches d'ivoire. Elles semblaient bien grandes pour ses petits doigts, mais n'en ayant pas conscience, il attaqua avec assurance une œuvre à quatre mains qu'ils avaient travaillée quelques semaines auparavant : la « Fantaisie en fa mineur » de Schubert. Lucille se joignit à lui, sans autre ambition que de tromper son chagrin, et ils unirent leurs solitudes quelques minutes durant. Jusqu'à ce qu'une horloge les rappelât à l'ordre : il était temps pour George de retrouver sa nouvelle préceptrice.

Il débouchait dans le corridor du deuxième étage lorsqu'il entendit résonner ce qui lui sembla être une petite cloche.

« Je vois que vous êtes ponctuel, constata sa préceptrice. Il n'empêche, j'utiliserai systématiquement cette clochette pour sonner l'heure de la classe.

— Très bien, miss. »

Elle s'écarta pour le laisser entrer.

« Vous êtes très élégant, mon jeune ami.

— Merci. Vous aussi, miss. »

L'humour et le détachement dont il faisait preuve à un si jeune âge ne manquèrent pas de frapper Viviane.

La porte de la salle d'étude refermée, tous deux prirent place, face à face. À la demande de sa professeure, George fit l'inventaire des matières qu'il préférait – parmi lesquelles l'anglais, l'histoire et le français – et de celles qu'il aimait le moins – la géographie, trop abstraite, l'arithmétique et le latin. Au détour d'une de ses réponses fut nommée pour la première fois son ancienne préceptrice, miss Kerr. Viviane songea soudain qu'elle vivait désormais la vie de cette inconnue, s'asseyant à son bureau, dînant à sa table et dormant dans son lit. Elle se demanda à quoi elle pouvait ressembler et, une nouvelle fois, ce qui avait bien pu provoquer son départ précipité.

« Bien, commençons par une matière que vous affectionnez : l'histoire. Savez-vous de quand date ce manoir ?

— De 1664, miss. »

Il l'entendit tourner les pages d'un livre.

« Et donc… Pouvez-vous me dire quel souverain régnait à cette époque ?

— Mmmmh… Jacques II ?

— Vous avez le bon chiffre, mais pas le bon prénom…

— Charles II ! corrigea l'enfant.

— Exact. Que pouvez-vous me raconter à son sujet ? »

N'ayez crainte, il vous sera fait grâce des hauts faits de Charles II, de même que vous seront épargnés les règles de grammaire anglaise et les exercices d'arithmétique qui suivirent. Sachez seulement que ces trois premières heures de classe furent un soulagement pour la préceptrice comme pour son élève. Elle put apprécier la culture générale de l'enfant, son aisance à lire le braille et son bon niveau en arithmétique, en dépit d'un certain manque d'intérêt et d'entrain pour cette matière. Quant à lui, il put se rendre compte que sa professeure, quoique exigeante, n'avait rien de la « peau de vache » qui officiait à l'école du village.

*

En l'absence d'Archie, George déjeuna avec sa mère, et Viviane avec le personnel, à l'office. Mr Talbott et Mrs Dodds, de façon assez mesquine, se réjouissaient de la voir revenir parmi eux, non pas pour le plaisir de sa compagnie, mais parce que là était sa place. Pearl était bien loin de ces considérations et même bien loin du manoir : elle se rêvait dans l'Orient-Express, aux côtés de Monsieur, dont l'absence occupait tout son esprit, avec la crainte, qu'elle savait absurde, qu'il ne s'entichât d'une autochtone et ne revînt jamais. Elle en avait l'appétit coupé ! Sa grande sœur, en revanche, mangeait à une vitesse si phénoménale que Viviane en vint à lui demander :

« Êtes-vous si pressée ?

— Quoi ?

— Vous mangez bien vite.

— Je me tue à lui dire de mâcher ! s'agaça Mrs Dodds. C'est bien la peine que je me fatigue, pour qu'elle engloutisse tout en cinq minutes !

— Je sais, leur répondit Ruby. C'est parce qu'à la maison, avec nos cinq frères, il fallait se dépêcher si on voulait avoir quelque chose à manger.

— Je vois », fit Viviane.

Ruby ne ralentit pas pour autant la cadence, si bien que Viviane crut bon d'ajouter :

« Mais ici, vous pouvez prendre votre temps. Je vous assure que je ne toucherai pas à votre assiette.

— Moi non plus », garantit Mr Talbott.

La jeune femme sourit.

« Je sais bien, mais les habitudes, c'est comme les poux : c'est difficile de s'en débarrasser. »

L'image amusa Viviane, mais beaucoup moins le majordome, qui éloigna subrepticement sa chaise.

« Ch'est une cholie bague que 'ous avez là », réussit à articuler Ruby la bouche pleine.

Viviane considéra la bague de fiançailles que Roland lui avait offerte voilà bien longtemps.

« Merci. »

Elle préféra détourner la conversation :

« Et vous, vous n'en portez pas ?

— Non, c'est pas pratique pour faire le ménage. Mais de toute façon, j'en ai pas. On est pas très bijoux dans la famille, si vous voyez ce que je veux dire. C'est pour ça que notre mère nous a appelées Ruby et Pearl. Parce qu'elle en avait pas. Ni rubis, ni perles, ni rien. Elle nous a toujours dit que c'était nous ses bijoux. »

Mrs Dodds, qui n'avait pas l'air de connaître l'anecdote, sembla tout attendrie, avant de se ressaisir tout à coup :

« Quand j'en vois qui sont décorées comme des sapins de Noël ! »

Elle précisa, à l'attention de Mr Talbott :

« Je parle pas pour Madame, qui est toujours distinguée et discrète. Question de ça, y a rien à redire. »

Il opina et elle poursuivit :

« Mais elle a reçu des dames, l'autre fois… Y en a une, je vous jure, ça brillait de partout ! Elle m'aurait presque fait cligner des yeux ! On nous rebat les oreilles avec la crise, soi-disant qu'y en a qui ont perdu des millions, je sais pas où qu'ils sont, ceux-là.

— Je peux vous dire, intervint Mr Talbott, que Monsieur a des amis qui ont énormément perdu. Et je vous rappelle que c'est à regret que lui-même a dû se séparer de notre maison de Londres.

— D'accord, il a peut-être dû la vendre pour s'enterrer à la campagne, mais vous avez vu un peu le cercueil ?! »

Elle écartait les bras pour mimer le gigantisme du manoir.

« Et puis, bon, si ses amis avaient trois millions et qu'ils en ont plus que deux, ils sont toujours pas dans la misère. Tandis que nous autres qui avions déjà rien, on se retrouve avec moins que rien. Et ça fait pas beaucoup ! »

La démonstration laissa Mr Talbott pantois. Ruby, qui se plaisait à le faire réagir, le prit à partie :

« Si vous connaissez un ami de Monsieur qui est désespéré parce qu'il a plus que deux millions, je veux bien l'épouser, moi ! »

Mrs Dodds s'esclaffa.

« J'ai déjà la robe de mariée de ma mère, poursuivit la bonne, ce sera toujours ça d'économisé. Bon, faudra qu'il paye les retouches parce que je rentre pas dedans. J'ai comme qui dirait des formes qu'avait pas ma mère. »

Pearl, qui était de retour parmi eux depuis qu'on avait évoqué Monsieur, intervint pour la première fois :

« J'espère que je me marierai avant toi. Parce qu'elle est parfaite pour moi, cette robe.

— C'est sûr, tu manges rien ! »

Viviane songea alors à sa propre robe de mariée, qu'elle n'avait jamais portée.

*

Après le déjeuner, Viviane sortit dans le parc, son cahier à dessin à la main. Elle s'assit sur un muret, à quelque distance de Lucille qui s'entretenait avec Bertram et Reggie, et entreprit de dessiner l'arrière du manoir à l'architecture *so* jacobéenne – elle pensait envoyer le croquis à sa cousine en lui indiquant où se trouvaient les deux fenêtres de ses appartements. Alors que son regard allait et venait de la façade à sa feuille, un détail (qui n'en était pas un) l'interpella. Elle se représenta les combles, avant de compter et recompter les fenêtres. Force était de constater qu'il y en avait une de trop… ! Une fenêtre qui ne correspondait à aucune pièce de sa connaissance.

« Tout va bien ? » demanda Lucille qu'elle n'avait pas entendue approcher.

Viviane referma prestement son cahier.

« Euh, oui… Simplement, je me demandais à quelle pièce correspond cette fenêtre là-haut. La quatrième en partant de la gauche. »

Lucille regarda la fenêtre que Viviane pointait du doigt.

« Je ne sais pas. À une chambre, j'imagine...

— Non, j'ai beau réfléchir... Cette fenêtre-là correspond à la chambre de Mrs Dodds, celle-ci à celle de Ruby... »

La maîtresse de maison suivait l'index de Viviane.

« Ensuite, il y a la chambre de Pearl... cette fenêtre qui ne correspond à rien, la chambre inoccupée à côté de mon salon... puis ma chambre et mon salon.

— Vous devez faire erreur.

— Je ne crois pas, non. Enfin, je mentirais si je vous disais que je n'ai pas le moindre doute, mais comme le dit ma cousine, quand il y a un doute...

— ... il n'y a pas de doute. Eh bien... allons éclaircir cette énigme. »

Passablement essoufflées, les deux femmes arrivèrent à l'étage du personnel, où Lucille n'avait mis les pieds qu'une seule fois. Elles avancèrent jusqu'à la porte des appartements de Viviane.

« Voilà la porte de mes appartements. »

Elle montra son ébauche.

« Cela correspond à ces deux fenêtres. »

Elles avancèrent dans le corridor jusqu'à la porte suivante.

« Cette pièce-ci est inoccupée. »

Elles continuèrent.

« Voilà la chambre de Pearl... celle de Ruby... et, là-bas, celle de Mrs Dodds. »

Viviane désigna la fenêtre de trop qu'elle avait dessinée.

« Donc, cette fenêtre devrait se trouver... »

Elles revinrent sur leurs pas.

« ... là. »

Elles se tenaient toutes les deux face à la grande armoire qui renfermait le linge de maison du personnel. Après avoir échangé un regard, elles tentèrent, chacune de son côté, de voir ce qui pouvait se cacher derrière. Au comble de l'excitation, Lucille s'exclama :

« Je vois un chambranle. Il y a une porte ! »

Un quart d'heure plus tard, Ruby et Pearl finissaient de vider l'armoire. George, sa canne blanche à la main, était, à l'image de sa mère, enchanté par toute cette agitation autour de cette pièce secrète. Seule Mrs Dodds semblait étrangère à l'effervescence générale. Elle exprima enfin ses craintes à Mrs Montgomery :

« Je suis pas sûre que ce soit une bonne idée, m'dame. S'ils ont mis cette armoire à c't'endroit-là, c'est pas pour rien. »

Tout le monde se tourna vers elle.

« Comment cela ? l'interrogea Lucille.

— Ben… »

Sur ces entrefaites, Mr Talbott arriva, flanqué de Reggie et Bertram, qui salua ces dames en soulevant sa casquette.

« Ah ! s'enthousiasma Lucille. Il faudrait déplacer cette armoire, de façon que l'on puisse accéder à la pièce qui se trouve derrière.

— Pas de problème, m'dame, répondit Reggie en se retroussant les manches. C'est comme si qu'c'était fait ! »

Bertram et lui s'apprêtaient à pousser le meuble indésirable lorsque Mrs Dodds s'écria :

« Non ! Arrêtez ! »

Elle fut une nouvelle fois le centre de toute l'attention.

« Que se passe-t-il encore ? » demanda Lucille.

La cuisinière hésitait.

« Enfin, expliquez-vous !

— Euh, ça… ça remonte à loin. J'étais toute jeune, je venais d'être engagée… »

Les autres étaient tout ouïe, mais elle ne semblait pas encore tout à fait décidée à dévoiler ce qu'elle savait.

« Et… ? demanda Lucille.

— On m'a donné cette chambre… et je peux vous dire qu'il se passait des drôles de choses. *(Elle fut secouée par un frisson.)* Des objets qui changeaient de place, d'autres qui disparaissaient… J'avais jamais l'impression d'être seule dans cette pièce… Ah, ça, j'étais pas fière la nuit ! Alors j'ai demandé à dormir ailleurs. Et toutes celles qui se sont retrouvées là après moi ont fini par partir en courant. Y en a peut-être même qui courent encore !

— C'est ridicule ! asséna Mr Talbott.

— Croyez ce que vous voudrez, mais je sais ce que j'ai vu. C'est pour ça que Monsieur, enfin l'ancien Monsieur, le grand-oncle de Monsieur, a fait condamner cette pièce. Et m'est avis qu'on ferait mieux de pas y toucher. »

Un silence de mort s'imposa, tout à fait de circonstance. Bertram et Reggie attendaient que leur patronne prît une décision qui ne venait pas.

« Alors ? Qu'est-ce qu'on fait ? demanda Bertram.

— On pousse ou on pousse pas ? ajouta Reggie.

— Après, c'est un choix… » philosopha encore Bertram.

Cependant que Lucille hésitait, craignant de vexer sa cuisinière, Ruby et Pearl se consultèrent du regard, avant que l'aînée ne suggérât :

« On devrait peut-être remettre le linge en place… On a déjà bien assez de chambres pour le peu qu'on est. »

Lucille se décida et répondit à Bertram et Reggie :

« Poussez. »

Elle se tourna ensuite vers Ruby :

« L'expérience m'a appris qu'on n'a jamais assez de pièces. »

Ruby, qui avait avec sa sœur la charge du ménage, n'était vraiment pas de cet avis.

George n'avait pas perdu une miette de tout ce qui s'était dit. Il entendit Bertram et Reggie souffler, sinon gémir, sous l'effort, ainsi que le frottement du meuble sur le plancher, puis quelqu'un tenter d'ouvrir la porte, en vain, et sa mère lancer à Mr Talbott :

« Vous devez avoir la clé. »

Le majordome songea à celle dont il n'avait toujours pas trouvé à quelle pièce elle pouvait bien correspondre. Il s'en saisit et la glissa dans la serrure… qu'il déverrouilla. Il ouvrit la porte et tous, excepté George, purent découvrir la pièce oubliée depuis tant d'années, une chambre qui n'avait rien de particulier, à ceci près que tout y était recouvert d'une épaisse couche de poussière.

« Alors ? demanda George.

— C'est une jolie petite chambre », estima sa mère.

Mrs Dodds eut l'impression étrange d'être revenue presque quarante ans en arrière.

« Rien n'a changé… » souffla-t-elle, aussi émue qu'apeurée.

Lucille confia à Ruby et Pearl le soin de nettoyer cette nouvelle pièce et chacun put retourner à ses activités.

Les sœurs, impressionnées par le récit de Mrs Dodds, n'en menaient pas large lorsqu'elles se mirent au travail. Pearl, la moins hardie, faisait la poussière sans trop s'éloigner de la porte, au cas où il lui faudrait fuir, tandis que Ruby s'était attelée aux carreaux.

Alors que toutes deux s'affairaient depuis quelques minutes, elles se retournèrent soudain l'une vers l'autre et demandèrent en chœur :

« Quoi ? »

Puis elles répondirent, toujours à l'unisson :

« J'ai rien dit ! »

Pearl demanda alors :

« T'as entendu aussi ?

— Oui. »

Elles hésitèrent un instant, puis Ruby proposa :

« Allez, dépêchons-nous d'en finir. »

Elles s'activaient comme jamais, bien décidées à abréger leur supplice, lorsque l'aînée crut voir passer une ombre à côté d'elle.

« Pearl… ? appela-t-elle.

— Oui ?

— …

— Quoi ?

— Non, rien. »

Elle avait dû rêver. Inutile d'affoler sa sœur… Qui, quelques minutes plus tard, poussa un hurlement avant de s'écrier :

« On m'a pincée ! On m'a pincée ! »

Elles ressortirent de la chambre en courant, passablement bouleversée pour l'aînée, au bord de la crise d'hystérie pour la plus jeune.

Peu après, Mr Talbott vint trouver Madame et lui expliqua que les deux sœurs refusaient d'accomplir leur tâche. Elles avaient *cru entendre* une voix, avaient *cru apercevoir* une ombre, puis Pearl s'était *imaginé* qu'un être invisible l'avait pincée.

Lucille, désarçonnée, décida qu'elle avait suffisamment à faire avec les travaux et les ouvriers à surveiller pour ne pas avoir, en plus, à composer avec les enfantillages de ses bonnes.

Pour l'heure, elle jugea plus sage de céder. Ainsi, elle pria le majordome de ne pas insister et de libérer les sœurs Collins de leurs obligations. C'est à contrecœur que Mr Talbott s'exécuta et remonta verrouiller la porte, maugréant contre ces superstitions d'un autre âge.

*

Dans la nursery, George, debout à côté du buffet chinois, tenait la Terre entre ses mains. Sa leçon de piano devrait attendre un peu.

« Gardez à l'esprit qu'en réalité notre planète a une circonférence de vingt-cinq mille *miles*[1]... » précisa la préceptrice.

Elle détacha les mains de son élève du globe terrestre, prit son index droit et le posa sur...

« Londres... »

... avant de le faire glisser lentement jusqu'à :

« Paris... Lausanne... Milan... Venise... Vienne... Belgrade... Sofia... Istanbul – anciennement Constantinople... – où votre père prendra un bateau pour traverser le détroit du Bosphore. Sur l'autre rive, il empruntera le Taurus Express pour Ankara... Adana... Alep... et... Tel Kotchek. Puis il prendra un autocar jusqu'à... Mossoul-Terminus-tout-le-monde-descend, enfin, votre père tout du moins. »

Elle lâcha l'index de son élève.

« J'aimerais bien aller à l'étranger, moi aussi, confia-t-il. Bien sûr, je ne verrais rien, mais on me raconterait. Et j'entendrais de nouveaux bruits, d'autres langues, je sentirais de nouvelles odeurs, je goûterais d'autres plats...

—

1. 40 000 kilomètres.

— Vous voyagerez plus tard.

— Avez-vous voyagé, vous ?

— Oui, il m'est arrivé d'accompagner certaines familles chez qui j'ai travaillé.

— Où ça ?

— Eh bien, en Écosse, par exemple, en Irlande… Dans le sud de la France, en Suisse, en Italie… Aux États-Unis, une fois…

— Aux États-Unis ?

— Oui, j'ai eu beaucoup de chance. Enfin, sur ce plan-là. »

Il réfléchit un instant.

« Croyez-vous que mon père m'aurait emmené si je voyais ? »

La question, abrupte, la surprit, mais cette spontanéité n'était pas pour lui déplaire.

« Je ne sais pas. C'est possible. »

La franchise de sa préceptrice surprit l'enfant à son tour. Et n'était pas non plus pour lui déplaire.

« Mais vous êtes encore très jeune pour faire un si long voyage et il aurait trop peu de temps à vous consacrer là-bas avec tout son travail. Il vous proposera peut-être de l'accompagner d'ici quelques années.

— Pourquoi faut-il toujours que j'attende ? C'est toujours "plus tard" avec les adultes. C'est si long à venir, "plus tard" ! »

Elle sourit. Un coup sourd fit sursauter George.

« Qu'est-ce que c'était ? »

D'autres coups suivirent. De marteau.

« Les travaux. Que voulez-vous que ce soit ?

— Rien… »

De sa propre initiative, George alla s'asseoir au piano. Il posa ses doigts sur les touches.

« Croyez-vous à cette histoire de fantôme là-haut, miss ?

— Pourquoi ? Cela vous inquiète-t-il ?

— … Oui.

— Pourtant, l'idée que les morts ne nous quittent pas tout à fait est plutôt séduisante.

— Mais cela fait aussi très peur, non ?

— Seulement s'ils nous veulent du mal, mais pourquoi nous en voudraient-ils ? »

L'enfant joua quelques notes, qui l'aidèrent à réfléchir.

« Ils pourraient être jaloux, parce qu'ils sont morts et que nous sommes vivants. Je ne sais pas… Ne craignez-vous jamais qu'ils s'en prennent à vous lorsque vous êtes seule ?

— Non.

— Même lorsque vous êtes dans le noir ? Que vous n'y voyez rien ?

— Non. »

Depuis qu'elle avait tout perdu, Viviane n'avait plus peur de rien ni de personne.

Elle remarqua que George se tortillait sur son siège.

« Et vous ? lui demanda-t-elle. Craignez-vous qu'ils s'en prennent à vous ?

— Parfois », lâcha-t-il tout bas.

Nuit après nuit, en réalité.

« Que faites-vous ? demanda-t-il.

— Pardon ?

— Que faites-vous ? Là ? Êtes-vous assise ? Debout ?

— Je me suis appuyée contre le buffet. Pourquoi ?

— Pour savoir. Regardiez-vous quelque chose ?

— Je vous regardais, vous.

— D'accord. C'est ce qu'il me semblait.

— Vraiment ? Comment… ?

— J'entends au son de votre voix si votre tête est tournée vers moi ou non. »

Il suivit le déplacement de Viviane à l'oreille. Un bruissement d'étoffes lui indiqua qu'elle venait de s'installer dans un des fauteuils.

« Je me suis assise.

— Je sais. »

Elle hocha la tête. Bien sûr qu'il savait.

« J'imagine, reprit-elle, que j'aurais eu peur, moi aussi, dans ce grand manoir, quand j'étais petite. Mais je pense sincèrement que vous n'avez rien à craindre. On n'a jamais vu un fantôme manger qui que ce soit ! Et personnellement, je n'ai jamais vu de fantôme tout court… J'ai lu des histoires, on m'en a raconté, mais hélas, je n'ai jamais rien vu par moi-même.

— C'est pourquoi vous doutez. Je comprends. Mais mettez-vous à ma place : si je ne devais croire que ce que je vois, je ne croirais en rien… »

*

La leçon de piano eut lieu plus tard que prévu, mais eut bien lieu. Puis vint l'heure de la promenade, une perspective qui enchanta George. En effet, il sortait peu, sa mère refusant de le laisser s'aventurer seul dans le parc en raison de la proximité de l'étang qui représentait un trop grand danger selon elle.

Il ramassa sa canne blanche et s'apprêtait à quitter la nursery quand Viviane lui demanda :

« Vous n'abaissez pas le cylindre ?

— Le quoi ?

— Le cylindre. Sur le clavier du piano.

— Voulez-vous dire… le couvercle ?

— Cela s'appelle un cylindre. Aucun professeur ne vous l'a dit ?

— Non.

— Eh bien, il était temps que j'arrive ! »

Il alla abaisser le cylindre, donc, puis ils sortirent de la pièce.

Dans un des corridors, l'enfant indiqua :

« Prenez garde, il y a une petite marche un peu plus loin. Je préfère vous avertir parce que vous pourriez être distraite par ce joli cabinet laqué noir et son décor japonisant.

— Euh, merci... »

Ils firent quelques pas avant qu'il ne signalât encore :

« Le sol est très glissant à cet endroit. J'ignore pourquoi... »

Et encore :

« Attention à cette grosse porcelaine. Elle est très fragile. »

Il semblait connaître la maison dans ses moindres recoins, jusqu'au plus petit bibelot.

« La légende veut que le manoir soit l'œuvre de Christopher Wren. Le connaissez-vous ?

— Je dois avouer que non.

— C'est un célèbre architecte du XVIIe siècle. Il a joué un rôle majeur dans la reconstruction de Londres après le grand incendie de 1666. »

Le côté singe savant de l'enfant amusa Viviane autant qu'il l'irrita.

Dans l'escalier qui descendait au vestibule, il s'arrêta sous le portrait d'un homme que d'aucuns eussent qualifié d'austère : yeux sombres, long nez droit et lèvres minces.

« Je vous présente Branwell J. Winnicott, le lointain parent de père qui a fait bâtir le manoir et lui a donné son nom. »

Le tableau était légèrement de travers, ce qui donna à Viviane l'impression que le modèle, la tête penchée, la jaugeait. Elle redressa le cadre, et l'homme, en se faisant la réflexion qu'elle préférait avoir affaire à Archie qu'à ce Branwell.

George désigna du bout de sa canne un autre portrait, le sien.

« Celui-ci est de Frederic Whiting. Inutile de vous dire qui a servi de modèle. Vous m'aurez reconnu.

— Tout à fait. C'est... saisissant.

— C'est aussi mon avis, d'après la description qu'on m'en a faite. »

Il descendit deux marches et commenta le portrait suivant, qui représentait sa mère :

« Encore un Frederic Whiting. Mère l'apprécie beaucoup. »

Viviane redressa ce tableau aussi, puis la canne de l'enfant pointa une autre toile.

« C'est Harrington Mann qui a réalisé ce portrait de mon père, que je trouve aussi très ressemblant. Et là... »

Il engloba tout le mur d'un vaste mouvement de canne.

« ... ce sont des ancêtres, mes grands-parents, des oncles, des tantes, des cousins... Je pourrais vous donner leurs noms, mais ça ne présente pas beaucoup d'intérêt. En revanche, je peux vous dire quels surnoms leur ont attribués Ruby et Pearl. Naturellement, elles ne savent pas que je suis au courant. Sous prétexte que je suis aveugle, elles me croient sourd... Alors, elle, c'est "la Boudeuse". Lui, c'est "le Gommeux". Plus loin, vous avez "la Chipie", "le Joufflu", puis "le Poseur", à côté du "Dindon". Ma grand-tante aurait apprécié...

— C'est vrai que le portrait n'est pas très flatteur...

— Hélas, si. D'après mère, la tante de père n'était, je cite, "vraiment pas jolie, la pauvre chérie". »

Viviane compatit. George poursuivit :

« Nous avons aussi nos vedettes... »

Il désigna des portraits dont la ressemblance avec les noms annoncés n'était pas des plus flagrante :

« "Rudolph Valentino"… "Maurice Chevalier"… et "Gary Cooper", le chéri de Mrs Dodds. Enfin, l'acteur, pas mon ancêtre. »

Viviane estima que ce dernier surnom était le plus fantaisiste. Surtout, elle s'aperçut que *tous* les tableaux étaient de travers. Cela provoqua en elle un curieux sentiment de malaise.

« Je m'arrête là, conclut George. Maintenant, vous connaissez presque toute la famille. »

Les présentations faites, ils sortirent, après s'être chaudement vêtus.

Alors qu'ils marchaient sur le chemin de terre qui longeait l'étang, le petit garçon s'exclama :

« Oh, j'y pense, j'ai oublié de vous présenter Lady d'Herbemont !

— C'est une de vos ancêtres ?

— Pas du tout. C'est elle ! »

Il brandit sa canne.

« Oh ! fit Viviane. Quel joli nom !

— Un nom français, fanfaronna-t-il. Celui de cette dame qui a tant œuvré pour la canne blanche.

— Ah, mais oui, bien sûr. Quelle merveilleuse femme ! Et quelle merveilleuse invention ! De celles dont on se demande pourquoi personne n'en a eu l'idée plus tôt.

— Je crois être un des premiers à en avoir bénéficié en Angleterre et je dois bien dire que je ne pourrais plus m'en passer. Enfin, je peux me débrouiller sans lorsque je suis dans le manoir, mais pas dans les endroits qui me sont étrangers. »

Ils parcoururent plusieurs mètres en silence, précédés par Lady d'Herbemont.

« J'ai hésité, reprit George, entre "Lady d'Herbemont" et "Lady Guilly", le prénom de cette bienfaitrice, mais j'ai trouvé que la sonorité prêtait à sourire.

— "Lady Guilly"… répéta Viviane. Oui, je vous l'accorde : "Lady d'Herbemont" sonne autrement mieux. »

Ils marchèrent encore quelques instants avant que l'enfant ne confiât :

« À Londres, je me promenais souvent dans Hyde Park avec ma *nanny*… Je me demande ce qu'elle fait en ce moment. Peut-être notre balade habituelle.

— Qui sait ? En tout cas, nous sommes plus tranquilles ici.

— Si vous parlez des autres promeneurs, certainement. Si vous parlez du danger, c'est une autre histoire…

— Comment cela ?

— Mère m'a dit qu'il lui avait semblé voir un monstre dans cet étang.

— Un monstre ?

— Énorme. Encore plus gros que celui du loch Ness !

— Cela n'a pas l'air d'effrayer les canards et les cygnes.

— Il faut croire qu'il ne s'attaque pas à eux… »

Viviane rit, ce qui vexa l'enfant.

« Ne croyez-vous pas aux monstres ?

— Non.

— Et que faites-vous du monstre du loch Ness ? Il semble bien exister : on a publié sa photo dans le journal voilà quelques mois. Père me l'a décrite et j'en ai fait des cauchemars pendant des jours.

— On ne voyait pourtant pas grand-chose.

— Justement…

— Et puis, c'est loin le loch Ness. Vous n'avez rien à craindre.

— Vous oubliez que l'on surnomme cette région "l'Écosse du Sussex". »

Il marquait un point.

« Et surtout, poursuivit-il, si ce monstre du loch Ness existe, il peut y en avoir d'autres… »

Deux points.

« Peut-être », capitula Viviane.

Ils restèrent silencieux le temps de quelques pas. Viviane jeta un œil à l'étang et aux alentours. L'endroit était si joli ! Elle songea qu'il serait parfait pour s'y noyer.

« Mais… commença George, vous avez peut-être raison. Il est possible que mère m'ait dit cela pour que je ne m'approche pas de l'étang. J'imagine qu'il n'y a pas non plus de ronces ni d'orties dans ce parc ? Pas plus que de sables mouvants ? »

Viviane s'arrêta.

« Bigre ! Votre mère ne manque pas d'imagination ! »

Ne l'entendant plus marcher, son jeune compagnon s'arrêta lui aussi.

« Elle a surtout peur qu'il m'arrive quelque chose. Toutes sortes de choses. C'est pour cela que tout m'est défendu. Parce que si je me baigne, je vais me noyer, si je me promène, je vais me perdre, si je touche à une plante, je vais m'empoisonner, si je mange un bonbon, je vais m'étouffer, si je monte sur un muret, je vais tomber et me fracasser le crâne… »

Viviane émit un petit rire.

« C'est comique, commenta-t-elle en reprenant sa marche.

— Il faut croire que je manque d'humour. »

Il lui emboîta le pas.

« Sachez, reprit-elle, qu'en lieu et place des ronces et des orties, vous avez des tapis de bruyères mauves, blanches et… jaunes, mais… souhaitez-vous que je vous parle des couleurs ?

— S'il vous plaît.

— Vous évoquent-elles quelque chose ?

— Dans un sens, oui… Enfin, je sais par exemple, parce qu'on me l'a dit, que le bleu est la couleur du ciel et de l'eau – c'est-à-dire du ciel lorsqu'il fait beau et de l'eau lorsqu'elle est en très grande quantité ; sinon, elle est transparente –, mais elle peut aussi être grise ou même verte, si je me souviens bien. Comme l'herbe ! Comme les grenouilles ! Tout cela, je le sais parce que je l'ai appris mais, évidemment, je ne sais pas à quoi ressemblent le bleu ou le vert. Je ne peux qu'imaginer. Même si – vous allez peut-être trouver cela idiot – j'associe les couleurs à des sons.

— Ce n'est pas la première fois que j'entends cela.

— Vraiment ?

— Oui.

— J'ignore pourquoi, mais les sons aigus m'évoquent des couleurs claires et les sons graves des couleurs foncées.

— Je ne trouve pas cela idiot. Je dirais la même chose.

— Ah, oui ? demanda-t-il en bombant légèrement le torse.

— Oui. »

George et Viviane réfléchirent encore un peu à la question, avant que la préceptrice ne reprît sa description du paysage qu'ils traversaient :

« Nous passons à côté de *Calluna vulgaris*, des callunes, roses. Voulez-vous les toucher ?

— Ne contiennent-elles pas du poison ? Mère m'a dit que les plantes étaient bien souvent toxiques.

— Elle exagère un peu. Et dans ce cas précis, vous ne craignez rien. Vous pouvez me faire confiance.

— En avez-vous déjà touché ?

— J'en ai même bu !

— Bu ?

— Oui. Je fais des tisanes. De toutes sortes. Pour la digestion, le foie, les reins… Pour dormir surtout.

— Et les callunes sont bonnes pour… ?

— Contre les infections urinaires.

— Ah. Je vois. »

C'était davantage qu'il ne voulait en savoir, en vérité.

« Bon, je m'en remets à vous alors. »

Il tâta les callunes, délicatement, tandis que Viviane ajoutait :

« Et c'est également très bon contre les fantômes. »

George lâcha les callunes.

« Contre… ? Non ? Vous vous moquez de moi… !

— Pas du tout. En Bretagne, on raconte qu'elles éloignent les fantômes.

— Vraiment ?

— Si je vous le dis !

— Mais euh… En tisane ? »

Viviane éclata de rire. Un rire franc qu'il entendait pour la première fois. Presque celui d'une enfant.

« Non, pas en tisane, voyons ! En bouquet !

— Oh, oui, bien sûr… »

Elle était hilare, et de l'entendre s'esclaffer ainsi, il se mit à rire, lui aussi.

« En tisane ? » répéta Viviane, imitant le ton naïf et surpris de George.

Ce dernier pouffa, s'amusant de sa confusion.

« Avouez qu'il y avait de quoi se méprendre… »

Elle essuya une larme naissante.

« Oh, merci, dit-elle. Cela faisait longtemps que je n'avais pas autant ri.

— Je vous en prie. »

Viviane reprit son souffle, puis avança en poursuivant :

« Alors, où en étais-je ? Un peu de sérieux. Sur votre droite… »

George arracha promptement un brin de callune qu'il fourra dans sa poche.

« …se trouvent des *Agrimonia eupatoria*, aigremoines eupatoires. Elles donneront en juin des grappes de fleurs jaunes. »

George rejoignit sa professeure et tâta également les tiges d'aigremoine.

« Oh ! C'est velu !

— En effet.

— Peut-on en boire aussi ?

— Oui. Ses fleurs ont bien des vertus.

— Lesquelles ?

— Elles soulagent les maux d'estomac… réduisent ballonnements et flatulences… et luttent efficacement contre la diarrhée et les hémorroïdes.

— D'accord. »

Encore une fois, George n'en demandait pas tant. Jamais miss Kerr n'aurait osé évoquer ces choses-là !

« Nous passons à présent sous des *Picea abies*, épicéas, verts, naturellement, puisqu'il s'agit de conifères, encore que l'on puisse trouver des conifères jaunes ou rouges. Si votre mère était là, elle craindrait qu'une pomme de pin ne vous assomme. »

Il rit. Et s'abstint de s'enquérir des vertus de la pomme de pin. Il en avait suffisamment entendu pour aujourd'hui.

« En conclusion, ce paysage a quelque chose d'enchanteur. Je comprends que Milne ait choisi cette région de la forêt d'Ashdown pour y faire vivre son Winnie l'ourson. »

D'autant plus qu'en cas de problème, se figura George, Winnie avait tout ce qu'il fallait dans la Forêt des rêves bleus pour calmer ses infections urinaires, ses flatulences, ses diarrhées et ses hémorroïdes.

*

Après la promenade, ce fut *tea time*, et l'occasion pour Viviane d'expliquer à George qu'en France les enfants prenaient un *goûter** ou un *quatre-heures**, qui se composait non pas de thé et de *scones*, mais de lait ou de café au lait, accompagné de tartines de beurre, de confiture, de chocolat ou de sucre, pour les plus pauvres.

« Du café au lait ? Quelle drôle d'idée ! » s'étonna l'enfant.

Il n'en savoura que davantage sa *cup of tea*, et c'est tout ragaillardi qu'il lut à Viviane le premier chapitre, non pas de *Winnie l'ourson*, mais des *Aventures de Tom Sawyer*, qui avait dix ans, comme lui, mais exécrait l'école, alors que George aurait donné cher pour quitter le manoir chaque matin et retrouver des camarades de son âge.

*

Le soir venu, autour de la table de l'office…

« Je suis sûre d'avoir entendu quelqu'un, témoigna Pearl.

— Moi aussi ! Regardez, j'en ai encore la chair de poule ! »

Ruby releva sa manche et le reste du personnel ne put que constater qu'elle disait vrai. Mrs Dodds reposa sa fourchette dans son assiette.

« C'est lui, affirma-t-elle. C'est le fantôme.

— Allons, ne dites pas n'importe quoi, la sermonna Mr Talbott. Vous voyez bien que vous effrayez tout le monde avec vos sornettes.

— Pas moi », le rassura Viviane.

Ainsi encouragée, Pearl enfonça le clou :

« En attendant, moi, je sais bien qu'on m'a pincée.

— Qu'est-ce qu'il ne faut pas entendre ! pesta Mr Talbott.

— Où vous a-t-on pincée ? voulut savoir Viviane.

— Aux… aux fesses, balbutia-t-elle, encore sous le coup de l'émotion.

— Et moi, ajouta Ruby, je l'ai *vu*.

— Tu l'as vu la pincer ? demanda Mrs Dodds.

— Non. Je l'ai vu, *lui*. Le fantôme. »

Le majordome leva les yeux au ciel.

« Enfin, j'ai vu une *ombre*, précisa Ruby. Une *silhouette*.

— D'homme ? se renseigna Mrs Dodds.

— Ça, je sais pas. Elle est pas restée longtemps. Elle était là et, d'un coup, elle a disparu. Pouf !

— Pouf ?

— Pouf. »

Mr Talbott, visiblement agacé, soupira avant d'intervenir :

« Je vous en prie, mesdemoiselles, un peu de calme ! Vous êtes des jeunes filles un peu trop sensibles et impressionnables. Les histoires de Mrs Dodds *(à qui il lança un regard plein de reproches)* vous auront perturbées, voilà tout.

— C'est pas des histoires, réfuta l'intéressée, piquée au vif.

— Ça suffit ! Je ne veux plus entendre un mot !

— Mais…

— J'ai dit : plus *un* mot !

— Je ne savais pas… commença Viviane.

— SILENCE ! » tonna Mr Talbott.

Il tapa du poing sur la table, arrachant un cri d'effroi à Mrs Dodds et aux demoiselles Collins.

« Je ne savais pas, répéta calmement Viviane, que nous vivions chez les bénédictins.

— Eh bien, je vous l'apprends. Et je suis votre…

— Vous êtes mon rien du tout. Je n'ai fait vœu ni de silence ni d'obéissance. À personne.

— Vous obéissez bien à Madame tout de même, fit remarquer Mr Talbott, narquois.

— À personne », répéta Viviane en soutenant son regard.

Elle finit son assiette tranquillement, en dépit de l'atmosphère pesante. Une minute s'écoula avant qu'elle ne proposât au « croque-mort » :

« Je peux vous recommander une excellente tisane pour calmer vos nerfs.

— Mes nerfs vont très bien, je vous remercie.

— Comme vous voudrez. »

Les trois autres gardaient le nez dans leur assiette.

Lorsqu'elle eut fini de manger, Viviane se leva et souhaita à tous une :

« Bonne nuit. »

Seules les deux sœurs lui répondirent, timidement.

Mr Talbott fulmina dans son coin jusqu'à ce que l'impertinente eût disparu dans l'escalier, puis il grogna à l'attention de Mrs Dodds :

« Qu'elle ne s'imagine pas qu'elle va faire la révolution ici ! »

La cuisinière abonda dans son sens :

« Moi, je dis qu'il faut s'attendre à tout de la part d'un peuple qui a guillotiné son roi ! »

*

Si tu savais comme ce Talbott m'insupporte ! Si je reste, j'ai peur que ça ne se termine mal pour l'un de nous deux. J'espère seulement

Un craquement du plancher fit tressaillir Viviane et l'arracha quelques secondes à la lettre qu'elle écrivait à sa cousine, assise à son bureau. Elle trempa sa plume dans l'encrier et poursuivit :

que ce ne sera pas moi !

Quant au petit George, il est différent des autres enfants dont j'ai eu à m'occuper jusqu'à présent. Il est d'une vive intelligence et fait preuve d'une répartie étonnante pour son âge, mais ne manque pas pour autant de cette imagination propre aux enfants, qui fait si cruellement défaut à tant d'adultes et à Talbott en particulier.

Chose étrange, je ne me sens pas si vieille à ses côtés (je parle de George). Et ce n'est pas uniquement lié au fait qu'il ne me voit pas puisque j'ai enseigné à d'autres enfants aveugles. Alors, pourquoi ? Je ne sais pas.

« Je ne sais pas… » marmonna-t-elle, pensive.

Une bourrasque vint alors secouer la fenêtre. Elle s'en approcha et regarda le parc que la lune éclairait timidement, soulignant néanmoins la blancheur des statues de pierre et leur conférant une allure spectrale. Elle ferma les rideaux d'un coup sec et alla se coucher, non sans avoir sacrifié au rituel du soir : une goutte d'eau de Cologne derrière chaque oreille.

Elle se réveilla en sursaut alors que la pluie martelait le toit et les carreaux. Il faisait nuit et elle n'avait aucune idée de l'heure qu'il pouvait être. Son réveille-matin la renseigna : trois heures. Elle se sentait extraordinairement oppressée, sans raison apparente, ce qui ajoutait encore à son trouble. Elle songea qu'elle avait probablement fait un cauchemar, tout en s'étonnant de n'en garder aucun souvenir, quand soudain résonna dans l'obscurité un hurlement effroyable qui lui glaça le sang. On eût dit le cri d'un animal… ou d'un enfant. Cela semblait venir de sous ses fenêtres. Elle hésita avant de se lever dans la pénombre et de marcher jusqu'aux rideaux qu'elle écarta.

Comme elle s'y attendait, elle ne vit rien d'autre dans le parc que les statues, qui lui parurent autrement plus inquiétantes après cet horrible cri, d'autant plus qu'elles étaient déformées par les gouttes d'eau qui dégoulinaient le long des carreaux. Il lui sembla tout à coup que l'une des sculptures bougeait. La préceptrice secoua la tête, perplexe, et plissa les yeux pour mieux voir. C'est alors que la silhouette, féminine, se retourna vers elle et la regarda droit dans les yeux ! Le corps de Viviane fit, de son propre chef, un bond en arrière. Épouvantée, elle dut rassembler tout son courage pour s'avancer à petits pas et constater que la statue, qui n'en était vraisemblablement pas une, avait disparu.

« Nos invitées ! » s'exclama Mr Talbott lorsque l'on frappa à la porte.

Pour être exact, il s'agissait des invitées de Madame, qui allait tenir là son premier salon littéraire avec quelques femmes de notables de la bourgade voisine qu'elle avait déjà reçues pour le thé.

Mrs Margaret Steele, l'épouse du banquier et *Chairman of the Parish Council*[1], fut la première à entrer, exhibant une kyrielle de bijoux de toutes sortes et, semblait-il, une nouvelle perruque. Mrs Diana Poole, la femme du médecin, la suivit de près, brillant de mille feux elle aussi, peut-être dans une tentative de détourner l'attention du poireau qui ornait son menton. Mrs Dodds, qui les avait aperçues lorsqu'elles étaient venues prendre le thé trois semaines plus tôt, aurait, à n'en pas douter, cligné des yeux si elle les avait recroisées ce jour-là !

S'en vinrent ensuite Mrs Alice Barry, qui affichait en toutes circonstances le même air grave que son mari, comptable de

—

1. Président du conseil de paroisse. En Angleterre, les conseils des paroisses tiennent un rôle semblable à celui des mairies en France.

son état, et Mrs Lynn Heslop, la femme du pharmacien et la plus jeune de toutes, charmante avec son carré de boucles brunes.

Manquait à l'appel l'épouse de l'un des plus grands propriétaires terriens du comté, qui avait dû juger inopportun de se commettre auprès d'une audience si peu aristocratique et s'était fait excuser au motif qu'elle se sentait « souffrante », tout comme Mrs Edna Millward, invitée bien avant la gifle de Lucille à son vicaire de mari, gifle qui était sans nul doute la vraie raison de son absence.

Lucille et ses hôtes se réunirent dans le vaste salon d'apparat pourpre et or, sous l'imposant lustre de bronze et de cristal, dans une ambiance guindée.

« Ce thé est un véritable délice, roucoula Mrs Steele en reposant sa tasse à côté du plateau de biscuits. Et la beauté de cette porcelaine ajoute encore à notre plaisir.

— C'est un service en Vieux Paris. Je le tiens de ma mère.

— Décidément, rebondit Mrs Poole, vous semblez apprécier ce qui vient de France. »

Lucille fit attention à la regarder droit dans les yeux et à ne surtout pas s'égarer sur son poireau disgracieux.

« Je suppose que vous faites allusion à notre nouvelle préceptrice ?

— *Oui, j'espère nous la verrons. J'adore parler français tellement ! Si mauvais je ne suis pas été en France pour un si long temps**... »

Déstabilisée par ce français approximatif et horrifiée à l'idée que ses nouvelles amies pussent apercevoir Viviane, Lucille improvisa :

—
* En français dans le texte. Ou presque.

« Je crains malheureusement qu'elle n'ait guère le temps de se joindre à nous. Elle est si investie dans son travail…

— *Oh, quelle pitié ! Trop mauvais**. »

Les cinq femmes discutèrent tour à tour du départ d'Archibald, de la difficulté à trouver du personnel, de l'avancée des travaux de restauration du manoir, puis évoquèrent l'actualité culturelle, notamment la nouvelle comédie musicale de Noël Coward, *Conversation Piece*, dont la première s'était tenue à Londres quelques jours plus tôt avec, en vedette, la Française Yvonne Printemps.

« Décidément, conclut Mrs Barry, l'air plus grave que jamais, elles sont partout. Non pas que… Enfin. »

Lucille avait déjà cru remarquer que Mrs Barry ne terminait que rarement ses phrases.

À court de sujets, elles en vinrent enfin au motif de leur réunion, soit *Le Crime de l'Orient-Express*. Hélas, alors qu'elle avait prévu de lire les dernières pages ce matin, Mrs Heslop avait dû mettre son livre de côté pour aider son époux à la pharmacie, abandonnant Hercule Poirot juste avant qu'il ne répondît à la question « Qui a tué Ratchett ? ». Elle se plaisait à imaginer le détective figé, debout, face à tous les protagonistes de l'affaire réunis autour des tables du wagon-restaurant, dans un silence absolu, en attendant qu'elle voulût bien reprendre sa lecture.

Les autres invitées de Lucille échangèrent un regard navré.

« Peut-être, suggéra leur hôte à Mrs Heslop, pourriez-vous vous isoler quelques minutes dans le salon de musique et lire la fin du roman, de sorte que nous puissions en parler à votre retour ? »

Toutes approuvèrent cette idée, y compris l'intéressée que Lucille accompagna dans la pièce voisine.

« Évidemment qu'elle n'a pas pu le terminer : cela a dû lui prendre un temps fou de faire toutes ces bouclettes ! » brocarda Mrs Steele.

Mrs Poole et Mrs Barry se gardèrent d'exprimer le fond de leur pensée : certes, leur amie n'avait pas ce problème… avec ses perruques.

Lucille se rassit.

« J'imagine que, comme moi, vous avez été stupéfaites par ce final éblouissant.

— Oh, oui, j'en ai été toute… confirma Mrs Barry. Oh, là, là !

— Moi aussi ! confia Mrs Poole. Comment cette Agatha Christie a-t-elle pu imaginer un tel dénouement ?

— Exactement ! C'est… Enfin…

— Incroyable ! approuva Lucille.

— Moi, je l'avais vu venir », déclara Mrs Steele.

Les autres firent mine d'être impressionnées, mais personne ne la crut.

Quelques minutes s'écoulèrent avant que Mrs Heslop ne refît son apparition, effarée.

« Cette fin !

— N'est-ce pas ? acquiesça Lucille.

— Si je comprends bien, je suis la seule à l'avoir vue venir, pérora l'épouse du *Chairman of the Parish Council.*

— Vous aviez deviné ? s'étonna Mrs Heslop.

— J'ai *tellement* lu… On ne me la fait plus. Et puis mon mari fait de la politique. Je m'y connais en manigances !

— Oh… Ici ? À la campagne ?

— Vous ne pouvez pas imaginer, ma chère. Mais naturellement, je ne peux rien dire. »

Toute gonflée de sa propre importance, elle prit sa tasse que Lucille venait de remplir, lorsque quelques notes de piano leur parvinrent du salon de musique.

Ces dames se regardèrent, intriguées.

« C'est votre fils ? demanda Mrs Poole à son hôte, en triturant les poils de son poireau.

— Euh… je suppose. »

Lucille ne comprenait pas pourquoi il ne s'exerçait pas sur le piano de la nursery.

« C'est joli, complimenta Mrs Barry. Qu'est-ce que… ?

— Euh… Je crois reconnaître… "Février – Le Carnaval", de Tchaïkovski.

— Ce serait logique ! » ricana Mrs Steele.

Les autres la regardèrent sans comprendre.

« Puisque nous sommes en février, s'expliqua-t-elle.

— Ah, oui, je comprends, répondit Mrs Heslop. Je cherchais le lien avec le carnaval… »

Le regard de Mrs Poole alla des bijoux à la perruque de celle qui se considérait comme la première dame du village.

Puis toutes écoutèrent. Lucille n'avait jamais entendu son fils travailler cette œuvre… Pourtant, George la jouait avec une dextérité qui forçait l'admiration. Elle s'interrogeait, lorsqu'elle l'aperçut dans le parc en compagnie de sa préceptrice. Elle se leva brutalement :

« Excusez-moi. Je vais lui demander d'aller jouer là-haut », mentit-elle.

Bouleversée, elle se dirigea vers la pièce contiguë et en ouvrit la porte. Le piano se tut immédiatement. Elle resta figée un instant sur le seuil. La pièce était vide. Elle se retourna vers ses amies, à qui elle adressa un sourire crispé, et entra dans le salon de musique avant de refermer derrière elle. Là, elle s'avança vers l'instrument, méfiante, parcourant la pièce du regard, s'attardant sur la deuxième porte à l'autre bout, bien fermée. Enfin, elle abaissa le cylindre sur le clavier.

Elle s'accorda un instant de répit, puis rejoignit les autres membres de son cercle littéraire pour de nouveaux échanges auxquels elle ne prêta qu'une oreille distraite.

Depuis leurs mésaventures dans la pièce secrète et les manifestations dont elles avaient été victimes, Ruby et Pearl – de même que Mrs Dodds, d'ailleurs – pressaient le pas à chaque fois qu'il leur fallait passer devant cette maudite porte qui était réapparue après quarante ans de condamnation. En outre, les deux sœurs partageaient désormais la même chambre, celle de Ruby, la plus éloignée du lieu du traumatisme. Aussi avaient-elles milité auprès de Mr Talbott pour qu'il fît remettre l'armoire « à sa place », comme si une armoire pouvait être à sa place devant une porte. Malheureusement pour elles, elles s'étaient invariablement heurtées à son refus, un refus aussi irraisonné qu'obstiné, celui-ci ne concevant pas, ne supportant pas même, que l'on crût et que l'on cédât à ce genre de superstitions. De guerre lasse, elles avaient fini par considérer la possibilité d'en formuler la demande directement auprès de Madame, mais ne s'y étaient pas résolues, craignant que la maîtresse de maison ne décidât au contraire de rouvrir la chambre.

Ce dimanche matin, sur le chemin de l'église, elles s'entendirent donc pour adresser leur demande auprès d'une instance encore supérieure, à savoir le bon Dieu en personne. Un bon Dieu qui aurait fort à faire puisque Mr Talbott le chargea, de son côté, de le libérer de cette « horrible révolutionnaire » qui avait pris ses quartiers à Winnicott Hall, tandis que George le priait, depuis sa chambre pour sa part, de faire en sorte que sa mère entendît raison et consentît à ce qu'il retournât à l'office le dimanche. Naturellement, il n'avait pas eu vent du différend qui opposait ses parents au vicaire. Tout ce qu'il savait, c'est que deux petites filles de son âge devaient être en train de rire là-bas. En particulier la petite Rosie, dont il désespérait d'entendre à nouveau la si jolie voix.

George avait encore mal dormi, en dépit du brin de callune qu'il prenait soin de sortir chaque soir du tiroir de sa table de chevet. Ce n'était visiblement pas très efficace pour tenir les fantômes à distance… Son humeur s'en ressentait, et ce matin, en classe, il faisait preuve d'une mauvaise volonté manifeste.

« C'est trop difficile ! se plaignit-il pour la énième fois.

— *Labor omnia vincit improbus* », répondit Viviane.

La réflexion laissa son élève de marbre.

« Ce qui signifie ? » demanda la préceptrice.

George se mura dans le silence.

« Allons, je suis sûre que vous le savez.

— …

— Je vous écoute, insista sa professeure.

— Comment se fait-il que vous lisiez le braille ? demanda George à brûle-pourpoint.

— Pardon ?

— Comment se fait-il que vous lisiez le braille ? »

Elle allait répondre, puis se ressaisit :

« C'est moi qui pose les questions.

— Je répondrai aux vôtres quand vous aurez répondu aux miennes. Comment se fait-il que vous lisiez le braille ? »

Viviane s'amusa de son audace. Elle esquiva :

« On me l'a appris.

— J'entends bien, mais je veux dire, comment se fait-il que vous ayez eu envie de l'apprendre ?

— Ma mère était aveugle.

— Oh… *(Un silence.)* Oh. Je comprends.

— À votre tour maintenant. *Labor omnia vincit improbus* ?

— Pourquoi n'êtes-vous pas mariée ?

— Non.

— Comment cela, non ?

— Non, ce n'est pas du tout ce que signifie cette locution latine. »

Il rit, puis observa :

« Vous devez me trouver bien impertinent.

— Cela peut être une qualité. »

George se dit qu'il s'agissait d'une curieuse réflexion venant d'une préceptrice. Ce n'était pas miss Kerr qui aurait…

« Mon fiancé est mort. »

La réponse était tombée comme un couperet, tant et si bien qu'il se demanda s'il n'avait pas sursauté. Cette franchise déconcertante était aux antipodes des réponses alambiquées de sa préceptrice précédente, dès lors qu'il s'aventurait à lui poser des questions débordant du cadre de ses attributions.

« Je suis désolé. Vous avez dû être très malheureuse. Est-il mort à la guerre ?

— Non. Il roulait à motocyclette derrière un camion qui transportait des tôles ondulées. Une des tôles a glissé et lui a tranché la tête. »

George était estomaqué. Jamais il n'aurait imaginé qu'une adulte pût raconter une histoire pareille à un enfant de son âge. Ce ne serait sûrement pas du goût de sa mère si elle venait à l'apprendre. Bien évidemment, il ne lui en dirait rien.

Viviane elle-même s'étonna de la facilité avec laquelle elle se livrait. Le fait que George ne la voyait pas n'y était sans doute pas étranger.

« Et n'avez-vous pas voulu vous marier avec quelqu'un d'autre ?

— Non.

— Pourquoi ?

— C'est lui que j'aimais. »

Il eut une pensée pour Rosie. S'attacherait-il jamais à une autre fille comme il s'était attaché à elle ?

« Mais… *vita procedit*… non ? » demanda-t-il.

Elle sourit.

« Non, la vie ne continue pas toujours. La mienne s'est arrêtée le 22 mai 1919.

— N'avez-vous jamais été heureuse depuis ce jour ?

— J'ai eu quelques moments de répit, par-ci par-là, mais de bonheur, non, je ne crois pas.

— Diriez-vous… »

Il hésita.

« Oui ?

— Diriez-vous que vous auriez préféré mourir avec lui ?

— Sans aucun doute. »

George n'avait jamais eu ce genre de conversation avec personne, pas même avec sa *nanny*.

Il voulut encore savoir :

« Avez-vous songé à… Enfin, à vous…

— À mettre fin à mes jours ?

— Oui.

— Maintes fois. Si je ne l'ai pas fait, c'est seulement que j'ai manqué de courage. »

Ces confidences, dont George subodorait que sa préceptrice ne les avait faites à aucun autre de ses élèves, peut-être même à aucun adulte, lui inspirèrent le plus grand respect et une certaine tendresse. Oui, il est juste de dire que ces mots pincèrent son cœur comme peu jusqu'alors. Il se tut un instant.

« Un travail opiniâtre vient à bout de tout, souffla-t-il enfin.

— Pardon ?

— *Labor omnia vincit improbus.* Un travail opiniâtre vient à bout de tout. »

*

Alors qu'elle descendait le grand escalier, Lucille sentit sourdre en elle une certaine angoisse. Elle perdit un peu de sa belle assurance et ralentit, jusqu'à s'arrêter. Elle en était sûre : quelqu'un la regardait, *l'observait* même. Confuse, elle balaya du regard le vestibule, puis leva les yeux vers les étages supérieurs. Personne. Un froid intense se saisit d'elle. Son attention se porta sur les dizaines de tableaux qui ornaient les murs et, pour la première fois, la présence de tous ces ancêtres morts et encadrés lui parut indécente. Oppressante. Mortifère. Il lui sembla tout à coup malsain d'exhiber ainsi des défunts ; tout aussi incongru que si l'on avait exposé là leurs dépouilles momifiées. Elle se hâta de descendre, l'esprit agité par toutes sortes d'idées morbides.

Arrivée en bas, elle tenta de se raisonner et se força à se retourner vers ce grand cimetière vertical, espérant y retrouver les visages bienveillants, quoique parfois empreints de morgue, des aïeuls qui faisaient la fierté de sa famille et de celle d'Archie. Hélas, elle ne voyait plus en eux qu'une assemblée de cadavres en grands uniformes, costumes et robes de couturier.

Installé sur une colonne au pied des marches, un général romain la fixait. Lucille s'arma de courage et saisit le buste en marbre à qui elle fit opérer un demi-tour droite. Désormais, elle s'en assurerait auprès de Mr Talbott, il ne fixerait plus que le mur. Elle s'en félicita, avant de prendre la fuite.

*

Archie lui manquait tant, et de plus en plus. Certes, elle s'était figuré qu'il lui serait difficile de ne plus l'avoir à ses côtés au quotidien, mais elle avait sous-estimé la violence de son absence. En fin d'après-midi, n'y tenant plus, elle se rendit dans son cabinet de travail, où son empreinte était la plus forte. Là, elle s'assit à son bureau, et respira l'air qui était passé par les poumons de son amour quelques jours plus tôt.

Elle posa un doigt sur le manche du coupe-papier, qu'il avait touché avant elle. Elle le considéra un instant, avant de le porter à ses lèvres. Elle embrassa ensuite la boîte à timbres, le plumier, le tampon-buvard. Un à un, tous les objets présents sur le bureau y passèrent.

Comme il était bon d'être dans cette pièce ! Tout à coup, il lui sembla qu'ils étaient à nouveau réunis, elle et lui. Mais cette impression s'avéra fugace et, trop vite, elle fut à nouveau seule, plus seule que jamais. Pourtant, Archie était partout ici : dans le plus petit objet, la moindre carte. Elle eut bientôt le sentiment, non pas qu'il était là, mais qu'il allait entrer. Oui, elle l'aurait juré, il était derrière la porte et n'avait qu'à l'ouvrir pour qu'ils fussent à nouveau réunis. Elle commença à espérer et vit son vœu s'exaucer : le bouton de porte se mit à tourner, tout doucement… Hélas, ce ne fut pas Mr Archie qu'elle vit entrer, mais Mr George.

Pearl était paralysée – oui, vous avez bien lu, c'est bien de la jeune domestique et non de Lucille dont il s'agissait. Ce n'est que dans un deuxième temps qu'elle se rappela qu'il ne pouvait pas la voir. Le nouveau venu s'avança vers elle, qui restait figée. Soudain, il s'arrêta. Il sembla tendre l'oreille.

« Il y a quelqu'un ? » demanda-t-il d'une voix mal assurée.

Pearl n'eut qu'une demi-seconde pour réfléchir et choisit de ne pas broncher. Elle aurait pu dire qu'elle était là, à faire la poussière, mais elle avait trop honte de ce qui l'avait attirée dans ce cabinet et était persuadée que l'enfant la démasquerait rien qu'au son de sa voix, forcément tremblante. Aussi préféra-t-elle garder le silence.

« Laissez-moi tranquille, ordonna George. Allez-vous-en. »

Elle ne savait que faire. Ressentait-il vraiment sa présence ? Le garçon hésita, avant de s'approcher. La domestique se leva aussi doucement qu'elle le put et bénit le tapis, si épais, qui étouffait ses pas. Le petit s'arrêta net :

« Qui est là ? »

Il tendait à nouveau l'oreille. Pearl s'obstina dans son silence, consciente qu'il était trop tard pour se manifester. Elle ferma les yeux quelques secondes, comme une enfant persuadée qu'il suffit de ne plus voir le monde qui l'entoure pour s'en extraire.

Elle les rouvrit pour voir l'importun faire deux pas en direction du bureau. Et recula d'autant. Le jeune monsieur posa une main sur le dossier du fauteuil avant de s'asseoir. Il s'étonna de la chaleur de l'assise : on eût dit que quelqu'un venait de lui céder la place.

Pearl avait de la peine à respirer. Elle essayait de se calmer, mais son cœur battait furieusement. Lorsqu'elle déglutit, elle eut l'impression qu'on l'entendait jusque dans les combles.

« Je vous entends… dit George. Je vous entends respirer. »

Elle porta une main à sa bouche et fit un pas en arrière. Le parquet grinça, faisant sursauter l'enfant. Il bondit sur ses pieds et s'empressa de rejoindre la porte qu'il ne prit même pas la peine de refermer derrière lui.

La jeune impudente poussa un soupir de soulagement. Elle remit en ordre les affaires d'Archie, puis déguerpit à son tour.

« Eh bien, George. Répondez-moi. J'attends ! »

Viviane agita sa clochette pour le sortir de sa torpeur.

« Désolé, miss, je n'arrive pas à réfléchir. Il fait si froid. »

Il n'avait pas plus froid que d'habitude, en réalité. C'était surtout qu'il ne cessait de repenser à leur dernière conversation. Jusqu'alors, il avait eu du mal à imaginer sa préceptrice autrement que… préceptrice. À l'imaginer jeune femme, amoureuse, fiancée, puis veuve. Il repensait particulièrement à ses confidences sur son désir d'en finir. Depuis, miss Lombard n'était plus seulement « miss Lombard ».

Elle lui prit la main.

« Vous êtes gelé ! Levez-vous. Je vais rapprocher votre pupitre de la cheminée. »

Il se leva et elle joignit le geste à la parole.

« Je crois que vous êtes un animal à sang froid, lui dit-elle alors qu'il se rasseyait. Je constate que quoi qu'en disent vos compatriotes, ce n'est pas moi la grenouille ! »

Il sourit, puis demanda :

« D'ailleurs, pourquoi donne-t-on ce surnom aux Français ?

— Parce que nous mangeons leurs cuisses.

— Mais vous mangez des cuisses d'autres animaux... Alors, pourquoi les grenouilles ?

— Savez-vous à quoi cela ressemble ?

— Vaguement.

— Ce n'est pas très ragoûtant. Voilà pourquoi l'idée que les Français les mangent frappe les esprits. Si vous voulez, je vous en ferai toucher une aux beaux jours. »

Viviane s'étonna elle-même de sa proposition. Envisageait-elle vraiment d'être toujours là en avril ?

« Pourquoi aux beaux jours ? demanda George.

— Parce qu'il faudra qu'elles aient fini d'hiverner.

— Vous voulez dire d'"hiberner".

— Non, la grenouille *hiverne*. Elle se met au chaud, dans la terre ou sous des feuilles. Tandis que l'animal qui *hiberne*, lui, voit sa température chuter considérablement. Il entre alors dans un état léthargique. Comme vous ! En fait, vous êtes sans doute la seule grenouille qui hiberne ! Certainement parce que vous êtes aussi la plus grosse grenouille que la Terre ait jamais portée. »

Il rit, puis rebondit :

« Quoi qu'il en soit, je refuse d'en toucher.

— Pourquoi ?

— La dernière fois, Tom Sawyer a dit qu'il avait toujours des verrues parce qu'il attrapait plein de grenouilles ! Je n'ai aucune envie d'avoir des verrues.

— Savez-vous ce que c'est ?

— Non.

— Dans ce cas, je vous en ferai toucher aussi.

— En avez-vous ?

— Non, mais ce serait bien le diable si je ne trouvais pas quelqu'un qui en ait ! »

*

Cet après-midi-là, ils sortirent faire leur promenade en dépit des quelques gouttes qui tombaient sur le parc.

« Êtes-vous sûre que c'est une bonne idée ? s'inquiéta George.

— Vous n'êtes pas en sucre, que je sache ! » se moqua Viviane, avant de lui souffler sur le ton de la confidence : « Quand bien même votre mère en est persuadée ! »

Ils se promenèrent donc, au mépris de la menace, et se trouvaient assez loin sur la propriété lorsque la pluie commença à tomber de plus en plus dru.

« Je crois que nos pérégrinations vont être écourtées », observa Viviane.

George ne dit rien, mais n'en pensait pas moins.

« Il y a là-bas un tilleul prêt à nous accueillir », indiqua la préceptrice.

Ils allèrent s'abriter sous son feuillage dense. Une minute plus tard, il pleuvait à verse.

« C'est la première fois que je me retrouve sous un tel déluge ! se félicita l'enfant.

— Et quelles sont vos impressions ?

— C'est formidable ! J'entends le parc ! J'entends l'étang ! »

Il écoutait.

« J'entends la pluie sur la terre, sur l'eau, sur les feuilles… Et le vent dans les arbres ! C'est comme si… tout prenait vie ! »

Il affichait une mine réjouie. Un éclair déchira alors le ciel au loin. Et quelques secondes plus tard, lorsque le tonnerre gronda :

« Et voilà que j'entends le ciel !

— Il est temps de rentrer. L'orage n'est qu'à trois *miles*[1]…

---

1. 5 kilomètres.

— Comment le savez-vous ?

— J'ai compté quinze secondes entre l'éclair et le coup de tonnerre, et j'ai divisé par cinq puisque le son met cinq secondes environ pour parcourir un *mile*. Si j'avais été en France, j'aurais divisé par trois puisqu'on estime que le son met trois secondes pour parcourir un kilomètre. Dans les deux cas, l'orage se trouve à la même distance.

— Et… est-ce fiable ?

— Assez, oui. Oh, un éclair ! »

George compta jusqu'à dix avant d'entendre le ciel à nouveau. « Il se rapproche », en conclut-il.

Ils rentrèrent d'un bon pas, mais pas assez bon pour ne pas arriver au manoir trempés comme des soupes, à la plus grande joie du petit garçon.

Après s'être séché et changé, George décida de faire une infidélité à son traditionnel thé et à ses habituels *scones* en demandant à Mrs Dodds de lui préparer un « *quatre-heures* français », avec du café au lait et des tartines de beurre et de chocolat – il n'était pas très tenté par les tartines de sucre. La cuisinière accueillit sa requête avec circonspection, et une certaine inquiétude. Il y avait fort à craindre que miss Lombard fût bel et bien en train de fomenter une révolution !

*

L'orage grondait, et pas seulement dans les cuisines. Lucille, que le tonnerre effrayait, s'était retirée dans sa chambre, ses grands rideaux bleu roi tirés pour ne rien voir des éclairs qui déchiraient le ciel noir de ce début de soirée. Elle détestait être seule dans ces moments-là, mais tout le monde l'avait abandonnée : son mari, pour commencer, mais aussi son fils, qu'elle avait entendu rire avec sa préceptrice depuis l'autre bout du corridor lorsqu'elle avait envisagé de les rejoindre avant de rebrousser chemin, et même ses ouvriers qui, à cette heure, étaient partis retrouver leurs épouses, heureuses femmes ! Un coup de tonnerre particulièrement violent la convainquit de se réfugier auprès de son personnel, à l'office, qui lui semblait soudain l'endroit le plus accueillant et le plus sûr de tout le manoir.

Mrs Dodds, Ruby et Pearl n'en revinrent pas lorsqu'elles la virent apparaître. C'était la première visite qu'elle leur rendait. Mrs Dodds préparait le dîner pendant que les deux femmes de ménage astiquaient l'argenterie dans un coin.

« Êtes-vous inconscientes ?! s'exclama Lucille. Agiter ainsi ces couverts devant une fenêtre ?! Rangez-moi cela tout de suite ! Ne savez-vous donc pas que l'argenterie attire la foudre ?

— Ah bon ? répondit Mrs Dodds qui ouvrit le robinet pour laver des légumes.

— Arrêtez ce robinet, malheureuse ! Vous pourriez être électrocutée ! L'eau est conductrice d'électricité. Si la foudre venait à tomber sur la maison… »

Les trois employées échangèrent un regard dubitatif, tandis que l'eau continuait à couler. Devant leur apathie, Lucille prit les choses en main, à savoir le robinet, qu'elle s'empressa de fermer.

Privées de travail, Mrs Dodds, Ruby et Pearl ne savaient à quoi s'occuper, et la présence de la maîtresse de maison dans *leur* espace n'arrangeait guère la situation. Lucille finit par donner le la en prenant place autour de la table.

« Il n'y a plus qu'à attendre que l'orage passe. »

Les autres s'assirent à leur tour.

« Vous inquiétez pas, la rassura Mrs Dodds. La maison est solide. Elle en a vu d'autres. »

Lucille lui sut gré de ces paroles réconfortantes et choisit de la croire. Elle alluma une cigarette, et les quatre recluses attendirent que l'orage passât. Jusqu'à ce que la foudre vînt les délivrer d'un silence pesant. Elle tomba si près du manoir que l'office s'illumina de mille feux, arrachant un cri aux quatre femmes. Plus exactement, cela arracha à Lucille un cri tel qu'il fit hurler ses trois codétenues. Instantanément, elles furent plongées dans le noir, nonobstant le mégot rougeoyant.

« Mince… Y a plus d'électricité… observa stoïquement Mrs Dodds.

— Je vais chercher les bougies ! » réagit Ruby.

Elle s'éloigna à tâtons.

Lorsque la maîtresse de maison fut remise de ses émotions, elle fit remarquer à la cuisinière qu'elle lui avait peut-être sauvé la vie.

« Mon Dieu, soupira Mrs Dodds, on se serait souvenu de moi comme de la pauvre dame qui était morte électrocutée en lavant ses navets… Vous parlez d'une épitaphe ! »

Même Pearl, pourtant guère encline à rire ces derniers temps, ne put s'empêcher de pouffer. Les nerfs, sans doute.

Ruby revint avec les bougies. Lucille lui tendit sa boîte d'allumettes. Las, la mèche s'était à peine enflammée qu'elle s'éteignit.

La domestique la ralluma.

Pour le même résultat.

« Elles ont dû prendre l'humidité, commenta-t-elle.

— Non, sinon, elle s'allumerait pas, fit remarquer Mrs Dodds. On dirait plutôt qu'y a un courant d'air. C'est comme si quelqu'un la soufflait… »

Ruby, nerveuse, prit une troisième allumette… qui lui échappa des mains.

« Laissez-moi faire… » s'impatienta Lucille.

Elle fit craquer une allumette et, avant d'enflammer la bougie, recommanda :

« Retenons toutes notre respiration. »

Elles s'exécutèrent et la flamme éclaira leurs mines réjouies pendant quelques secondes… avant qu'un souffle ne vînt la faucher à nouveau.

Les quatre femmes exprimèrent leur déception, chacune à sa manière : en poussant un soupir résigné pour l'une, excédé pour l'autre, angoissé pour une troisième. Seule Mrs Dodds se laissa aller à un juron, classique, certes, mais fort à propos.

Puis leur attention se porta sur une lueur vacillante qui descendait l'escalier et précédait… Mr Talbott, une lampe à pétrole à la main.

« Madame, se félicita-t-il lorsqu'il vit Lucille, je suis bien étonné, mais aussi bien heureux de vous voir ici. Ne vous trouvant nulle part, je craignais que vous ne soyez sortie. Mr George est dans la nursery, avec *mademoiselle** Lombard. Tout va bien. »

En effet, là-haut, George, que la coupure de courant n'avait nullement troublé, continuait à lire *Les Aventures de Tom Sawyer* à Viviane qui l'écoutait dans la pénombre, à la seule lueur du feu de cheminée. La situation rappelait à celle-ci ses jeunes années, lorsque sa mère ou sa grand-mère lui contaient des histoires à la nuit tombée. Bercée par la voix de l'enfant, la pluie, le vent et l'orage, elle venait de s'endormir alors que, dans la grotte MacDougal, la mèche de la dernière chandelle de Tom et Becky « grésilla, vacilla, fuma et s'éteignit », livrant les deux enfants à « l'obscurité totale dans toute son horreur ». George marqua une pause après ces derniers mots. L'obscurité totale étant son quotidien, il ne lui serait jamais venu à l'idée d'y accoler le mot « horreur »...

Quand Viviane se réveilla, l'orage avait cessé et le feu s'était éteint. Elle distingua la silhouette de George, assis près de la fenêtre.

« Je crois que je me suis assoupie. »

L'enfant ne répondit pas.

« Vous dormez ? »

La porte de la nursery s'ouvrit.

« Miss ? chuchota George. Êtes-vous réveillée ? »

Elle se tourna vers la silhouette qu'elle avait prise pour son élève... et qui avait disparu. Elle avait dû rêver.

« Euh... oui, balbutia-t-elle, troublée. Je crois. Mais... où étiez-vous ?

— Je vous ai laissée dormir. Je jouais dans ma chambre. Seulement, il est l'heure de dîner. J'ai pensé que vous aimeriez que je vous réveille.

— Vous avez eu raison. Je vais monter dans mes appartements. Pourriez-vous allumer la lumière, je vous prie ?

— Êtes-vous dans le noir ?

— Oui.

— Alors l'électricité n'a pas été rétablie.

— Ah. Savez-vous où je peux trouver une bougie ? Un bougeoir ?

— Oui, bien sûr. Il y en a à cet étage, mais... pour ce qui est des allumettes, elles se trouvent à l'office. Je peux appeler Pearl ou Ruby si vous voulez.

— Ah, c'est idiot, j'ai tout ce qu'il faut dans ma chambre. »

Il réfléchit.

« À moins que… vous ne vouliez que je vous guide jusqu'à vos appartements ? D'habitude, ce sont les autres qui me guident, moi. Je crois que cela me plairait de guider quelqu'un. »

Elle réfléchit à son tour quelques secondes. L'idée était suffisamment saugrenue pour l'amuser.

« D'accord. »

Elle se leva. Ravi, George s'avança jusqu'à elle.

« Posez votre main sur mon épaule. Surtout, ne me lâchez pas. Et faites tout ce que je vous dis. »

Elle sourit.

« Comme vous y allez ! N'exagérez pas non plus, mon jeune ami. »

Se déplaçant comme elle en plein jour, il la mit en garde contre tous les obstacles qu'ils rencontrèrent : meubles, marches, tapis… Et justement, elle s'étonna lorsqu'elle l'entendit évoquer un tapis d'Axminster, qu'elle n'avait jamais remarqué, entre la nursery et sa chambre.

« C'est que je vous ai fait faire un petit détour, confessa-t-il, amusé. J'ai si peu l'occasion de me prêter à ce jeu… »

Jamais elle ne mit autant de temps à rejoindre sa chambre. Quand elle fut enfin à l'intérieur, George lui demanda :

« Êtes-vous sûre de trouver vos allumettes ?

— Elles doivent être sur la cheminée. »

Il l'entendit tâtonner.

« Flûte ! J'ai dû les poser ailleurs. »

Il s'approcha.

« Tenez, prenez celles-ci. »

Il tira de la poche de son pantalon une boîte qu'il lui mit dans la main.

« Vous… Vous en aviez ?

— Oui, je suis descendu en chercher avant de vous réveiller. Mais j'ai pensé que ce serait plus cocasse de vous guider dans le noir. Ça l'était, non ? »

Son aplomb la stupéfia… autant qu'il la séduisit. Elle alluma sa bougie.

« Ça l'était. »

*

Plus tard dans la soirée, Ruby et Pearl eurent une belle frayeur alors qu'elles descendaient à la lueur d'un bougeoir. Quelqu'un montait à leur rencontre, dans l'obscurité, et elles pensèrent immédiatement à celui qui hantait le manoir et les avait tourmentées dix jours plus tôt. Elles s'arrêtèrent et attendirent, blotties l'une contre l'autre. Les pas se rapprochaient… Elles poussèrent un cri lorsqu'elles se retrouvèrent face au fantôme, qui hurla à son tour. Alors seulement, elles reconnurent George.

« Pardon, Mr George ! s'excusa Ruby, confuse.

— Il faut pas vous promener dans le noir comme ça ! s'exclama Pearl. Mon cœur a failli lâcher. Et c'est pas prudent ! Vous pourriez tomber… »

Sa sœur lui donna un petit coup de coude.

« Ben, quoi ? C'est vrai ! »

George lui fit remarquer, impassible :

« Vous savez que je suis condamné à vivre dans le noir. Même quand la lumière est allumée. »

De fait, il ne la vit pas se décomposer.

« Oh ! C'est vrai, pardon… Quelle cruche je fais !

— Ce n'est pas grave, la rassura-t-il. Et puis il n'y a rien de moins dangereux pour un aveugle que des escaliers. J'ai toujours une rampe ou le mur pour me guider et, surtout, je suis sûr de ne pas me cogner à un meuble ou à un balai qui entraverait mon chemin. Quoique, la dernière fois… »

Pearl jeta un regard affolé à sa sœur.

« Vous êtes tombé ? demanda-t-elle. Mon Dieu !

— La semaine dernière, oui.

— Mon Dieu ! répéta la jeune domestique. Je suis désolée !

— C'était donc votre balai… »

Ruby se tourna vers Pearl et la sermonna :

« Tu vois, je te dis toujours de rien laisser traîner !

— Je savais bien qu'il avait bougé… Je suis vraiment désolée.

— Ce n'est rien, la rassura George. Par chance, c'était en montant et je ne me suis rien cassé.

— Par tous les saints, parlez pas de malheur ! »

L'enfant réfléchit une seconde avant de proposer :

« Si vous voulez vous faire pardonner, vous pourriez me rendre un petit service.

— Bien sûr. Lequel ?

— Accepteriez-vous de m'accompagner jusqu'à ma chambre et de jeter un œil sous mon lit ?

— Sous votre lit ?

— Oui… »

Les deux sœurs se concertèrent du regard.

« D'accord. Je passe devant. Je vous éclaire. »

Ruby lui flanqua un autre coup de coude. Mortifiée, Pearl se mordit les lèvres en priant pour que George n'ait pas entendu. Avec un peu de chance, il était peut-être aussi un peu sourd.

La jeune bonne n'était pas fière lorsqu'elle s'agenouilla et souleva le couvre-lit qui touchait le sol. Elle avança la bougie… et fut au moins aussi soulagée que George de constater que rien ni personne ne se cachait sous le sommier.

« Merci ! dit l'enfant. Cela m'évitera peut-être de faire des cauchemars.

— Des cauchemars ? demanda Pearl.

— Oui.

— Parce que vous faites des cauchemars ?

— Oui, comme tout le monde. Et des rêves aussi, je vous rassure !

— Vous… vous voyez dans vos rêves ?

— Non.

— Oh. Donc… vous rêvez pas… ?

— Si.

— Mais… si vous y voyez rien…

— Ce n'en sont pas moins des rêves. J'entends, je sens, je touche, j'ai chaud ou bien froid…

— Ah, d'accord. Vous rêvez, mais… vous rêvez tout noir, quoi. Aïe ! »

Sa sœur venait de lui donner un nouveau coup de coude pour la faire taire.

« C'est cela, confirma George. Comme je n'ai jamais vu, je rêve tout noir, comme vous dites. Mais je crois savoir que ceux qui ne sont pas aveugles de naissance continuent de rêver en images.

— Oh, je vois. Euh… je veux dire… je comprends. »

Après avoir souhaité à l'enfant une bonne nuit, les deux sœurs le quittèrent.

« Tu vas nous faire renvoyer avec tes questions idiotes ! s'agaça Ruby sur le chemin de l'office, où les autres devaient les attendre.

— Quoi ? Tu savais, toi, comment rêvent les aveugles ?

— Évidemment ! S'ils voient pas le jour, ils voient pas la nuit ! »

C'est alors que, au beau milieu de l'escalier, leur bougie s'éteignit, comme soufflée par une bouche invisible.

« Oh, non ! s'exclama Ruby.

— Rallume-la ! Rallume-la vite !

— C'est toi qui as les allumettes ! »

Pearl prit la boîte d'allumettes et ralluma la mèche.

« Si elle s'éteint encore, je hurle », menaça-t-elle.

Et en effet, elle hurla, de même que Ruby. Les deux sœurs dévalèrent l'escalier dans le noir, se cramponnant à la rampe, et débouchèrent dans les cuisines, tremblantes et échevelées.

« Ça y est ! s'exclama Mrs Dodds, les princesses sont arrivées, on va pouvoir manger !

— Vous êtes bien pâles, toutes les deux, observa Viviane. On dirait que vous avez vu un fantôme…

— On l'a pas vu, répondit Pearl, mais c'est seulement parce qu'il a soufflé notre bougie ! Comme tout à l'heure. »

Mr Talbott soupira en levant les yeux au ciel. Ruby ne se laissa pas démonter. Elle lui lança, alors qu'elle se laissait tomber sur sa chaise :

« Vous avez qu'à demander à Madame si vous nous croyez pas. Elle était là ! Elle a tout vu !

— Je ne vais certainement pas ennuyer Madame avec ces absurdités.

— Quelles absurdités ? »

C'était Lucille, depuis l'escalier. Pour la deuxième fois de la journée, elle venait se perdre dans les cuisines. Tout le monde se leva à son entrée.

« Je vous en prie, rasseyez-vous. »

Toutes les femmes se rassirent. Seul le majordome persista à rester debout.

« Quelles absurdités ? répéta Lucille à son attention.

— Eh bien, commença Mr Talbott, embarrassé, ces demoiselles pensent qu'un esprit s'amuse à souffler les bougies de cette maison. Je n'aurais pas jugé utile de vous en parler, mais puisque vous m'y avez contraint… J'ai bien conscience que c'est rigoureusement…

— …exact », conclut Lucille.

Seul un léger mouvement de tête du majordome témoigna de sa stupeur. Ruby et Pearl savourèrent cette petite victoire. Aussitôt, la maîtresse de maison nuança son propos :

« Il est vrai que les bougies ont une fâcheuse tendance à s'éteindre toutes seules. De là à incriminer un esprit, il y a tout de même un pas que je ne suis guère prête à franchir. »

Mr Talbott jubilait. La victoire venait de changer de camp.

« Mais je peux comprendre, poursuivit Lucille, que cela puisse… interroger. »

Les deux camps se regardèrent en chiens de faïence, ne sachant qui l'avait emporté. Dans le doute, Mr Talbott fit montre d'une étonnante ouverture d'esprit :

« Assurément, Madame. J'en conviens, tout cela est extrêmement étrange. Surtout que… cela ne peut en aucun cas s'expliquer par un courant d'air, naturellement… tenta-t-il.

— Non, tout était fermé, confirma Lucille. Vous pensez bien, avec cette pluie !

— Bien sûr. Non, vraiment, tout cela… interroge, effectivement. »

Et en effet, l'assemblée s'interrogea, en silence, jusqu'à ce que Mrs Dodds demandât :

« Vous vouliez quelque chose, Madame ?

— Oui. »

Elle se tourna vers Viviane :

« George m'a dit que vous vous concoctiez des tisanes pour dormir ?

— C'est exact.

— Seriez-vous disposée à m'en faire une ?

— Euh… oui… D'accord. »

Elle ne bougeait pas. Tous les yeux se braquèrent sur elle.

« Je vous préparerai cela dès que j'aurai terminé mon repas. »

La maîtresse de maison cilla à peine.

« Merci. »

Les autres eurent davantage de mal à cacher leur effarement. Mr Talbott se hâta d'ajouter :

« Je vous la porterai dès qu'elle sera prête, Madame.

— Vous serez gentil. Bonsoir à tous.

— Bonsoir, Madame », lui répondit le chœur des employés.

Lucille se retira. Mr Talbott se rassit enfin.

Tandis qu'ils commençaient à manger, la cuisinière livra le fond de sa pensée, qui l'agitait depuis quelques minutes :

« N'empêche, j'espère que Madame va pas prendre l'habitude de venir nous voir ici… »

Mr Talbott parut aussi choqué que si elle avait blasphémé.

« Quoi ? C'est vrai. On n'est plus chez soi ! »

Ce dimanche, George obtint de sa mère l'autorisation de se rendre à l'église sans elle, avec le personnel du manoir. Lorsqu'il entendit le rire de Rosie résonner dans la nef, il entraîna Mr Talbott et le reste du personnel sur le banc qui se trouvait juste derrière elle, et s'assit là où sa voix était la plus forte et l'odeur de violette la plus prégnante. La petite fille était en grande conversation avec son amie de la dernière fois, qui s'avéra être sa cousine et s'appeler Gemma. George apprit également que leur grand-mère commune piquait lorsqu'on l'embrassait, mais aussi que Rosie faisait de la danse, qu'elle avait une chienne nommée Nana, qu'elle aimait la bicyclette et la guimauve et, incidemment, qu'elle était blonde.

C'est ainsi qu'il découvrit qu'il aimait les blondes.

Pendant ce temps, au manoir, Lucille qui, grâce à la tisane miracle de Viviane qu'elle buvait depuis trois jours, ou plutôt trois soirs, avait retrouvé le sommeil qui lui avait tant fait défaut ces dernières semaines, Lucille, donc, en pleine possession de ses facultés artistiques, comparait tranquillement plusieurs échantillons de tissu, dont l'un serait appelé à remplacer celui qui avait été saccagé par un corbeau profanateur le jour de l'arrivée de la préceptrice. Elle les posait tour à tour contre le mur de la chambre vandalisée, jugeant de l'effet produit, de leur luminosité, de l'atmosphère qu'ils créeraient s'ils venaient à recouvrir les quatre murs. Heureuse et soulagée d'avoir l'esprit clair, d'en avoir terminé avec ce brouillard dans lequel elle n'avait que trop baigné, elle songea soudain qu'il fallait absolument qu'elle pensât à demander à miss Lombard sa « recette » avant de lui donner congé le jour où, elle voulait encore y croire, elle dénicherait une préceptrice dont elle n'aurait pas à rougir devant ses amies.

Une fois son choix arrêté, elle décida de continuer de mettre à profit cette matinée d'église buissonnière en reprenant sa lecture en cours.

Dans le corridor, alors qu'elle approchait de sa chambre, il lui sembla soudain que ses pas résonnaient de façon inhabituelle. Elle ralentit… ralentit encore… jusqu'à s'arrêter. L'écho, lui, continuait ! Des talons semblaient claquer sur le parquet… de sa chambre. Elle s'avança à pas feutrés jusqu'à la porte, s'avança, s'avança… s'avança encore, et en eut la certitude : quelqu'un marchait bel et bien dans la pièce. Ce ne pouvait en aucun cas être Viviane, qu'elle n'avait jamais vue en talons. Cependant, ce ne pouvait être *que* Viviane, Lucille étant seule avec elle dans le manoir.

Elle tourna la poignée ronde et fit irruption dans la chambre, juste assez vite pour voir une de ses robes s'effondrer et ses chaussures préférées se renverser au milieu de la pièce ! Épouvantée, elle étouffa un cri. Tout à coup, un autre bruit attira son attention. Elle osait à peine regarder, craignant que sa découverte ne donnât raison aux élucubrations de ses domestiques. Lorsqu'elle se résolut à jeter un œil vers le sinistre cliquetis, ce fut pour voir ses robes se balancer sur leurs cintres ! En un instant, elle eut la sensation que toute vie l'abandonnait et c'est dans un état second qu'elle fit quelques pas pour s'écrouler sur son grand lit d'ébène à colonnes.

À peine se remettait-elle de ses émotions que sa lampe de chevet s'alluma. Elle était dans un tel état de confusion qu'elle ne put se réjouir de savoir l'électricité enfin rétablie. Bientôt, l'ampoule se mit à grésiller...

Lucille finit par se lever pour appuyer sur l'interrupteur. Ce qui n'eut aucun effet. Elle fit un pas en arrière, incapable de détacher son regard de l'ampoule allumée qui continuait à grésiller, comme pour la narguer. Cela défiait tout entendement... Cela ne pouvait être ! Les nerfs à vif, elle retrouva suffisamment de force pour se baisser jusqu'à la prise et, d'un geste rageur, débrancha la lampe. Qui ne s'éteignit pas pour autant ! Lucille la fixa, médusée, durant plusieurs secondes, avant que l'ampoule n'éclatât. C'en était trop. Elle s'évanouit.

Elle reprit connaissance quelques minutes plus tard, sur le tapis. Elle se releva péniblement et entreprit de remettre sa chambre et ses idées en ordre. Cette ampoule était-elle réellement restée allumée alors qu'elle avait débranché la lampe ? Se pouvait-il qu'il restât un peu d'électricité à l'intérieur ? L'ampoule avait peut-être éclaté *avant* qu'elle ne débranchât la lampe... Tandis qu'elle ramassait sa robe et ses chaussures, elle se dit qu'elle avait dû les abandonner elle-même sur le sol. Ce n'était pourtant pas dans ses habitudes. Mais quelle autre explication ?

Aucune.

Elle décida de ne rien raconter à personne de ce qui n'avait dû être, du moins tentait-elle de s'en convaincre, qu'une effroyable suite d'hallucinations. Et si c'était cette satanée tisane qui l'avait mise dans cet état ? Elle se jura de ne jamais plus en avaler une goutte.

Il fallut encore attendre deux jours avant qu'un électricien ne vînt faire rejaillir la lumière entre les murs de l'antique manoir. Ce n'est qu'au moment où l'artisan s'apprêtait à partir que Lucille se présenta à lui. Elle attendit que Mr Talbott les laissât seuls pour oser la question qui la taraudait depuis l'avant-veille :

« Comment est-il possible qu'une ampoule reste allumée lorsque la lampe est débranchée ?

— C'est pas possible, madame.

— C'est pourtant ce qui est arrivé dimanche.

— C'est pas possible. Et déjà, vous pouviez pas avoir l'électricité dimanche.

— Si. Je vous assure. C'est arrivé dimanche. Et l'ampoule est restée allumée alors que je venais de débrancher la lampe…

— Non, c'est pas possible.

— Dans ma chambre », précisa Lucille comme si cela pouvait apporter un peu de véracité à son histoire.

Mais chambre ou pas, l'autre ne voulait rien entendre. Il expliqua, avec une rigueur toute scientifique :

« Si la lampe est débranchée, y a pas de jus. Si y a pas de jus, ça peut pas être allumé.

— Ne pouvait-il pas rester un peu d'électricité dans la lampe ? Ou dans l'ampoule ?

— Non, madame, ricana-t-il. Ça marche pas comme ça.

— Pourtant, dimanche…

— C'est pas possible.

— Je sais bien ce que j'ai vu. C'était débranché et…

— Vous avez *cru* voir…

— Non. J'ai *vu*. »

Il soupira et posa sa sacoche à terre, puis s'approcha d'une lampe :

« Regardez. Si je débranche cette lampe… et que j'appuie sur l'interrupteur… *(Ce qu'il fit.)* …il se passe rien. »

L'ampoule s'alluma !

« Ah, vous voyez ! s'exclama Lucille, ravie que l'impossible se fût à nouveau produit.

— C'est pas possible… », s'obstina l'électricien.

Il fit le tour de la lampe pour tenter de comprendre.

« Et après, reprit Lucille, l'ampoule a éclaté.

— Non, non.

— Si, si, je vous assure.

— C'est pas possible, madame. »

L'ampoule éclata alors dans un grand flash blanc, faisant sursauter l'électricien.

« Voilà ! Comme cela ! » s'exclama Lucille sans s'en émouvoir outre mesure.

L'artisan regarda la lampe, puis cette drôle de Londonienne, et à nouveau la lampe. Il s'approcha, méfiant, comme si l'ampoule pouvait éclater encore une fois. Bien que ce fût impossible, naturellement. Quoique.

« Bon… finit-il par lâcher. Je repasserai vérifier l'installation… Parce que c'est pas possible. »

Il semblait complètement perdu. Hagard. À cet instant, Lucille sut qu'elle ne le reverrait jamais.

Alors qu'elle remontait, elle croisa dans l'escalier le sombre regard du grand-oncle d'Archie dont il avait hérité le manoir. Et il lui parut flagrant qu'elle n'était pas chez elle. Elle était chez *lui*. Et chez tous ceux qui avaient vécu ici avant elle, et y vivaient peut-être encore, pour peu que l'on croie à ce genre de chose…

« Vous m'avez appelée, Madame ? »

Lucille tressaillit. C'était Ruby qui venait d'apparaître au bas des marches.

« Non.

— Pourtant… Quelqu'un a sonné dans le vestibule…

— Ce n'est pas moi. Vous pouvez disposer, merci.

— Bon. Très bien, Madame. »

Ruby s'en allait lorsque Lucille se ravisa :

« Attendez.

— Oui, Madame ?

— Pourriez-vous remplacer ce tableau, je vous prie ?

— Lequel, Madame ?

— Celui-ci.

— Le… ? »

Au dernier moment, elle se retint de lui demander : « Le Déplumé ? »

« Le monsieur avec la… »

Elle pensa « calvitie », mais demanda :

« … pipe ?

— Celui-là même.

— Bien, Madame. Par quoi souhaitez-vous que je le remplace ?

— Un paysage. »

Ruby se dit qu'elle n'avait pas dû bien comprendre.

« Un paysage ?

— Oui, s'il vous plaît.

— Vous voulez mettre un paysage au milieu de tous ces portraits ?

— C'est cela.

— Vous ne craignez pas que ce soit… bizarre ?

— Bizarre ?

— Un paysage au milieu de tous ces portraits ?

— Pensez-vous qu'une nature morte serait préférable ? Des fleurs, peut-être ? Je ne suis pas très fruits et légumes sur les murs. Dans les cuisines, à la limite…

— Et pourquoi pas un autre portrait ?

— Ah, non ! s'écria Lucille, faisant sursauter sa bonne. Pas de portrait !

— Bien. »

Mr Talbott n'en crut pas ses yeux lorsqu'il découvrit le bouquet de pivoines en lieu et place du portrait du parent de Monsieur, ni ses oreilles lorsque Ruby lui expliqua que cette offense faite à l'aïeul était le souhait de Madame. Il en eut pourtant la confirmation lorsque, au fil des jours, Lucille lui demanda, à lui aussi, de remplacer un tableau par-ci, un tableau par-là. Un à un, les membres de la glorieuse ascendance se retrouvèrent relégués dans les pièces les moins fréquentées du manoir.

Au bout de trois semaines, on ne comptait plus aucun portrait dans la montée d'escalier. Seulement des paysages et des natures mortes. Dieu merci, aucun fruit ou légume, se consola Mr Talbott.

« À gauche, mon chéri !

— Non, ne me dites rien. »

Tout le personnel, aligné en rang d'oignons, attendait de voir si George, encore en pyjama sous son manteau, allait trouver les derniers œufs en chocolat que Lucille avait cachés dans le jardin. Enfin, « cachés » est un bien grand mot : les mieux dissimulés se trouvaient posés derrière des statues, mais ils étaient pour la plupart simplement éparpillés sur la pelouse.

« Par-là ? demanda George.

— Devant vous, Monsieur ! s'écria Mr Talbott.

— Voilà ! Un peu à droite ! lança Ruby.

— Ne me dites rien… »

L'enfant tâtait l'herbe tout autour de lui.

« J'espère que vous ne me faites pas un poisson d'avril, au moins.

— Pas du tout ! Sur votre droite, lui indiqua sa mère.

— Ne me dites rien… »

Lorsque l'enfant eut enfin ramassé les derniers œufs, il se vit salué par une salve d'applaudissements à la hauteur du soulagement des spectateurs.

Puis il monta son butin dans sa chambre et se hâta de faire sa toilette et de s'habiller : il n'était pas question de rater l'office en ce dimanche de Pâques. La commémoration de la résurrection de Jésus avait d'ailleurs peu à voir avec son entrain. Non, sa motivation tenait en un seul mot : Rosie.

Il se hâta tellement qu'il enfila sa veste alors que les pendules sonnaient dix heures derrière sa porte close. Parce que oui, désormais, il trouvait le courage de fermer sa porte. Précisons que depuis plusieurs semaines, le manoir ne lui avait plus donné de raison d'avoir peur. À croire que les brins de callune qu'il avait cachés un peu partout dans sa chambre avaient fini par repousser cette présence obscure qui l'avait tant inquiété. Aujourd'hui, il se trouvait du dernier ridicule d'avoir été si couard jusque-là, et il y repensait avec un peu de honte lorsqu'il s'enfermait dans sa chambre. De fait, il commençait à croire que sa maison n'était finalement qu'un amas de pierres inertes, une construction sans âme.

Bref, il avait une demi-heure devant lui et c'est tout guilleret qu'il prit place face à ses soldats.

Ces derniers se livraient bataille depuis à peine cinq minutes lorsqu'il entendit un grondement singulier derrière lui, comme si une créature sortie d'un de ses cauchemars grognait dans le corridor. Allongé par terre, il sentit même le parquet vibrer dans tout son corps. La peur le submergea instantanément, plus intense que jamais, comme si elle ne l'avait jamais réellement quitté, mais était restée là tout ce temps, quelque part, tapie dans l'ombre, à attendre le moment propice pour mieux ressurgir.

George se tourna lentement vers la porte. Il lui sembla que ce raffut provenait du corridor. Figé d'effroi, il attendit la suite, mais rien ne se produisit. Le silence le plus parfait régnait. Il resta un moment sans bouger. Puis il se leva, sans hâte, et se dirigea vers la porte. Son cœur battait à tout rompre lorsqu'il l'ouvrit, tout doucement. N'entendant aucun bruit, il tenta de franchir le seuil, mais se heurta à un mur. Paniqué, il tâta, de ses mains, à droite, puis à gauche, mais ne trouva aucune issue. Il était emmuré !

« Au secours ! » hurla-t-il.

Il frappa de ses poings le mur qui s'avéra être de bois.

« Au secours ! Je suis prisonnier ! »

Il hurla encore une éternité, lui sembla-t-il, avant d'entendre une cavalcade dans l'escalier, puis le corridor.

« George ! George ! hurlait sa mère.

— Monsieur ! criait Mr Talbott.

— Mr George ! s'écriait Ruby.

— On arrive ! » surenchérissait Pearl.

Seule Viviane gardait son sang-froid.

Puis à la cacophonie succéda un silence de plomb, entrecoupé des sanglots de George. Lucille chercha à le rassurer :

« Tout va bien, mon chéri. Quelqu'un… a poussé la grande commode du corridor devant votre porte.

— La commode ? hoqueta l'enfant, qu'on ne pouvait voir derrière le meuble bien plus grand que lui.

— Quelle farce idiote ! s'outragea Mr Talbott en foudroyant du regard les sœurs Collins. Si c'est un poisson d'avril, il est de fort mauvais goût.

— Comment voulez-vous qu'on déplace cette commode à nous deux ? l'interrogea Ruby.

— Ôtez-la, je vous en prie ! s'écria George.

— N'ayez pas peur, reprit Lucille. Mr Talbott va la déplacer. »

Le majordome accepta vaillamment la mission qui venait de lui être confiée. Il retira sa livrée et se mit à pousser de toutes ses forces le meuble qui ne bougea pas d'un pouce. Écarlate, il se tourna vers Ruby, narquoise, et lui ordonna :

« Allez chercher Bertram et Reggie. Nous ne serons pas trop de trois. »

Ruby s'apprêtait à obtempérer lorsque Viviane l'arrêta :

« Restez ici. Si nous retirons tous les tiroirs, nous serons bien assez nombreux pour la remettre en place. Ce sera beaucoup plus rapide. »

Le majordome prit très mal cette mutinerie.

« Bonne idée ! » s'exclama Lucille.

Tous se mirent au travail, y compris la maîtresse de maison, qui se chargea des petits tiroirs du haut. Puis Mr Talbott, qui affichait une mine renfrognée, Viviane, Ruby et Pearl poussèrent la carcasse du meuble. George se précipita hors de sa chambre et trouva le réconfort dans les bras de sa mère.

« Mon chéri ! C'est fini ! »

Elle le serrait contre elle à l'en étouffer. Ruby et Pearl regardaient la scène, attendries, quand Mr Talbott les ramena à la réalité :

« Allez, mesdemoiselles ! On remet les tiroirs en place !

— Non ! le contredit Lucille. Je ne veux plus voir cette commode. Dites à Bertram de venir nous en débarrasser. »

Vexé que l'on contestât ses décisions pour la deuxième fois, le majordome se contenta d'incliner la tête en signe d'assentiment, avant de se retirer.

« C'est fini », répéta Lucille à l'oreille de George.

Elle regardait du coin de l'œil la commode qui lui apparaissait maintenant comme une entité vivante. Vivante et menaçante.

Une petite voix lui souffla alors que non, ce n'était pas fini…

Le dimanche suivant, George était d'autant plus heureux de se rendre à l'église qu'il n'avait pu y aller le jour de Pâques, sa mère l'ayant trouvé beaucoup trop bouleversé après l'incident de la commode. Et les pleurs de l'enfant n'avaient fait que la conforter dans son jugement.

Par ailleurs, elle l'avait fait installer dans une chambre du premier étage, non loin de la sienne. Rassuré de savoir sa mère tout à côté, le garçon y avait dormi presque aussi bien que dans leur ancienne maison de Londres.

Ce dimanche, donc, c'est revigoré par sept bonnes nuits de sommeil que l'enfant pressait Mr Talbott de se hâter alors qu'il changeait la roue de leur automobile :

« Dépêchez-vous, Mr Talbott ! Vous allez nous mettre en retard !

— C'est cette fichue auto qui va nous mettre en retard ! »

George regrettait tant de ne pas être parti avec Bertram, Ruby, Pearl et Mrs Dodds !

« Vous avez dû rouler sur un clou, supposa-t-il.

— Voyons voir… Comment faire ?

— Ne savez-vous pas changer une roue ?

— Si, bien sûr, mais je ne le fais pas tous les jours. Peut-être que si je…

— Faites ce que vous voulez, mais faites-le vite, je vous en supplie !

— Eh bien, je ne crois pas avoir jamais connu un seul enfant qui aimât autant l'office ! »

Décidément, le sort s'acharnait, et George et Mr Talbott arrivèrent trop tard pour prendre leurs places habituelles, derrière Rosie. Assis trois rangs derrière elle, l'enfant n'entendit rien de ses propos. Seul un éclat de rire reconnaissable entre tous lui parvint, remuant le couteau dans la plaie.

Le vicaire prit la parole et George n'entendit plus sa belle durant toute l'heure – ou les quatre heures, il n'aurait su dire – que dura l'office. Comme il était déçu au moment de quitter son banc pour rentrer à la maison !

« Bonjour », entendit-il alors qu'il attendait pour rejoindre l'allée centrale.

C'était sa voix. Son parfum de violette. C'était *elle*. À qui s'adressait ce bonjour ? Mr Talbott se pencha vers le petit garçon :

« Une jeune demoiselle vous salue, Monsieur. »

George sentit une chaleur monter à ses joues.

« Oh… Bonjour.

— Tu es arrivé en retard aujourd'hui.

— Euh… oui.

— …

— … »

Il cherchait désespérément quelque chose d'intelligent à lui dire, ou ne serait-ce que quelque chose tout court. Mais rien ne venait.

« … »

Rien de rien.

« … »

Rien.

« Bon, reprit-elle devant son silence. À dimanche prochain alors.

— Euh… oui. »

L'instant d'après, elle était partie. Lui resta pétrifié quelques secondes. La jolie voix résonnait encore à ses oreilles : « Tu es arrivé en retard aujourd'hui… Tu es arrivé en retard aujourd'hui… »

Il était heureux.

Et se maudissait de ne pas s'être montré plus éloquent que si son cerveau était resté à Winnicott Hall !

Il passa une bonne partie de l'après-midi à répéter au piano des airs gais et romantiques de Mozart, Chopin, Bach et autres, pour le plus grand plaisir de sa mère, qui se réjouissait de constater que l'épisode de la commode ne semblait pas avoir perturbé son fils autant qu'elle se l'était figuré, et autant qu'il l'avait perturbée *elle*.

C'est un enfant encore enjoué qui répondit à l'appel de la clochette de sa préceptrice le lendemain matin. Malheureusement, Viviane ne put tirer parti de la bonne volonté de son jeune élève. Outre les bruits de scie, les coups de marteau et autres éclats de voix qui venaient régulièrement troubler la classe, un sentiment diffus déstabilisait la préceptrice, celui d'être observée. Elle en aurait mis sa main à couper : ils n'étaient pas seulement deux dans cette salle d'étude, et cela n'avait rien à voir avec la proximité nouvelle des ouvriers.

Elle fit de son mieux pour ne rien montrer de son trouble à son élève.

« Ne pourrions-nous pas nous réfugier dans une autre salle ? demanda soudain ce dernier.

— Nous “réfugier”… ?

— S'il vous plaît. »

Se pouvait-il qu'il eût ressenti cette présence, lui aussi ?

« Pourquoi diable voulez-vous vous “réfugier” dans une autre salle ?

— Eh bien, à cause du bruit, pardi ! Pour quelle autre raison ? »

Quelles qu'en fussent les motivations, Viviane accueillit la proposition de l'enfant avec un réel soulagement, voire enthousiasme.

Sur le chemin qui les menait au petit salon bleu du rez-de-chaussée, ils passèrent devant une pièce tout juste restaurée dans laquelle Ruby et Pearl, sous prétexte de faire briller le parquet avant qu'on ne la meublât – quand bien même le sol serait ensuite recouvert de tapis –, se dandinaient sur des chiffons en riant comme des gamines. Puis ils croisèrent Mr Talbott et l'entendirent rappeler à l'ordre les deux sœurs avec son amabilité coutumière :

« Allez-vous bientôt cesser de glousser comme deux péronnelles ? »

Viviane ne put s'empêcher de commenter à voix basse :

« J'espère pour lui qu'elles ne vont pas se rebeller… On a vu ce que cela a donné avec les sœurs Papin !

— Les sœurs Papin ? demanda George.

— N'en avez-vous pas entendu parler ?

— Non. »

L'enfant en fut quitte pour une histoire horrible que sa préceptrice lui narra sitôt qu'ils se furent installés dans leur nouvelle salle d'étude.

« Cela s'est passé en France, l'année dernière. Il s'agit de deux employées de maison, deux sœurs, comme Ruby et Pearl. Apparemment, en utilisant un fer à repasser défectueux, l'une d'elles aurait fait sauter les plombs. Sa patronne, en rentrant avec sa fille, aurait été furieuse de se retrouver sans électricité. Entre parenthèses, comme nous la dernière fois. Bref, toujours est-il que la patronne et la domestique en arrivent aux mains, et là, c'est un massacre !

— Quel genre de massacre ?

— Les deux sœurs arrachent avec leurs doigts les yeux de la patronne et de sa fille et les jettent dans l'escalier ! Les yeux, j'entends, pas la patronne et sa fille. Ensuite, elles s'acharnent sur leurs victimes avec un couteau et un marteau, jusqu'à ce que mort s'ensuive. »

Le petit était suspendu à ses lèvres.

« Puis, poursuivit-elle d'un air détaché, leur forfait accompli, elles sont tranquillement allées se coucher. Lorsqu'il est rentré, le mari a trouvé les yeux dans l'escalier et les corps de sa femme et de sa fille tailladés, en bouillie, vidés comme des lapins. »

George était bouche bée. Personne ne lui avait jamais raconté une telle histoire, avec des détails aussi sordides.

« Et... sont-elles en prison aujourd'hui ?

— L'aînée a été condamnée à mort, et la plus jeune à dix ans de travaux forcés. L'aînée a été graciée en début d'année par le président. D'ailleurs, savez-vous qui est le président de la République française ?

— Euh... Albert Lebrun ?

— Oui. C'était facile. Mais savez-vous quel verbe on emploie en français pour dire "arracher les yeux" ?

— Euh... Non...

— *Énucléer**. Répétez. *É-nu-clé-er.*

— *É-nou-clé-er.*

— Non, *é*-nu-*clé-er.*

— *É-nu-clé-er.*

— C'est bien. Vous savez, je doute que beaucoup de petits Français de votre âge connaissent ce mot. »

Et pour cause ! songea le jeune garçon. En effet, qui d'autre que miss Lombard pourrait l'apprendre à un enfant ? Et à plus forte raison à un enfant aveugle ?

« Je ne suis pas sûr d'avoir beaucoup à l'employer.

— Attendez que les sœurs Collins se révoltent… ! »

Lorsqu'il croisa Ruby et Pearl, après l'étude, George tint absolument à s'enquérir de leur bien-être :

« Tout se passe bien, mesdemoiselles ? Êtes-vous contentes de travailler ici ?

— Oh, oui ! répondit l'aînée.

— Ça se voit, non ? » demanda la benjamine, tout sourire.

Sa sœur lui flanqua un énième coup de coude.

« Quoi ? *(Puis, s'apercevant de sa bourde.)* Oh, pardon !

— Mais… vous arrive-t-il… reprit George sans s'émouvoir de la maladresse, que l'on vous agace au point que… vous ayez envie de… d'arracher les yeux de quelqu'un ?

— Oh, rarement ! répondit Ruby en plaisantant. Et seulement ceux de Mr Talbott ! »

George eut un mouvement de recul.

« Jamais les vôtres en tout cas, le rassura Pearl. Enfin, même si vous… Enfin, ça changerait, pour ainsi dire, rien… Mais… »

Ruby la frappa de son chiffon.

« Enfin, vous êtes adorable. C'est ça que je veux dire. Je… »

Sa sœur l'interrompit avant qu'elle ne commît un autre impair :

« Il faut qu'on vous laisse, Monsieur. On a du travail.

— Bien sûr, oui… répondit George, tandis qu'elles filaient déjà. Travaillez bien. »

L'enfant entendit, sans les identifier, les coups de chiffon que Ruby asséna à Pearl.

« Et ne faites pas de mal à Mr Talbott ! » crut-il bon d'ajouter.

*

Lucille allait s'endormir lorsqu'elle entendit George crier dans sa nouvelle chambre. Épouvantée, elle se précipita à son secours et le trouva se débattant avec ses couvertures.

« NON ! PAS LES YEUX ! NON ! hurlait-il.

— George ! Mon chéri, réveillez-vous ! »

Elle le secoua.

« NON ! LÂCHEZ-MOI !

— Ce n'est qu'un cauchemar ! GEORGE ! »

L'enfant se redressa d'un bond. Il haletait.

« Oh, mère ! J'ai fait un affreux cauchemar ! expliqua-t-il.

— Tout va bien ! Je suis là. »

Elle-même peinait à calmer les battements de son cœur. Elle posa une main sur le front brûlant et moite de son fils.

« C'étaient les sœurs Papin, lui confia ce dernier.

— Les sœurs Papin ?

— Les bonnes françaises qui ont massacré leurs patronnes en leur arrachant les yeux.

— Où diable avez-vous entendu une histoire pareille ? »

À son ton, George comprit qu'il avait tout intérêt à tenir sa langue.

« Je ne sais plus. »

Mais Lucille n'eut pas besoin qu'il avouât pour tenir la coupable.

*

Le lendemain, à la première heure, Lucille demanda à Mr Talbott de convoquer la préceptrice dans le grand salon.

« Vous vouliez me voir ? » demanda l'accusée lorsqu'elle entra.

Lucille, plantée au beau milieu de la pièce, fumait nerveusement.

« Oui, lâcha-t-elle, glaciale. George, qui a fait un horrible cauchemar cette nuit, m'a dit que vous lui aviez raconté l'histoire des sœurs, euh… Pépin…

— P*a*pin.

— Oh, c'est donc vrai ?

— Oui.

— Mais pourquoi ?

— Pourquoi quoi ?

— Pourquoi aller raconter une histoire pareille à un enfant ?

— Ma foi, elle n'est guère plus horrible que l'histoire du Petit Poucet ou de Barbe Bleue.

— À ceci près qu'elle est vraie.

— Précisément ! À dix ans, il est bon qu'il sache que la vie n'est pas toujours tendre.

— Je pense qu'il le sait. Elle ne l'a guère épargné. »

Viviane allait répliquer, mais Lucille la prit de court :

« Je vous saurais gré de ne plus raconter ce genre d'atrocités à mon fils.

— Bien. Mais sachez que la vie n'épargne personne. Et que votre fils n'est pas une victime. C'est un enfant comme un autre, que je ne traite pas différemment d'un enfant qui verrait. D'ailleurs, il m'arrive d'oublier qu'il ne voit pas.

— C'est toute la différence entre nous. Moi, je ne l'oublie jamais. »

La réplique avait claqué comme un coup de fouet et Lucille crut un instant qu'elle aurait le dernier mot. Mais c'était mal connaître Viviane, qui lui opposa un inimaginable :

« Faites donc un effort !

— Un eff… ?! »

Lucille s'empourpra, cependant que la préceptrice poursuivait :

« Vous ne pourrez pas le garder dans du coton toute sa vie. Votre tâche en tant que mère, comme la mienne, est de lui apprendre à se passer de vous. C'est cruel, mais c'est ainsi. »

Comment cette malotrue osait-elle ? Il était temps de la remettre à sa place, c'est-à-dire hors de ce manoir. Aussi la maîtresse des lieux prit-elle une mesure radicale.

« Vous êtes renvoyée. »

Elle s'attendait à une levée de boucliers, ou tout du moins à de vives protestations, mais n'obtint qu'un simple :

« Bien. »

Viviane allait quitter la pièce lorsque Lucille se rappela qu'elle n'avait aucune remplaçante en vue.

« Où allez-vous ? demanda-t-elle.

— Eh bien, faire mes bagages.

— Comment, alors vous ne discutez pas ?

— De quoi voulez-vous discuter ?

— Je ne sais pas, je pensais que vous alliez vous défendre…

— Votre décision n'est-elle pas prise ?

— Si, mais…

— Dans ce cas, à quoi bon discuter ? »

Elle tourna à nouveau les talons.

Et Archie qui n'était pas là pour conforter Lucille dans sa décision, ni pour en subir les conséquences à ses côtés ! Et les domestiques à gérer, sans oublier les travaux…

« Bon, ça ira pour cette fois », fléchit-elle d'une voix sourde.

Viviane, qui crut avoir mal entendu, s'étonna :

« Pardon ? »

Son employeuse ravala sa colère et son orgueil, et répéta à contrecœur :

« Ça ira pour cette fois. »

Viviane ne bougeait pas.

« Eh bien ? s'agaça Lucille. Qu'attendez-vous ?

— Rien… Je m'en vais travailler, dans ce cas. Je vous laisse.

— C'est cela. Laissez-moi. »

Viviane ne comprenait décidément pas cette femme. Pas plus que Lucille ne la comprenait.

« Qu'est-ce que c'est ? demanda George.

— Touchez, vous verrez bien ! » répondit sa préceptrice.

L'enfant approcha timidement son doigt et le posa sur une surface molle et fraîche. En le promenant, il sentit une subtile rugosité et de légères protubérances, semblables à de minuscules boutons. Au premier coassement, il retira sa main.

« Une grenouille ! s'exclama-t-il, à la fois apeuré et amusé.

— Je vous l'avais bien dit que je vous en ferais toucher une. Une promesse est une promesse ! »

Elle reposa le batracien au bord de l'étang avant de s'étonner :

« Oh !

— Quoi ?

— Une des canes se déplace avec ses petits en file indienne.

— Combien sont-ils ? »

Elle les compta.

« Neuf.

— Neuf ? Eh bien, il va falloir agrandir l'étang ! » plaisanta-t-il.

Puis ils reprirent leur marche, lorsqu'ils entendirent des aboiements au loin.

« Un chien ! s'exclama l'enfant.

— Ce doit être le chien de Bertram.

— Bertram a un chien ?

— Mhm-mhm.

— Comment se fait-il que nous ne l'ayons encore jamais croisé ?

— Je l'ai croisé, moi. Plus d'une fois, alors que je me promenais dans le parc, au petit matin. Bertram dit qu'il est peureux… Peut-être a-t-il peur de vous ?

— De moi ? Mais… pourquoi lui ferais-je peur ?

— Peut-être est-ce votre canne qui l'effraie ? Il doit craindre que vous ne le battiez… »

Cette idée fit beaucoup de peine au petit garçon.

Ils marchèrent encore et de nouveaux aboiements leur indiquèrent que l'animal se rapprochait. Bientôt, Viviane le vit jaillir d'un bosquet. C'était bien le chien de Bertram, Chicken. Loin d'être impressionné par l'enfant, il vint lui réclamer des caresses qui ne se firent pas attendre. Surexcité, l'animal renversa l'enfant, hilare. Le spectacle, qui aurait horrifié Lucille, amusait Viviane.

« VIENS ICI ! VIENS ICI ! AU PIED ! » cria Bertram, qui arrivait en courant, tout essoufflé.

Le chien hésita, mais il préféra lécher la bouille de George, pour sa part ravi de recevoir tant de marques d'affection.

« Pardon… Il… Il s'est… enfui… » balbutia Bertram, contrit, en essayant de maîtriser l'animal.

Le petit garçon se releva, aux anges.

« J'ignorais que vous aviez un chien ! Comment s'appelle-t-il ?

— Chicken.

— Oh. *(Au chien.)* Chicken ! Quel drôle de nom tu as ! *(À Bertram.)* Quel âge a-t-il ?

— Oh, je dirais… quatre-cinq mois, peut-être.

— C'est un bébé ! *(Au chien.)* Tu veux jouer ? *(À Bertram.)* Nous allons nous promener. Pourrions-nous l'emmener ?

— Ben… C'est-à-dire que… Madame sera pas d'accord. Elle m'a bien dit de le tenir enfermé pendant votre promenade.

— Vraiment ? »

Bertram mit une main devant sa bouche.

« J'aurais peut-être pas dû vous le dire. En fait… j'ai peut-être mal compris… »

George n'était pas de cet avis.

« Je suis sûr que vous avez très bien compris, au contraire. Vous a-t-elle dit pourquoi vous deviez le tenir enfermé ?

— C'est que… Oh, j'aurais mieux fait de me taire ! »

Bertram se gifla.

« Vous êtes fou ! s'exclama Viviane, l'empêchant de se flanquer une autre claque. Arrêtez ! Tout va bien. Dites-nous pourquoi ce chien ne doit pas sortir lorsque nous nous promenons. »

Après un moment d'hésitation, Bertram cracha le morceau.

« Madame a peur qu'il morde le petit Monsieur.

— C'était donc cela ! soupira George à l'adresse de Viviane, avant de revenir à la charge : Alors ? Pourrions-nous emmener Chicken ? »

Une tempête semblait souffler sous le crâne du pauvre Bertram. Viviane lui soumit alors une idée qui n'aurait jamais effleuré le brave homme :

« Nous ne sommes pas tenus d'en parler à Madame… »

Il fallut quelques secondes à Bertram pour comprendre l'effarante proposition. Sa figure vira alors au cramoisi.

« Vous rigolez ?

— Pas du tout. Nous savons tous les deux que ce chien ne fera aucun mal à cet enfant, alors…

— Je vous en prie, Bertram ! » plaida ledit enfant.

Viviane, comprenant que le maître de Chicken n'était pas décidé à se laisser fléchir, proposa :

« J'en prends la responsabilité. »

Devant le silence de Bertram, elle conclut :

« Parfait. Alors, c'est entendu. Venez, George. »

Ils se mirent en route.

« Tu viens, Chicken ? demanda l'enfant.

— Euh… » tenta Bertram.

Mais la drôle d'équipe s'en allait déjà, le chien ouvrant la marche.

George ne cessait d'appeler le chiot, dont il se plaisait à se raconter que c'était *son* chiot.

« De quelle couleur est-il ?

— Marron foncé.

— Est-il joli ?

— Je suppose. Dans son genre. »

Comme l'enfant et le petit chien s'avançaient dans l'allée de gauche où flottait une toute nouvelle odeur de lilas, Viviane s'arrêta et proposa :

« Et si nous restions sur ce chemin cette fois ?

— Mais… nous finirions par quitter le parc… À moins de revenir sur nos pas, bien sûr.

— Je ne pensais pas revenir sur nos pas. »

L'idée de sortir du domaine était séduisante, mais :

« Je ne crois pas que mère approuverait, fit valoir George.

— Vous n'allez pas arpenter ces mêmes sempiternelles allées toute votre vie ! Pour ma part, je n'en peux plus. On dirait deux hamsters dans leur roue ! Changer d'air nous fera le plus grand bien.

— Peut-être, mais… où irions-nous ?

— Partons à l'aventure ! »

L'enfant réfléchit, moins longtemps qu'il ne l'aurait cru.

« D'accord !

— Alors en avant !

— À l'aventure ! » s'exclama George.

Il n'en montra rien, mais à l'idée d'élargir son terrain de jeux, il se sentait à présent aussi excité que « son » chiot.

Ils baguenaudèrent dans la campagne et croisèrent quelques automobiles que Viviane dut décrire avec force détails au petit garçon, de même qu'une ferme au loin, un homme à bicyclette et un lièvre qu'ils surprirent aux abords d'un champ. Après une bonne demi-heure de marche, ils parvinrent au village, typique du Sussex, avec ses maisons aux murs de pierre, de brique, parfois à colombage, et dont certaines étaient recouvertes d'un toit de chaume.

« Nous allons devoir traverser la route. Attendez que cette auto soit…

— Non, ne me dites rien. Je peux me débrouiller tout seul. »

Il attendit que le bruit du moteur s'éloignât pour indiquer à Viviane :

« La voie est libre. Nous pouvons y aller. »

Ils traversèrent donc et firent quelques pas avant que Viviane ne poussât une grille.

« Où sommes-nous ? demanda George. Allons-nous rendre visite à quelqu'un ?

— En quelque sorte. Venez.

— Viens, Chicken. »

Le chiot entra, puis l'enfant, et elle referma derrière eux. Tous trois avançaient sur une allée lorsque Viviane proposa à George de s'asseoir.

« Ne vouliez-vous pas voir vos amis ?

— Ils sont là, tout autour de nous. Asseyez-vous.

— Autour de nous ? »

Elle le guida et il s'assit sur l'herbe, avant de s'adosser à un muret de pierre.

« L'esprit ne voit que ce que le cœur lui montre... philosopha Viviane.

— Pardon ?

— C'est écrit là, en épitaphe...

— En épitaphe ?

— Sur une des pierres tombales, en face de nous. »

George réfléchit un instant.

« Serions-nous dans un cimetière ?

— Oui. »

George se leva d'un bond.

« Étais-je sur une tombe ?

— Oui. Ne vous inquiétez pas, nous ne dérangeons personne. Je suis même certaine qu'ils sont ravis d'avoir de la compagnie. »

Quand bien même, le petit garçon préféra rester debout.

« J'aime beaucoup les cimetières, confia Viviane. Ils m'apaisent. Pas vous ?

— Euh...

— Non ! Chicken !

— Qu'y a-t-il ?

— Il vient de faire pipi contre une stèle. »

George, mortifié, demanda :

« Pouvons-nous rentrer ?

— Déjà ? Nous venons à peine d'arriver ! Ne préférez-vous pas vous reposer un peu avant de repartir ?

— Non, je me sens en pleine forme », mentit l'enfant.

À contrecœur, Viviane se leva dans un gémissement. Elle avait remarqué depuis quelque temps que, avec le poids des années, elle ne pouvait désormais s'empêcher d'émettre une sorte de soupir plaintif lorsqu'elle se relevait, et parfois même lorsqu'elle s'asseyait.

« Il y a un robinet là-bas. Suivez-moi, nous allons boire.

— Croyez-vous qu'elle soit potable ? s'inquiéta George.

— Si elle est bonne pour les fleurs, elle est bonne pour nous ! »

La théorie avait beau être douteuse, ils s'approchèrent néanmoins du robinet.

« Nous n'avons pas de verres, déplora l'enfant.

— Nous allons boire dans nos mains.

— Dans nos mains ?

— Oui, joignez-les en forme de coupe. »

Elle le guida.

« Voilà, comme cela. »

Puis elle ouvrit le robinet.

« Elle est froide ! » s'exclama-t-il.

Il but néanmoins. Chicken, sous lui, lapait ce qu'il pouvait. Ce fut ensuite au tour de Viviane de se désaltérer.

« Tenez-vous vraiment à rentrer tout de suite ? J'aurais aimé faire le tour de ce joli cimetière. »

George craignit de passer pour un enfant capricieux. Il céda :

« Comme vous voulez. »

Alors qu'ils musardaient sur les pelouses, au milieu des sépultures, Viviane déchiffra :

« “Howard… Payne”. Il est mort à… soixante et onze ans… Fichtre ! Je n’ai aucune envie de m’attarder ici-bas aussi longtemps ! “Eugenie Pearson”. Dix-sept ans… Tiens, sa mère l’a suivie de peu. Mhm. Elle se sera laissée mourir… “Hariet… Gresham”. “Hariet” avec un seul *r* ? Soit ses parents étaient des originaux, soit le sculpteur a fait une faute. J’imagine que la famille était trop pauvre pour s’offrir une autre pierre tombale…

— Je vois que vous vous plaisez à vous raconter des histoires tristes, l’asticota son élève.

— Pas du tout ! C’est une réalité économique ! se défendit l’accusée. *(Puis, après une pause.)* “Charlotte, 1790-1790”… »

Elle s’abstint de faire le moindre commentaire quant au sort de cette enfant qui ne fêta jamais ses un an.

« Oh, enchaîna-t-elle, “Edward Somerset”… Quel joli nom ! J’espère qu’il était joli garçon. Sinon, ce serait gâcher ! »

Son élève rit de cette dernière réflexion.

Même lorsque la cloche de l’église sonna cinq heures, la préceptrice, loin de s’affoler de n’être pas rentrée à Winnicott Hall pour l’heure du thé, poursuivit, imperturbable, l’appel des pensionnaires du cimetière.

Lorsqu’ils franchirent à nouveau la grille, à défaut de connaître les habitants du village, George en connaissait pratiquement tous les morts.

Dans la boulangerie du bourg, Viviane acheta pour le *goûter* une part de *Bakewell tart* pour George et de *tea loaf* pour elle. Ils les mangèrent sans attendre, assis au bord d’une fontaine dont pas une goutte d’eau ne s’écoulait en cette saison. George avait bel et bien l’impression de vivre une « aventure », comme le lui avait promis sa préceptrice. Il donna un morceau de sa tarte à la framboise et à la frangipane à Chicken qui le sollicitait à coups de patte.

« Je ne suis pas sûre que ce soit très bon pour lui, le mit en garde Viviane.

— Mais si c'est bon pour moi, c'est bon pour lui !

— C'est que, précisément, ce n'est pas très bon pour vous non plus.

— George ! »

L'interpellé reconnut aussitôt la voix de Rosie. Ainsi, elle connaissait son prénom…

« Il y a deux jeunes filles sur le trottoir d'en face. Celle qui vous appelle nous fait de grands signes.

— C'est Rosie. Elle doit être avec sa cousine, Gemma. Je les croise à l'église le dimanche.

— Allez les saluer si vous voulez. Je vous attends ici. »

George, flanqué de Lady d'Herbemont et de Chicken, traversa la rue après s'être assuré qu'aucun bruit de moteur ne signalât l'arrivée d'une automobile. Rosie s'extasia :

« Qu'est-ce qu'il est mignon ! »

George allait rougir, puis il comprit à son « Comment s'appelle-t-il ? » qu'elle parlait du chiot.

« Chicken. »

Il sut aux rires des unes et aux jappements de l'autre qu'elles caressaient l'animal.

« Est-ce ta *nanny* qui t'accompagne ? demanda Gemma.

— Non, répondit-il, vexé. C'est ma préceptrice.

— Elle a une drôle d'allure avec ce drôle de chapeau.

— Je ne fais pas très attention à ce genre de détail. »

Il ignorait qu'elle portait un chapeau.

Rosie vint à sa rescousse :

« Du moment qu'elle est gentille… Elle est gentille au moins ?

— Oui, très. »

George, à qui l'on avait souvent reproché d'avoir la langue trop bien pendue, cherchait désespérément un sujet de conversation.

« Vous vous promeniez ? demanda Rosie, guère plus inspirée.

— Oui. C'est… agréable, avec ce temps. »

Gemma donna encore quelques caresses à Chicken avant de crucifier George d'un :

« Bon, on y va ? »

Rosie s'excusa :

« Ma mère nous attend.

— D'accord.

— Ça m'a fait plaisir de te voir.

— À moi aussi. Enfin, de te parler tout du moins. »

Elle eut un petit rire gêné.

« On se… parle dimanche ?

— Oui.

— Alors à dimanche.

— Oui… À dimanche. »

Alors qu'elles s'éloignaient, George entendit Rosie s'adresser à Chicken :

« Non, reste avec George. »

Il n'en revenait pas qu'elle connût son prénom. Elle avait dû se renseigner…

« Viens, Chicken ! » appela-t-il.

Presque aussitôt, il entendit le souffle du chiot qui l'avait rejoint.

Il s'agit ensuite de retraverser la rue. George attendit qu'une automobile fût passée, mais un autre moteur, celui d'un aéroplane, vrombit dans le ciel, l'empêchant d'entendre une éventuelle seconde automobile. Il resta sur le trottoir un moment, à attendre que l'avion s'éloignât. C'est alors qu'un homme s'approcha pour lui venir en aide.

« Tu veux que je t'aide à traverser, mon garçon ?

— Non, merci. Je peux me débrouiller seul. »

Comme le petit ne bougeait pas, l'autre demanda :

« Euh… qu'est-ce que tu attends comme ça ?

— Eh bien, que l'aéroplane soit passé, bien sûr !

— L'aé… ? »

Viviane vit l'homme regarder le ciel, puis George… et partir sans demander son reste.

Quand son élève l'eût rejointe et lui eût rapporté la teneur de son échange avec l'inconnu, elle s'esclaffa.

« Le pauvre a dû se figurer que, dans votre esprit, l'avion empruntait la route !

— Oh ! Croyez-vous ? »

Il s'esclaffa à son tour.

« Que l'aéroplane soit passé, bien sûr ! » répéta-t-il.

Tous deux rirent de si bon cœur que Chicken crut bon d'ajouter ses aboiements à leurs éclats de voix.

« *Vingt kilomètres à pieeed, ça uuuse, ça uuuse,*
Vingt kilomètres à pieeed, ça use les soulieeers !
Vingt et un kilomètres à pieeed… »

Sur le chemin du retour, Viviane regrettait d'avoir enseigné la comptine française à son petit compagnon. Au désespoir, elle le pria de lui en apprendre une à son tour, et elle eut droit, allez savoir pourquoi, à une histoire de souris aveugles, avec « Three Blind Mice », une comptine somme toute amusante au début, tant que les rongeurs courent après la femme du fermier, et qui se gâte lorsque cette dernière leur coupe la queue. Viviane se dit qu'il n'avait pas besoin d'elle pour apprendre d'horribles histoires.

Il reprit joyeusement :

« *Threeee bliiind miiice, threeee bliiind miiice,*

Seeee how they ruuun, seeee how they ruuun[1]... »

Quand soudain, un bruit étrange et quelque peu angoissant le fit taire.

« Quel est ce bruit ? demanda-t-il, inquiet.

— C'est le bruissement d'ailes d'une nuée de corbeaux qui nous survolent. Des dizaines de corbeaux.

— En voilà un boucan ! On ne s'entend plus chanter.

— *Merde** !

— Pardon ?

— L'un d'eux vient de s'oublier sur mon épaule. Le saligaud ! Si je l'attrape...

— Que ferez-vous si vous l'attrapez ? »

Viviane réfléchit.

« Rien, sans doute.

— Ne serez-vous pas tentée de lui tordre le cou ?

— Non.

— De le rosser alors ?

— Non plus.

— De... l'*énucléer**, peut-être ? »

Elle sourit, fière de son protégé.

« Vous avez retenu...

— Bien sûr. »

Ils gardèrent le silence quelques instants, avant que l'enfant ne répétât un autre mot qu'il avait retenu :

1. « Trois souris aveugles / Voyez comme elles courent »

« *Merde**...

— Oh, vous ne devriez pas répéter ce mot-là. Surtout pas devant votre mère. Cela veut dire...

— Je crois que je sais ce que cela veut dire, l'interrompit l'enfant. Et si cela veut dire ce que je pense que cela veut dire, c'était très à propos.

— Cela veut bien dire ce que vous pensez que cela veut dire. »

Tous deux affichèrent un sourire entendu.

Ils arrivèrent à Winnicott Hall peu après six heures, soit plus d'une heure après l'horaire convenu avec Lucille. Viviane posa Chicken, qu'elle avait dû porter sur les derniers *miles*.

« Tu veux entrer, Chicken ? demanda George.

— Je ne crois pas que ce soit une bonne idée », estima Viviane.

Le chien, qui ne quittait pas la porte des yeux, ne semblait pas vouloir entrer, de toute façon. Il paraissait apeuré et se mit bientôt à aboyer après quelque chose que lui seul percevait.

Alerté par ce tapage, Mr Talbott ouvrit la porte, aussitôt rejoint par Lucille qui ouvrit, pour sa part, les hostilités :

« Que fait ce chien ici ? aboya-t-elle avant de tirer nerveusement sur sa cigarette.

— Nous l'avons emmené en promenade, mère.

— En prome... ? *(S'adressant à Viviane.)* Où étiez-vous passés ? Je me suis fait un sang d'encre !

— Nous sommes allés au village, à côté. Je ne pensais pas que vous remarqueriez notre absence.

— Évidemment que je l'ai remarquée ! George, vous êtes tout crotté ! *(À Viviane.)* Mais... vous aussi !

— Vous ne croyez pas si bien dire ! répondit la préceptrice.

— Nous sommes partis à l'aventure, s'enthousiasma George, et nous avons visité le cimetière !

— Le… ?

— J'ai pris sur moi d'élargir les horizons de mon élève, expliqua Viviane.

— En l'amenant au cimetière ? demanda Mr Talbott.

— C'est important de démystifier la mort. Surtout à cet âge.

— Vous irez démystifier la mort ailleurs, asséna Lucille. Vous êtes renvoyée ! »

Mr Talbott peina à cacher sa jubilation. Viviane, pour sa part, ne montra aucune réaction, contrairement à George qui s'écria :

« Non, mère !

— Mon chéri, ne me rendez pas la tâche plus difficile.

— Je vous en prie ! insista-t-il. C'est moi qui ai voulu aller au cimetière. J'ai insisté et miss Lombard a cédé. C'est de ma faute !

— Elle n'aurait jamais dû céder. Ne discutez pas, ma décision est prise. »

Viviane posa une main sur l'épaule de George et lui adressa un sincère :

« Merci. »

Puis Lucille dut s'écarter pour la laisser entrer. Lorsque la préceptrice, congédiée pour la deuxième fois en trois jours, emprunta l'escalier, la maîtresse de maison voulut savoir :

« Où allez-vous ?

— Eh bien, faire mes bagages.

— Sans même discuter ?

— De quoi voulez-vous discuter ? Vous venez de dire que votre décision était prise.

— Oh, de grâce, cessez ce petit jeu ! »

Ruby arriva alors et demanda à Lucille :

« Vous avez sonné, Madame ?

— Non...

— Non ? Pourtant... »

Les yeux de la domestique se posèrent sur le cordon qui actionnait une cloche à l'office et elle perdit tout à coup de ses belles couleurs. Lucille, Mr Talbott et Viviane suivirent son regard et constatèrent, éberlués, que ledit cordon se balançait... Ils observèrent un moment de silence, jusqu'à ce qu'il eût tout à fait cessé de bouger, puis Lucille libéra Ruby d'une voix aussi calme que possible en de pareilles circonstances :

« Vous pouvez disposer.

— Bien, Madame. »

Viviane monta encore quelques marches.

« Quant à vous, miss Lombard... »

Toujours pas de remplaçante en vue, Archie absent, les domestiques, les travaux... Elle poussa un soupir de tragédienne et lâcha, magnanime :

« Ça ira pour cette fois.

— Vous êtes sûre ? »

Elle venait d'enlever les mots de la bouche de Mr Talbott !

« Ne me faites pas changer d'avis ! »

Viviane n'insista pas. Elle prit congé.

Mr Talbott en fut quitte pour une fausse joie. Il grommela :

« J'espère au moins que ce chien sait rentrer chez lui. »

Il s'avéra que non. Et que le majordome dut le raccompagner chez Bertram.

*

« … ma chambre…

— Veux-tu…

— …

— Un mot…

— Promets-moi… jamais…

— …

— Pour l'amour du ciel…

— Je ne saurais…

— …qu'un enfant. »

Cette nuit-là, alors que le sommeil le gagnait, George entendit chuchoter à l'autre bout de sa chambre. Il ne rêvait pas : un homme et une femme, qu'il ne connaissait pas et ne voulait pas connaître, discutaient à quelques mètres de lui. S'agissait-il de revenants, comme il le pensait ? Cela se pouvait-il ?

Il lui sembla que c'était un couple qui conversait. Ou peut-être un frère et une sœur ? Non, une intonation, quelque chose dans la voix de la femme, le fit définitivement pencher pour des amoureux, quand bien même ils ne parlaient pas d'amour. Seuls quelques mots lui parvenaient, trop peu pour qu'il comprît de quoi il retournait – non pas qu'il le désirait –, mais suffisamment pour qu'il ressentît une angoisse. C'est-à-dire une autre angoisse que la sienne : la *leur*.

Ne vous y trompez pas, cela ne le rassurait pas pour autant. Il était pétrifié, foudroyé de terreur à l'idée que ce couple s'approchât et chuchotât à son oreille ou effleurât ses cheveux, pire, sa joue. Il remonta son drap et sa couverture, et n'entendit plus rien. Cela valait-il mieux ? Et s'ils en profitaient pour s'approcher ? Et s'ils lui attrapaient les jambes ? Il lui semblait que son cœur ne résisterait pas à une telle frayeur. Il serra son ourson dans ses bras. Et n'entendit plus que sa propre respiration, rapide, affolée. Une dizaine de minutes passa avant qu'il ne se calmât, et une heure avant qu'il ne s'endormît.

Ce vendredi 13 avril, superstition oblige, tous les habitants de Winnicott Hall, à l'exception de Mr Talbott, étaient en alerte. Cela explique sans doute que Viviane se fût raidie lorsqu'elle entendit sa clochette tintinnabuler dans la salle d'étude dont elle approchait. Elle ralentit le pas, cependant que l'injonction se faisait de plus en plus pressante. La petite cloche s'interrompit avant que la préceptrice ne franchît le seuil de la pièce.

La première chose qu'elle remarqua fut que l'objet avait quitté son bureau ; la deuxième fut que George, assis à son pupitre, l'avait à la main.

« Vous êtes en retard, miss », nota-t-il, espiègle.

Soulagée, elle alla reprendre son bien et signifia à son élève :

« J'espère que vous en avez profité, parce que je ne vous en donnerai plus l'occasion.

— Oh, quel dommage ! » répondit-il sur un ton malicieux.

Elle alla poser la clochette sur son bureau.

« Je me demandais… poursuivit l'enfant, considère-t-on en France aussi que le vendredi 13 porte malheur ? »

Viviane lui apprit que :

« Oui.

— Et savez-vous d'où vient cette superstition ?

— Du fait que Jésus fut exécuté un vendredi, si je ne m'abuse, après qu'il eut convié, la veille au soir, ses douze apôtres pour un dernier repas. Un repas à treize, donc.

— Je comprends. Ne trouvez-vous pas cette explication un peu tarabiscotée ?

— Un peu.

— Et savez-vous si l'on craint ce jour dans le reste du monde ?

— Je crois savoir que c'est le mardi 13 que l'on redoute en Espagne.

— Sans blague ?

— Et le vendredi 17 en Italie.

— Quelle drôle d'idée ! » s'exclama-t-il, comme si sa superstition à lui était plus fondée que celles des autres.

Viviane s'amusa de sa réflexion.

« Avez-vous remarqué, l'avisa-t-il ensuite, que pour que le 13 tombe un vendredi, il faut que le mois commence par un dimanche ?

— Ma foi, non. En êtes-vous sûr ?

— Certain.

— Mhm… Je n'y avais jamais prêté attention. »

L'enfant se redressa sur sa chaise, pas peu fier d'avoir appris quelque chose à sa préceptrice.

En dépit de ces vieilles croyances, aucun incident ne fut à déplorer ce jour-là. Du moins jusqu'à ce que Viviane entrât dans ses appartements en fin d'après-midi. Un sentiment diffus s'empara alors d'elle : un elle-ne-savait-quoi dans l'air avait changé. Elle referma la porte à clé derrière elle, puis son regard fit le tour de la pièce. À première vue, rien n'avait bougé. Pourtant… Plus rien n'était pareil, comme une ville qu'elle aurait redécouverte par un jour de pluie après l'avoir visitée par un jour de beau temps.

Elle avança jusqu'à son bureau, qu'elle caressa, alla à la fenêtre et finit par s'asseoir sur son lit.

Soudain, elle étouffa de ses deux mains un cri d'horreur. On avait déplacé la photo de Roland. Oh, pas de beaucoup, mais elle n'était pas à son emplacement *exact*. Le sentiment diffus avait laissé place à une certitude : quelqu'un était entré dans sa chambre ! C'était tout juste si elle ne pouvait pas sentir son odeur ou voir son ombre se dessiner sur les murs et le sol. Elle se tourna alors vers son armoire, prise d'un horrible doute.

Elle se leva, fit quelques pas pour l'atteindre et ouvrit les deux battants comme pour y débusquer un intrus. Personne. Elle jeta un dernier coup d'œil machinal à travers la pièce, comme pour s'assurer qu'elle était seule, avant de plonger une main sous une pile de vêtements et d'en extraire son journal. Il était toujours là ! Soulagée, elle le serra contre elle. L'idée que quelqu'un ait pu forcer la porte de son intimité la révulsait. Cependant, impossible de lever le doute. Comment savoir si on ne l'avait pas lu ? Et si on ne reviendrait pas le lire ? Et qui ? Mr Talbott, qui tenait toujours à tout régenter et l'avait prise en grippe dès le premier jour ? Mrs Montgomery, qui voulait peut-être savoir à qui elle confiait l'éducation de son fils, qu'elle surprotégeait ? Viviane n'imaginait pas que cela pût être Mrs Dodds ou l'une des sœurs Collins. Toutes les trois lui semblaient être hors de cause.

Mais sait-on jamais ? songea-t-elle.

Elle reposa le journal sous une autre pile, stratagème bien dérisoire, elle en avait conscience, puis alla se saisir d'un feuillet sur son bureau. Elle en arracha un bout minuscule, qu'elle glissa dans l'interstice entre la porte et le montant de l'armoire. Si quelqu'un s'avisait d'ouvrir le battant, le papier tomberait. Elle s'en assura en réalisant l'opération, avant de remettre le mouchard en place.

Le lendemain, en fin de matinée, Viviane se pressa de monter jusqu'à sa chambre. Si quelqu'un lisait bel et bien son journal, cela ne pouvait être que lorsqu'elle était avec George, pour être certain de ne pas être pris sur le fait. Le petit bout de papier gisait au pied de l'armoire. La satisfaction de voir son intuition confortée se mêla à un sentiment de panique. Elle remit le mouchard à sa place et attendit de voir s'il ne retombait pas tout seul, allant jusqu'à souffler dessus pour l'aider. Mais rien n'y fit.

Durant le déjeuner, elle demeura encore plus silencieuse que de coutume. Cela n'échappa guère à Mrs Dodds qui l'interrogea :

« Les haricots sont pas à votre goût ?

— Vous savez bien qu'elle préfère la cuisine française, ironisa Mr Talbott.

— Pas du tout », corrigea Viviane.

Elle reprit une bouchée pour faire taire la mauvaise langue, à qui elle décocha un regard noir.

« Personnellement, dit Pearl, j'ai moins d'appétit une fois le printemps arrivé.

— Pas moi ! » répondit Ruby en tendant son assiette à Mrs Dodds.

Viviane embrassa l'assemblée du regard. Ils étaient tous suspects.

Lucille, à qui l'air béat de son fils au retour de la messe n'avait pas échappé, s'en entretint avec Mr Talbott, qu'elle avait fait appeler dans le grand salon.

« Je m'inquiète de la ferveur de George pour ce vicaire si peu charitable. J'ai peur qu'il ne soit déçu si un jour il venait à découvrir son véritable visage.

— Je vous rassure, Madame, la ferveur de George n'a rien de religieux…

— Qu'entendez-vous par là ?

— Eh bien, je crois qu'il s'intéresse davantage à la conversation d'une jeune demoiselle de son âge. »

Lucille, interloquée, resta silencieuse un instant. Puis elle alluma une cigarette dont elle tira une longue bouffée qu'elle expira dans un bruyant soupir.

« Alors, c'est encore pire que ce que je craignais…

— Comment cela ?

— Vous savez comme moi que le pauvre ange ne pourra jamais avoir une vie normale. Une femme, des enfants… Et vous me dites qu'il s'intéresse déjà à la gent féminine ! J'espérais qu'il goûte au bonheur de l'enfance quelques années encore, avant d'aller de déceptions amoureuses en déceptions amoureuses. »

Mr Talbott ne sut que répondre et détourna le regard vers le jardin tandis que George, qui avait tout entendu depuis le salon de musique, sentait les larmes lui monter aux yeux. Il quitta la pièce par la porte du fond, sans faire de bruit.

Voilà trois jours que Viviane avait eu la confirmation que quelqu'un entrait dans sa chambre et ouvrait son armoire. Trois jours qu'elle n'avait plus écrit une ligne dans son journal. Ce matin-là, elle buvait une tasse de thé à l'office lorsque Ruby entra. La jeune domestique s'arrêta au milieu de la pièce et réfléchit :

« Qu'est-ce que je venais faire ici, déjà ? Je sais plus…

— Tu perds la tête, ma fille ! se moqua Mrs Dodds.

— Oui, je crois que je deviens folle.

— C'est cette baraque qui nous rend marteaux ! »

Ruby réfléchit encore, puis secoua la tête et quitta les cuisines.

Viviane demanda à Mrs Dodds :

« N'avez-vous jamais songé à partir ?

— Partir… ?

— À quitter Winnicott Hall.

— Oh, je me plains, mais je me plaindrais ailleurs aussi. Et peut-être même que ce serait pire ! On est quand même pas malheureux ici.

— Ah, je suis heureux de vous l'entendre dire ! s'exclama Mr Talbott en entrant.

— N'allez pas répéter ça à Madame, surtout. Si je veux que Monsieur m'augmente... »

La cuisinière vida un panier de noix dans une bassine d'eau.

« Que faites-vous là ? demanda le majordome. Avez-vous donc perdu la tête, pour vous amuser à laver des noix ?

— Je serais pas la première...

— Pardon ?

— On perd tous la tête ici. Vous êtes pas au courant ?

— ... »

Mrs Dodds partit d'un grand éclat de rire.

« Je lave pas les noix, voyons ! Je les trie.

— Vous les triez... ?

— Oui ! Regardez : les noix pourries flottent et les bonnes tombent au fond.

— Oh... Je vois. »

Confus, il sembla un instant ne plus savoir ce qu'il était venu faire dans les cuisines, lui non plus.

« Miss Lombard, reprit-il, irez-vous vous promener cet après-midi ?

— Sans doute, oui. Pourquoi ?

— Vous devriez avoir du beau temps.

— Ah. »

Il se servit une tasse de thé, de la théière que Mrs Dodds lui préparait chaque matin, et s'assit à l'autre bout de la table. Viviane trouva étrange qu'il s'intéressât à son programme de la journée. Il n'était pas de ceux qui posent une question pour combler le silence. Vraiment pas. C'était donc qu'il trouvait un intérêt à la réponse, mais lequel ? Qu'est-ce que cela pouvait bien lui faire qu'elle allât se promener ou non ? Rien.

À moins que… À moins que son absence ne l'arrangeât. Peut-être voulait-il en profiter pour… aller lire son journal, par exemple !

Elle ne voyait pas d'autre explication à sa sympathie soudaine. Mais comment être sûre ? Elle but une gorgée de son thé en méditant la question pendant que Mrs Dodds retirait de l'eau les noix qui flottaient.

« Aimez-vous nager, Mrs Dodds ? demanda-t-elle.

— Moi ? Oh, non, pensez-vous ! Je nage comme une pierre ! Et vous, vous aimez ça ?

— Autant que vous. D'autant que je suis, moi aussi, une piètre nageuse.

— Ah ? s'étonna Mr Talbott. Pourtant… »

Il s'interrompit.

« Quoi ? voulut savoir Mrs Dodds.

— Il me semblait… *(À Viviane.)* Ne nous aviez-vous pas dit au contraire que vous étiez une nageuse émérite ?

— Non… »

Elle avait *écrit*, *dans son journal*, le mois précédent, combien lui manquaient ses longues baignades avec sa cousine, l'été, lorsqu'elles étaient jeunes et nageaient toutes deux dans l'Atlantique, n'hésitant pas à s'aventurer au large, au grand dam de leurs mères. Mais elle n'en avait jamais parlé à qui que ce fût ici.

« Je dois… je dois me tromper, dans ce cas », bafouilla Mr Talbott.

C'est ça, se dit Viviane. *Mais moi, tu ne me trompes pas.*

Le lendemain matin, à l'office, tandis que Mrs Dodds lui tournait le dos, Viviane versa dans la théière de Mr Talbott une préparation de plantes dont elle avait le secret. Elle eut une seconde d'hésitation avant d'en ajouter une pincée. Puis deux. Après quoi, elle s'assit et entama, en même temps que ses œufs brouillés, une conversation badine avec la cuisinière.

Le majordome fit son entrée quelques minutes plus tard et, après avoir salué les deux femmes, se servit une grande tasse de thé. Il ne nota aucune différence avec son breuvage habituel. Pour l'instant. S'il avait prêté la moindre attention à Viviane, il aurait pu remarquer qu'elle affichait un léger sourire de satisfaction.

Tous les trois avaient fini leurs tasses lorsque Ruby et Pearl se joignirent à eux. L'ordre d'arrivée des membres du personnel semblait avoir été établi une fois pour toutes deux mois plus tôt, pour ne jamais plus devoir changer : Mrs Dodds était toujours la première et allumait le feu dans la cheminée et la gazinière. Puis Viviane la rejoignait, après sa promenade. Entrait ensuite Mr Talbott. Et enfin, les deux sœurs.

Comme à son habitude, Mr Talbott jeta un œil à la pendule avant de lancer, perfide, sa sempiternelle réplique :

« Je vois que la nuit a été bonne… »

Comme à son habitude, Ruby répondit par un :

« Non, justement ! »

Et, comme à son habitude, Pearl fit mine de n'avoir rien entendu.

Mrs Dodds se leva en tapant dans ses mains :

« Bon, c'est pas tout ça, mais j'ai du pain sur la planche, moi ! J'ai deux gâteaux à faire pour cet après-midi.

— Ah, oui ? s'enquit Viviane. Quelqu'un fête son anniversaire ?

— Non. C'est pour le petit club de lecture de Madame. »

Alors que la cuisinière se saisissait d'une jatte et d'un sac de farine, Mr Talbott se resservit gaillardement une deuxième tasse de thé. Viviane, qui savait, pour l'avoir constaté au quotidien, qu'il allait vider sa théière, pâlit et se leva, quelque peu ennuyée d'avoir choisi ce jour-là pour se venger. Puis, en y réfléchissant à deux fois, elle se dit qu'il l'avait bien cherché. En remontant l'escalier, elle décida même que c'était plutôt comique. Après tout, il n'y avait pas mort d'homme…

*

Mrs Lynn Heslop, la femme du pharmacien et la plus jeune des quatre invitées de Lucille, arriva la première, suivie de Mrs Alice Barry, la femme du comptable, qui affichait la même mine sinistre que la dernière fois, que tous les jours, au point que Mr Talbott lui demanda si un malheur était arrivé.

« Pas du tout. Pourquoi ?

— Pour rien, Madame. »

Mr Talbott, qui ne se sentait pas très bien depuis le matin, essuya quelques gouttes de sueur à son front aussitôt qu'elle lui tourna le dos pour qu'il la débarrassât de son manteau de fourrure.

Arrivèrent enfin l'épouse du *Chairman of the Parish Council*, Mrs Margaret Steele, embijoutée comme jamais et coiffée d'une nouvelle perruque trop brune pour son âge, et l'épouse du médecin, Mrs Diana Poole, flanquée de son poireau – cette même Mrs Poole qui, craignant sans doute un cambriolage en son absence, avait manifestement décidé, elle aussi, d'arborer tous ses bijoux ce jour-là.

Réunies dans le grand salon, Lucille et ses hôtes ne tardèrent pas à entrer dans le vif du sujet, un sujet paru deux mois plus tôt, à savoir *Le facteur sonne toujours deux fois* de James M. Cain.

« Sordide ! asséna Mrs Steele, lançant les hostilités. Je n'ai même pas pu le terminer ! Cette histoire d'adultère, parfaitement malsaine…

— Quand elle demande à son amant de lui mordre les lèvres… abonda Mrs Poole en rosissant.

— Je me suis arrêtée là, assuma Mrs Steele.

— Mais c'est au début, fit remarquer Lucille. Ce doit être à la fin du chapitre deux.

— C'était assez pour moi ! Quelle abomination ce livre ! Amoral de bout en bout !

— De bout en bout ? Mais vous ne l'avez pas lu…

— De bout en bout des deux premiers chapitres ! »

Le désappointement se lisait sur le visage de Mrs Heslop, qui était à l'initiative de cette lecture et entreprit de défendre « son » livre :

« Moi, je l'ai aimé. Je l'ai trouvé… fascinant.

— Tout de même ! intervint Mrs Barry, l'air encore plus grave qu'à l'accoutumée. Cora et Frank qui tuent le pauvre mari… C'est… »

Toutes attendaient la suite, mais Mrs Barry secoua la tête et porta sa tasse de thé à ses lèvres.

« C'est cela qui est fascinant, objecta enfin Mrs Heslop.

— Eh bien, s'amusa Mrs Poole, je me ferais du souci si j'étais Mr Heslop. »

Toutes rirent, sauf la concernée, qui s'offusqua :

« Il s'agit d'un roman, pas d'un mode d'emploi ! Et puis les crimes et les infidélités sont des choses qui existent.

— En Amérique, peut-être ! s'insurgea Mrs Poole.

— Mais en Angleterre aussi, voyons. La nature humaine est la même partout. »

Il y eut un silence gêné durant lequel chacune songea aux pensées inavouables qui l'avaient traversée à un moment ou à un autre. Puis Mrs Steele se ressaisit et déclara, péremptoire :

« Il est certaines choses que l'on peut penser, qui peuvent éventuellement se faire, mais ne doivent en aucun cas se dire, et encore moins s'écrire !

— Que préconisez-vous, dans ce cas ? Que l'on interdise les ouvrages qui traitent de sujets qui fâchent ?

— Bien sûr ! Le monde est déjà si laid. Pourquoi en rajouter ?

— C'est pourtant là que la littérature a un rôle à jouer, argua Mrs Heslop. Elle se doit d'aller contre l'hypocrisie, de témoigner de nos faiblesses, de nos turpitudes, de nos mœurs… Ce n'est pas la littérature qui inspire la société, c'est la société qui inspire la littérature. Pardonnez-moi de vous contredire, mais je trouve, au contraire, que c'est *parce que* certaines choses ne se disent pas qu'il *faut* les écrire. Sinon, on pourrait se croire seule à les penser, ou à les faire…

— Si vous le dites… Mais alors qu'on ne m'oblige pas à les lire !

— Ne pensez-vous pas que la littérature puisse inspirer la vie à son tour ? demanda Mrs Barry à Mrs Heslop.

— Peut-être nous donne-t-elle des idées en nous offrant à voir d'autres possibles… admit la jeune femme.

— C'est fâcheux lorsque ce sont des idées de meurtre, désapprouva Mrs Steele. De meurtre… ou pire.

— Pire ? Qu'y a-t-il de pire que le meurtre ?

— L'adultère, pardi ! »

Mrs Heslop n'en crut pas ses oreilles.

« Oh ! s'exclama Lucille. Et ce titre ! Pourquoi ce titre ? *Le facteur sonne toujours deux fois* ?! Alors qu'il n'est jamais fait mention d'un facteur !

— Je me suis posé la question, moi aussi, avoua Mrs Poole.

— C'est vrai que… ajouta Mrs Barry.

— Et moi, je l'ai attendu tout le roman ! s'agaça Lucille. Je me disais : il va bien finir par arriver, ce facteur… Eh non ! Il ne sonne même pas une fois ! En ce qui me concerne, j'aime qu'un titre nous renseigne sur le sujet du livre. Je pense, par exemple, au *Crime de l'Orient-Express*. Il s'agit d'un crime, dans l'Orient-Express. *(Elle appuya sur chaque mot.)* Le… crime… de… l'Orient-Express ! C'est parfait ! Elle ne l'a pas intitulé, euh… que sais-je… *Le laitier boit du gin à la nuit tombée* ! »

Les quatre autres échangèrent un regard perplexe, voire suspicieux. Où l'honorable Mrs Montgomery était-elle allée chercher un titre pareil ? De fait, elles la soupçonnèrent de boire du gin à la nuit tombée…

Entrèrent alors un *sponge cake* et un *coffee and walnut cake* portés respectivement par Mr Talbott et Pearl. Les deux gâteaux firent forte impression et détendirent l'atmosphère comme par enchantement. La domestique s'éclipsa aussitôt, laissant au majordome le soin de faire le service. Le ventre de ce dernier ne cessait de gargouiller, en dépit de ses contorsions pour mettre fin à l'outrageuse complainte. Lucille, mortifiée, fit mine d'en rire pour masquer son embarras :

« On va croire que nous ne vous donnons rien à manger, Mr Talbott ! »

Humilié, blême, transpirant, il eut tout juste la force de sourire. Les cinq femmes le virent soudain vaciller puis se ressaisir et se demandèrent un instant s'il réussirait à accomplir sa tâche. Il y parvint à grand-peine et se hâta aussitôt de quitter la pièce d'une inhabituelle démarche chaloupée.

« Votre majordome est bien pâle, souffla Mrs Barry à Lucille.

— J'espère qu'il ne couve pas quelque chose.

— J'ai peur que si, diagnostiqua Mrs Poole. Je ne veux pas vous inquiéter mais, en ma qualité de femme de médecin, je peux vous affirmer que cet homme n'est pas dans son assiette. »

Comme si les diplômes de son mari lui conféraient une quelconque autorité. Cela rappela à Lucille une employée de Londres qui, sous prétexte qu'elle était petite-fille de boulanger, se targuait d'avoir le « palais absolu » en matière de pain !

« Oh, mais qui est-ce donc avec votre fils ? » demanda Mrs Poole.

Lucille suivit son regard et vit George et *Viviane*, dans une tenue *minable* et sous un chapeau *informe*, se promener dans une allée du parc ! L'un de ses pires cauchemars se réalisait : ses amies voyaient l'employée qui lui faisait si honte. Le temps parut alors s'arrêter, ou s'étirer. Elle se dit que c'était sans doute cela que ressentaient les mourants juste avant de rendre l'âme.

Pourquoi n'ai-je pas pris mes quartiers à Londres pour la saison ? se flagella-t-elle, en proie à une soudaine bouffée de chaleur. *Les mondanités battront leur plein dans une quinzaine, alors que je serai ici, cloîtrée entre quatre murs…*

Elle n'avait pas voulu s'y rendre sans Archie, de peur que cela ne générât toutes sortes de commentaires infamants, mais voilà qu'à présent elle songeait que :

C'est mon absence qui ne manquera pas de faire jaser.

Elle regrettait tant sa décision !

« Est-ce sa préceptrice ? s'enquit Mrs Poole.

— Oui… C'est… C'est elle. C'est… miss Lombard. Elle est un peu… »

Elle pensa « provinciale », mais se rappela *in extremis* qu'elle vivait désormais en province. Ses nouvelles amies *étaient* provinciales. Pire encore, elle prit conscience avec horreur qu'*elle-même* l'était devenue, par la force des choses.

« … excentrique, finit-elle par lâcher.

— Oh, faites-la venir, je vous en prie ! *J'ai envie de parler français avec elle tellement* !*

— C'est que… elle semble occupée…

— *Faites-moi une faveur** », insista Mrs Poole.

Lucille sonda le regard de ses invitées, qui ne paraissaient pas comprendre ses réticences. Elle capitula :

« Bon. »

Elle se leva, résignée, et alla appeler Viviane par la fenêtre.

« Vous verrez, c'est une originale », répéta-t-elle comme pour se justifier d'avoir engagé pareille hurluberlue.

Quelques minutes plus tard, Viviane et George furent accueillis « en français » par une Mrs Poole exaltée :

« *Si jolie de vous rencontrer, madame. Vous ne pouvez pas imaginer ! Je toujours adoré la France, depuis que j'étais née.*

— *Oh, vraiment ?* répondit Viviane en s'approchant.

— *Oui ! J'adore votre pays tellement !* »

Viviane fixait le poireau de son interlocutrice.

« *Liberté, égalité, fraternité ! Vive la République ! Le Moulin Rouge…* »

Tout y passait. Les autres étaient un peu perdues, qu'elles eussent des notions de français ou non.

« *Victor Hugo, Zola…*

— *Lisez-vous les auteurs français ?* demanda Viviane.

— *Oui, beaucoup.*

— *Maupassant ? Flaubert ? Balzac ?*

— *Oui, oui, oui.*

— *Stendhal ?*

— *Oui.*

— *Sand ?*

— *Qui est Sand ?*

— *George Sand. Vous ne connaissez pas ?*

— *Oh, si, bien sûr ! George Sand ! Je l'adore. Il est le meilleur. Mon préféré* author. *Il écrit si bien.* »

Viviane vit George se mordre les lèvres pour ne pas rire. Elle eut soudain une idée.

« *On a une superstition en France*, dit-elle, *qui veut que toucher un poireau porte bonheur.*

— *Un Poirot ? Comme Hercule Poirot ? Qu'est-ce que c'est ?*

— *Ça.* »

Viviane pointa du doigt la verrue de Mrs Poole sous le regard (horrifié) de Lucille et (ahuri) des trois autres.

« *Oh, ça ! C'est porte-bonheur, vous dites ?*

— *Oui. Je peux ?*

— *Euh... oui...* »

Viviane s'exécuta. Mrs Poole expliqua aux autres :

« En France, on dit que ça porte bonheur.

— Oh ! » s'exclamèrent ses amies.

Tout le monde y alla de son petit tapotement ou tâtement, y compris George. Soudain, il se rappela la promesse de Viviane. Elle lui avait bien dit qu'elle lui ferait toucher une verrue, ce jour où ils avaient parlé de grenouilles en classe !

Pearl, qui entra au beau milieu de cette scène surréaliste, s'étonna de l'attention que tous portaient au poireau de Mrs Poole. Mr Talbott, qui la suivit de près, se crut pour sa part dans un asile de fous. C'est que, probablement en raison de son état, il y avait pour lui quelque chose de cauchemardesque à voir les unes et les autres, hilares, se livrer à cette activité aussi triviale que grotesque.

« Tout va bien, Mr Talbott ? s'inquiéta Lucille. Vous êtes blanc comme un linge... »

Le majordome, qui venait de déposer un plateau de fruits secs sur la table, se redressa subitement et porta une main à son ventre. Soudain, sans sommation aucune, venant du fin fond de ses entrailles, un interminable rugissement s'échappa par la seule issue possible, répondant à sa façon à la question de la maîtresse de maison, à la surprise et, il faut bien le dire, à la consternation générales. On eût pu croire que Mr Talbott avait caché là quelque infernale machine à vent, une machine qui, à l'évidence, s'emballait puisqu'un autre son, plus rond, résonna dans le grand salon d'apparat. L'assemblée comprit, au visage décomposé du majordome et à sa main crispée venant couvrir l'arrière de son pantalon, que le son s'était accompagné de bien davantage encore.

« … »

Lucille, tétanisée, resta muette.

« Je vous prie de bien vouloir m'excuser », réussit à articuler le majordome aussi dignement que possible en ces circonstances, avant de s'éclipser précipitamment, à reculons.

Le malheureux incident sonna le glas de la réunion du cercle littéraire, sans que qui que ce fût n'osât le commenter. Confirmation, s'il en était besoin, que certaines choses peuvent se faire, mais ne doivent en aucun cas se dire. Quant à les écrire…

*

Ruby posa un tissu humide sur le front de Mr Talbott, cloué au lit, en nage, en proie à des tremblements de plus en plus violents. Elle reconnaissait à peine le majordome, la veille encore si guindé, si imposant, si… constipé ! À présent, il avait l'air d'une petite chose fragile, presque d'un enfant. Tout à coup, il attrapa le bras de la jeune femme, la faisant tressaillir.

« Merci, lui dit-il dans un souffle.

— C'est normal, Mr Talbott. »

Elle lui adressa un sourire, qu'il lui rendit. Puis il tenta de prononcer d'autres mots, sans succès.

« Ne vous fatiguez pas, lui recommanda la domestique. Le docteur Poole vous a prescrit du repos. »

Le majordome renonça à parler et s'abandonna à ses soins lorsqu'elle épongea son visage. Il parut apaisé un instant, puis il tourna la tête sur le côté. C'est alors que l'horreur se dessina sur ses traits. Ses yeux s'écarquillèrent et sa bouche se tordit en une effroyable grimace tandis qu'il poussa un hurlement muet.

« Qu'est-ce qu'il y a ? demanda Ruby, effrayée.

Il se tourna vers elle une seconde et, dans un effort surhumain, pointa du doigt un coin de la pièce. La jeune femme eut beau regarder, elle ne vit rien.

« Quoi ? demanda-t-elle encore. Je vois rien. »

Il éructa quelques borborygmes, affolé.

« Qu'est-ce qu'il y a ? Vous me faites peur ! »

Elle en avait la chair de poule.

Mr Talbott ne quittait plus des yeux l'angle vide de la pièce. Puis l'objet de son angoisse sembla bouger et Ruby suivit sa progression à travers la course qu'effectuait le regard épouvanté du malade. La chose se rapprochait d'elle. Mr Talbott paraissait hypnotisé par un point dans le vide, derrière elle. Non, deux points. Non… Trois points. Ses yeux exorbités roulaient de terreur, passant plusieurs fois de l'un à l'autre. Un courant d'air froid s'immisça brusquement sous la jupe de la domestique et remonta le long de son corps. Elle laissa alors échapper un cri animal avant de se ruer sur la porte, qui s'ouvrit… sur Viviane. Ruby lui tomba littéralement dans les bras.

« Que se passe-t-il ? demanda la visiteuse.

— Mr Talbott a vu quelque chose ! Quelque chose d'affreux !

— Quoi ?

— Je sais pas. Moi, j'ai rien vu. »

Viviane regarda Mr Talbott, qui semblait particulièrement agité.

« Il délire. C'est la fièvre. »

Elle s'avança jusqu'au lit, tandis que Ruby restait à la porte.

« Il fait froid ici », nota la préceptrice.

Le majordome la fixa et elle se demanda s'il avait compris qu'elle était responsable de son alitement. Selon toute vraisemblance, il avait fait une réaction allergique à l'une des plantes qu'elle avait mises à infuser dans son thé. Si tout s'était passé comme prévu, il en aurait été quitte pour une bonne purge, rien de plus. Au lieu de cela, il passa les trois jours suivants à divaguer, trois jours durant lesquels les sœurs Collins jouèrent les infirmières. Toujours à deux, tant cet épisode avait traumatisé Ruby dans un premier temps, puis sa petite sœur lorsqu'elle le lui avait rapporté.

La troisième nuit qui suivit l'infamie, Viviane, allongée dans son lit, ne parvenait pas à s'abandonner au sommeil. Elle écoutait le hibou, dont le hululement lui était désormais familier, et se perdait dans des rêveries sans queue ni tête, lorsqu'elle se mit à frissonner. Il régnait tout à coup dans sa chambre un froid glacial qui lui semblait, sans qu'elle pût se l'expliquer, prévenir un drame. Soudain, elle sentit une présence, tout près d'elle. Était-ce Mr Talbott qui cherchait à se venger ? Il était *a priori* le seul à posséder la clé de ses appartements... Lorsqu'elle sentit ses mains saisir son cou, elle ne réagit même pas.

Je ne l'ai pas volé, se dit-elle. *J'aurais pu le tuer... Et si mon destin était de mourir à trente-huit ans dans cette chambre d'un manoir du Sussex, le vendredi 20 avril 1934 ? À moins qu'on ne soit déjà le samedi 21 ? Quelle heure peut-il bien être ? Après tout, chaque décision que j'ai prise dans ma vie m'a menée ici.* La vie *m'a menée ici. À cette mort. Une mort violente, certes, mais une mort certaine.*

Après l'avoir considérée pendant des années, sans jamais oser passer à l'acte, Viviane n'était pas mécontente que la mort vînt à elle. C'était commode : elle n'avait qu'à se laisser faire.

« Allez-y », dit-elle, étrangement sereine.

Elle s'étonna vaguement de ne pas voir sa vie défiler sous ses yeux. Seulement les visages d'Émilienne, sa cousine, à qui son décès causerait tant de chagrin, et de Roland, qu'elle s'apprêtait à rejoindre là-haut.

Puis les mains relâchèrent leur étreinte.

« Non… » fit Viviane.

Mais l'homme avait déjà disparu, comme il était venu, sans un bruit.

Elle alluma sa lampe de chevet et observa la porte, qu'il avait refermée derrière lui. Elle se redressa, jusqu'à s'asseoir, et, recouvrant peu à peu ses esprits, songea que s'il s'était agi de Mr Talbott, il n'aurait pas pu disparaître aussi prestement et sans donner à entendre le moindre grincement de plancher. N'avait-elle pas rêvé cette scène ? Elle se leva et s'approcha du miroir, dans lequel elle découvrit des meurtrissures à son cou. Elle les considéra un moment avant d'y porter ses doigts et de les caresser. Se pouvait-il qu'elle se les fût infligées elle-même ?

Le matin suivant, Viviane dissimula ses contusions sous un foulard, puis se rendit au chevet de Mr Talbott, pas tant pour le soutenir que pour juger de son état. Les sœurs Collins somnolaient dans des fauteuils, de l'autre côté du lit. Quant au majordome, il fixait le plafond. Elle crut un instant qu'il était mort, mais il tourna péniblement la tête vers elle. Elle le trouva si faible qu'il éveilla en elle des sentiments mêlés de pitié et de remords. Elle s'approcha, s'assit au bord de son lit et lui prit la main, une main si frêle et molle qu'elle confirma ce que Viviane savait déjà : Mr Talbott n'était pas entré dans sa chambre pour l'étrangler cette nuit-là.

« Je vais mourir… murmura-t-il.

— Mais non, voyons, le rassura-t-elle en lui tapotant la main.

— J'ai froid. »

Elle remonta la couverture.

« Merci… » souffla-t-il.

Il ferma les yeux. Elle ne s'attarda pas.

L'ambiance changea du tout au tout lorsqu'elle se rendit à l'office, où Mrs Dodds s'activait.

« Comment qu'y va, notre malade ? demanda celle-ci. Toujours patraque ? J'aurais pas cru qu'il était aussi chochotte ! Eh, entre nous, il nous ferait pas un peu de cinéma pour que les deux petites s'occupent de lui ? »

Elle donna un coup de coude à Viviane, que cette familiarité prit au dépourvu.

« Hein ? insista la cuisinière.

— Je ne crois pas. Il a une petite mine.

— En tout cas, je suis bien contente que vous soyez pas malades, vous et les petites…

— C'est gentil.

— C'est pas ça, c'est qu'à tous les coups on aurait accusé mon civet ! »

*

Un peu plus tard, Lucille et George prenaient leur petit déjeuner lorsque ce dernier s'exclama :

« Parrain ! »

Il l'avait reconnu à son pas, comme toujours, ce qui n'avait de cesse d'étonner Alistair. Lucille replia le *Times* et but une gorgée de thé. Le régisseur du domaine posa une bise affectueuse sur les cheveux de son filleul, avant de déplier le *Daily Mail* qu'il avait à la main pour en montrer la une à Lucille.

« Regardez ça !

— Vous avez acheté ce torchon ? »

Pour sa part, elle ne voulait plus en entendre parler depuis cet article de janvier dans lequel Lord Rothermere, le propriétaire de ce qu'elle considérait désormais comme une odieuse feuille de chou, avait apporté son soutien au parti fasciste d'Oswald Mosley.

« Je me suis jeté dessus quand j'ai vu la une, se justifia Alistair. Regardez ! »

Alors seulement Lucille daigna y jeter un œil, avant de lire :

« "La photo du monstre par un chirurgien de Londres"... »

Alistair expliqua à George :

« Quelqu'un a réussi à photographier le monstre du loch Ness ! Bon, il y avait déjà eu cette photo, il y a six mois, mais cette fois, on le voit mieux !

— C'est vrai ? demanda l'enfant, enthousiaste.

— Aussi vrai que je te vois ! »

Lucille poursuivait sa lecture de l'article du *Daily Mail.*

« À quoi ressemble-t-il ? voulut savoir George. Dis-moi !

— À un dinosaure... répondit son parrain, ou à une trompe d'éléphant.

— ... »

George n'était pas plus avancé.

« Imagine... un bras qui sortirait de l'eau, avec... la main inclinée à quatre-vingt-dix degrés, les doigts joints, qui figurerait la tête.

— Mais... est-ce qu'il fait peur ?

— Pas vraiment, non. Il n'a pas l'air bien grand, mais c'est difficile de se rendre compte. On l'a photographié de loin, au milieu d'une grande étendue d'eau. Et puis il faut bien avouer que l'image est floue.

— Ah... fit George, une pointe de déception dans la voix.

— Enfin, je dis ça, mais je n'irais pas me baigner dans le loch Ness maintenant que je l'ai vu ! »

George frissonna de peur et d'excitation.

« Moi non plus alors... maintenant que tu l'as vu ! »

Alistair afficha un sourire triste.

« Quelle horreur ! conclut Lucille après sa lecture. Je ne me baignerai jamais plus nulle part en ce qui me concerne. »

George sourit.

« Et vous non plus, George ! » précisa-t-elle.

Le sourire de l'enfant s'effaça.

*

« Un dinosaure ! répéta George. Ou une trompe d'éléphant ! »

Viviane, qui marchait à ses côtés dans le parc, peinait à le croire.

« Mais je ne peux pas vous en dire beaucoup plus…

— Bien sûr.

— La photo était floue… Quoi qu'il en soit, la preuve est faite que le monstre existe !

— À moins qu'il ne s'agisse d'un canular. »

Le garçonnet, décidé à écarter cette possibilité, argua que :

« Ce ne serait pas dans le journal…

— Je vois que j'ai encore beaucoup de choses à vous apprendre. »

Chicken, qui les accompagnait désormais dans leurs flâneries, se mit à aboyer sur un buisson.

« Eh bien ! Qu'est-ce qui te prend ? demanda Viviane.

— Qu'est-ce qu'il a ?

— Je n'en ai pas la moindre idée. Il doit y avoir un animal caché dans ce buisson. »

Elle s'avança et écarta les branchages.

« Je ne vois rien. »

Chicken continuait à aboyer furieusement.

« Laissons-le s'amuser. »

Ils se remirent en route et, après quelques mètres, entendirent le chiot geindre comme si on l'avait frappé. Ils se retournèrent :

« Que se passe-t-il ? » demanda George.

Viviane ne vit rien d'autre que Chicken détaler pour les rejoindre.

« Je ne sais pas, dit-elle. Il se sera blessé, sans doute. »

Elle l'examina lorsqu'il arriva à ses pieds, mais ne remarqua ni écorchure ni morsure qui justifiât ses plaintes et son affolement.

« Vraiment, je ne vois rien. »

George le cajola jusqu'à ce que le petit cœur de l'animal se calmât.

Quelques minutes plus tard, Viviane et George étaient assis sur l'herbe. Chicken, couché, avait sa tête sur la cuisse de l'enfant qui le caressait. Ils s'étaient installés tous les trois non loin de l'étang, que Viviane croquait dans son cahier à dessin.

« J'ajoute quelques fleurs de nénuphar. Ils ne tarderont plus à éclore, dit-elle. Je prends seulement un peu d'avance.

— Cela ne vous gêne-t-il pas de ne pas être fidèle à ce que vous voyez ?

— Pas du tout. Pourquoi laisserais-je la triste réalité gâcher un beau dessin ? »

Ces paroles, que George estima pleines de bon sens, emportèrent son adhésion.

« Pourrais-je dessiner un nénuphar, moi aussi ? »

Viviane s'arrêta et se tourna vers lui.

« Savez-vous à quoi cela ressemble ?

— Pas vraiment, mais je pensais que vous pourriez m'aider.

— …

— Non ?

— Euh… si, bien sûr. »

Elle choisit une page vierge, posa le cahier sur la cuisse de son élève que Chicken n'occupait pas, et lui donna son crayon. Puis elle prit sa petite main et la guida. Peu à peu, la fleur apparut sur le papier, sous le regard intrigué du chiot. Maîtresse et élève ne s'étaient jamais trouvés si proches et s'étonnèrent tous deux de n'éprouver nulle gêne.

Lorsque le nénuphar fut entier, Viviane leva la mine du crayon et signala à George :

« C'est terminé. »

Ravi, il s'exclama :

« Oh, je m'aperçois que j'aime beaucoup dessiner ! »

Elle s'amusa de sa remarque. Était-il conscient que c'était elle qui avait réalisé ce dessin ?

« Est-ce joli ? » voulut-il savoir.

Elle étudia la fleur au contour tremblant et répondit :

« Plutôt, oui. Vous avez un certain talent ! »

Il sourit.

« Je vous l'offre », décida-t-il.

L'attention surprit Viviane et la toucha au-delà de ce qu'elle laissa paraître.

« Merci, se contenta-t-elle de répondre. Voulez-vous dessiner autre chose ?

— Je veux bien.

— Quoi ?

— Ce que vous voudrez. Ne me dites rien. J'essaierai de deviner.

— D'accord. »

Ils commençaient un autre dessin quand George confia :

« Je n'ai pas envie d'être aveugle. Je voudrais voir. »

La mine du crayon s'arrêta.

« Je comprends, répondit Viviane.

— C'est que… je voudrais qu'on puisse m'aimer.

— Mais vous êtes aimé. Vos parents vous adorent.

— Je ne parle pas de cet amour-là. »

Viviane se tut.

« Alors, vous non plus, vous ne pensez pas que l'on puisse tomber amoureuse d'un aveugle ?

— Oh, si, bien sûr.

— Vraiment ?

— Évidemment. Quelle question ! »

George connaissait suffisamment Viviane pour savoir qu'elle ne lui aurait pas menti.

« Mère n'est pas de cet avis.

— Eh bien, c'est d'une bêtise confondante ! »

Cela conforta l'enfant dans l'idée qu'elle était d'une rare franchise avec lui. Elle ajouta :

« Comme le disait ma grand-mère : "Chaque pot a son couvercle." »

George songea au fiancé de sa préceptrice. Son couvercle à elle était mort.

« J'espère, dit-il. Je voudrais avoir une vie normale.

— Qu'est-ce qu'une vie normale ?

— La vie de tout le monde.

— Pourquoi diable voulez-vous avoir la vie de tout le monde ? »

Il réfléchit à la question un instant.

« Que voulez-vous faire plus tard ? demanda-t-elle.

— Comment cela ?

— Quand vous serez grand ?

— Comment cela ? répéta-t-il.

— Eh bien, dans la vie. Comme profession.

— Mais… je suis aveugle…

— Et alors ? Ce n'est pas une profession ! »

Il ne semblait pas comprendre.

« Vous êtes intelligent, argumenta-t-elle, vif, excellent pianiste, non dénué d'humour, riche et… *(elle se pencha pour lui parler à mi-voix)* plutôt joli garçon. Le monde est à vous ! »

George se redressa, soudain gonflé d'espoir.

« Mais pour cela, poursuivit la préceptrice, il faut d'abord que vous en soyez intimement convaincu. *Fortis imaginatio generat casum.*

— "Une forte imagination produit l'événement", traduisit le jeune latiniste.

— Ne doutez jamais ni de vos possibilités ni de vos qualités. Et je ne veux plus entendre ce genre d'inepties : "avoir la vie de tout le monde" ! Vous méritez tellement mieux ! La vérité, c'est que vous n'êtes *pas* comme tout le monde. Vous êtes unique.

— Mais… hésita-t-il, ne le sommes-nous pas tous ?

— Certes, certes. Nous sommes tous uniques… Mais certains plus que d'autres ! »

Sur ce, ils gardèrent le silence quelques instants. Jusqu'à ce que Viviane se décidât à le rompre :

« Et ce dessin ? Cela n'avance pas beaucoup !

— C'est vrai. Pardonnez-moi. »

Elle reprit sa main et ils se remirent au travail en silence. Quelques minutes.

« Ne vous sentez-vous jamais seule ? s'enquit le jeune garçon, décidément bien dissipé.

— Si. Cela m'arrive.

— À moi aussi. J'aurais aimé avoir un frère. Ou même une sœur. Mais mère ne veut pas prendre le risque d'avoir un autre enfant aveugle. »

Viviane cessa de dessiner.

« Où êtes-vous allé chercher une idée pareille ?

— Je l'ai entendue discuter avec père. Il tentait de la rassurer. Il lui disait que la foudre ne tombe jamais deux fois au même endroit.

— La foudre… ? répéta-t-elle.

— Mhm. »

Il caressa Chicken de sa main libre, puis posa à nouveau la mine du crayon sur la feuille.

« On reprend ? » proposa-t-il.

Ils reprirent.

« Je n'ai pas de frère ni de sœur, moi non plus. J'ai une cousine, en revanche, Émilienne, qui est comme ma sœur.

— Je ne connais pas bien mes cousins, pour ma part. Nous ne nous sommes jamais beaucoup fréquentés.

— Quel dommage ! Pour eux, je veux dire. »

Il sourit.

« Votre cousine vit-elle en Angleterre ou en France ?

— En France.

— Vous ne vous voyez donc pas beaucoup non plus.

— Non… »

Elle arrêta de dessiner.

« Mais le lien est là. Nous nous écrivons fréquemment. Elle me raconte sa vie, je lui raconte la mienne.

— Lui avez-vous parlé de moi ?

— Oui.

— Et… que lui avez-vous dit ?

— Que j'avais la charge d'un enfant un peu trop curieux. »

Il laissa échapper un petit rire.

« Nous avons le projet de nous revoir bientôt, confia-t-elle. Et de faire enfin ce voyage aux Indes dont nous rêvons tant, toutes les deux.

— Aux Indes ?

— Oui, la lecture du *Livre de la jungle* de Kipling nous avait fait forte impression lorsque nous étions enfants... »

Au silence qui s'ensuivit, George sentit que sa préceptrice n'était plus vraiment avec lui dans le parc de Winnicott Hall, mais à l'autre bout du monde, peut-être dans la jungle, juchée sur un éléphant. Il tapota sur la feuille, de la pointe de son crayon.

« Vous n'êtes pas très concentrée, me semble-t-il ! Et ce dessin ? »

Il l'entendit sourire et ils se remirent à la tâche.

« C'est terminé, lui indiqua-t-elle enfin.

— Bien ! Je vous l'offre aussi !

— Merci beaucoup, mais savez-vous ce qu'il représente ?

— Je ne suis pas sûr d'avoir envie de le savoir. Pourquoi laisser la réalité gâcher un dessin qui est si beau dans ma tête ? »

Il entendit Viviane fermer le cahier.

« Vous apprenez vite. Une autre de vos qualités. »

Elle se leva, tout de suite imitée par Chicken, puis George.

« Oh ! s'exclama Viviane en se tournant vers l'enfant.

— Quoi donc ?

— Il y a un cerf, de l'autre côté de l'étang. »

Un instant, elle avait oublié qu'il ne voyait pas.

« Que fait-il ?

— Il nous regarde. »

Le temps s'arrêta sur les deux rives. George tendit l'oreille, mais ne perçut que le souffle du vent sur l'eau. Puis Chicken repéra le cerf à son tour et se mit à aboyer, brisant la magie de ce moment suspendu et provoquant la fuite de l'animal et l'affolement des canards et des cygnes.

« Il est parti », annonça Viviane.

Ils ne s'attardèrent pas non plus.

Sur le chemin du manoir, la préceptrice se baissait régulièrement pour cueillir des *Cardamine pratensis*, des *Primula veris* et autres *Hyacinthoides non-scripta*, soit des cardamines des prés, des primevères officinales et des jacinthes des bois. Non pas pour en faire des décoctions, mais simplement pour égayer et parfumer la salle d'étude.

George, galant, s'était proposé de tenir les fleurs. Il les portait à son nez lorsqu'il entendit le bruit d'une chute suivi d'un retentissant :

« *Merde** !

— Que vous arrive-t-il ? »

Elle se relevait déjà.

« J'ai trébuché, mais ça va. Plus de peur que de mal.

— N'avez-vous pas les yeux en face des trous ? plaisanta-t-il. Je vous prêterais volontiers Lady d'Herbemont, mais j'en ai besoin. »

Il l'entendit épousseter ses vêtements.

« Cette fois, je crois que je connais votre gros mot préféré, la taquina-t-il encore.

— Je n'ai pas la moindre idée de ce à quoi vous faites allusion, jeune homme. »

Ils reprirent leur marche en silence. Aucun autre incident notable ne vint perturber leur retour, d'autant que Chicken prit soin de faire un large détour lorsqu'ils arrivèrent aux abords du buisson qui lui avait causé une si grande frayeur à l'aller.

Le chiot quitta ses compagnons à regret lorsque Bertram, qui rentrait chez lui, l'appela à grand renfort de gesticulations.

Lorsque George se retrouva seul avec Viviane, non pas que la présence de l'animal eût représenté une gêne, il partagea l'interrogation qui occupait son esprit :

« Pensez-vous ce que vous m'avez dit tout à l'heure ?

— Quoi donc ?

— Lorsque vous avez fait le compte de mes qualités.

— Oui, bien sûr. »

Quelque chose semblait toujours le préoccuper. Le temps des quelques pas qui les séparaient encore du manoir, il pesa ses mots avant de se lancer :

« Alors vous pensez réellement que je suis joli garçon ? »

Ce samedi soir, les deux bonnes et la cuisinière de Winnicott Hall eurent envie d'évasion. Aussi n'hésitèrent-elles pas à parcourir à vélo les quatre *miles*[1] qui les séparaient du cinéma le plus proche, pour découvrir *New York-Miami*, la nouvelle comédie romantique de Frank Capra avec Clark Gable et Claudette Colbert.

Depuis son lit, Viviane, qui avait décliné l'invitation, achevait une lettre à sa cousine.

Ruby et Pearl ont encore fait des leurs. Avant-hier soir, elles se sont mises à pousser des cris d'orfraie dans leur chambre. J'ai accouru, le cœur battant, et je les ai trouvées livides comme j'ignorais qu'on pouvait l'être, et pour cause : elles venaient de s'appliquer un masque à la farine ! Deux mortes vivantes ! Elles m'ont fait une de ces peurs… Et devine ce qui les terrorisait : une simple araignée !

Comme tu le vois, je mène ici une vie trépidante.

C'est sur cette constatation que je te rends à ton époux.

Je vous embrasse tous les deux.

Viviane.

---

1. 6,5 kilomètres.

Sentant le sommeil la gagner, elle posa son écritoire à côté de son lit et éteignit sa lampe de chevet avant de s'allonger. Elle se retourna et se retourna encore. Elle avait chaud. Alors elle se leva afin d'ouvrir la fenêtre. Elle écarta les rideaux et, pendant quelques secondes, fit face à l'obscurité qui avait dissous ciel, arbres et étang, ce dernier semblant, à cette heure, n'être plus qu'une triste flaque d'encre sur laquelle flottait un mince croissant de lune. Apparut soudain derrière les carreaux, à cette hauteur extraordinaire, un homme ! Viviane ne put réprimer un cri de surprise et de terreur. L'apparition blafarde aux yeux enfoncés, au nez aquilin et au menton volontaire afficha un épouvantable rictus qui la fit frémir et reculer, chancelante, jusqu'à ce qu'elle se heurtât à sa commode. Elle ne pouvait détacher ses yeux de ce visage fantomatique, dont la tempe gauche s'ouvrit brusquement, comme sous l'effet d'un coup invisible, en une plaie sanguinolente. Puis sa vision se brouilla, à moins que ce ne fût l'homme qui s'évaporât. Toujours est-il que l'inconnu se fondit dans la nuit.

Au petit déjeuner, Mrs Dodds s'étonna de ne pas voir Viviane se joindre à elle avant les autres.

Sous le charme de Clark Gable depuis la veille, les sœurs Collins et la cuisinière racontèrent avec moult détails les pérégrinations de son personnage et de celui de Claudette Colbert à un Mr Talbott peu captivé. Le pauvre eut droit à un concert d'indignations lorsqu'il avoua ne pas connaître les deux acteurs. À en croire Pearl, Clark Gable présentait une légère ressemblance avec Mr Montgomery.

« C'est la moustache, observa Mrs Dodds.

— Peut-être… C'est vrai que Monsieur est beaucoup plus beau ! » répondit Pearl, à la stupeur générale.

Quant à Claudette Colbert, elle ressemblait vaguement à Mrs Heslop, d'après Ruby.

« Mrs Heslop ? demanda Mrs Dodds.

— La jeune femme brune que reçoit Madame pour son cercle littéraire.

— Eh bien, se moqua le majordome, pourquoi payer pour aller les voir au cinéma alors que nous les avons gracieusement à domicile ? »

Mrs Dodds secoua la tête. Alors que la question n'appelait pas vraiment de réponse, Pearl se justifia :

« Voilà bien longtemps qu'on n'a pas eu Monsieur à domicile.

— Voyons… réfléchit le majordome. Trois mois ?

— Trois mois dans six jours. »

Madame avait reçu quelques télégrammes, dont le personnel ignorait tout de la teneur, si ce n'était que tout allait bien. Cela suffisait néanmoins au bonheur de la jeune bonne.

« Et… reprit Mr Talbott, Colbert… Claudette… C'est français, n'est-ce pas ? »

À en juger par son expression, ce n'était pas exactement une qualité.

C'est une autre Française qui les rejoignit à ce moment-là, son cahier à dessin sous le bras. Une Française aux traits tirés.

« Mal dormi ? se renseigna Ruby.

— Extrêmement mal, répondit Viviane. J'ai… J'ai vu un homme, hier soir.

— Pardon ? fit Mr Talbott. Vous avez vu un homme ?!

— Oui…

— Ici ? À Winnicott Hall ?

— Dans ma chambre. »

Il n'en croyait pas ses oreilles.

« J'aurai tout entendu ! Dois-je vous rappeler que vous n'êtes pas censée recevoir de visite sans m'en avertir ? Encore moins des visites de ce genre !

— De ce genre… ? Oh, mais non, il ne s'agit pas de *ce genre* de visite ! Ce n'était pas un homme de ma connaissance…

— De mieux en mieux !

— Je veux dire qu'il est apparu derrière ma fenêtre.

— Derrière votre fenêtre ? questionna Pearl, inquiète.

— Oui. Je sais... Je ne me l'explique pas non plus. Sauf à penser qu'il s'agissait...

— ... d'un fantôme », poursuivit Mrs Dodds en frissonnant.

Viviane acquiesça.

« Ça recommence... soupira Mr Talbott. Mesdames, il y a forcément une explication logique. Sans doute miss Lombard se sera-t-elle endormie et aura rêvé cet homme ? Ou peut-être s'agit-il de son propre reflet, qu'elle n'aura pas reconnu ? Ou bien c'était Bertram qui se sera souvenu qu'il devait effectuer des travaux sur le toit qui ne pouvaient pas attendre le lendemain ? »

Viviane sourit, songeant que les explications « logiques » des sceptiques étaient systématiquement plus farfelues que les théories ayant trait au paranormal.

Elle prit son cahier à dessin, qu'elle ouvrit sur le portrait de l'inconnu qu'elle avait réalisé dans la nuit. À sa vue, Mr Talbott se décomposa.

« C'est... c'est l'homme que vous avez vu ? interrogea-t-il.

— Lui-même.

— Je vais plus jamais oser ouvrir mes rideaux ! s'exclama Mrs Dodds.

— Mais... ses habits... pointa Ruby, on dirait qu'ils datent d'une autre époque, non ?

— Du XVIIIe siècle, je dirais », confirma Viviane.

On n'entendait plus le majordome, blême.

« Ça va, Mr Talbott ? demanda Pearl.

— C'est... c'est l'homme que j'ai vu, répondit-il. Lorsque j'étais fiévreux et que je délirais. Je... Je ne comprends pas. Il y a forcément une explication.

— C'est évident, approuva Viviane. Peut-être est-ce Bertram qui se déguise pour nous jouer un tour ? Ou Madame ? Non, mieux, Monsieur ! Qui ne serait jamais parti en Irak !

— Ne plaisantez pas avec ça… » souffla Pearl.

Elle voulait dire « avec le départ de Monsieur », quand bien même tout le monde comprit « avec les fantômes ».

Pour ne pas ajouter au trouble des quatre femmes, Mr Talbott ne dit rien de la figure féminine et de l'enfant qui s'étaient tenus aux côtés du mystérieux inconnu.

« Je crois que nous ferions bien de nous mettre au travail, décida-t-il. Passons sur… cet épisode. »

Il donna une tape sur la table et se leva. Viviane referma son cahier.

« Miss Lombard, lui dit le majordome sur le départ, je vous prie de m'excuser pour la confusion de tout à l'heure, mais un instant, j'ai vraiment cru qu'un homme vous avait rendu visite ! »

Il s'amusait de sa méprise.

« Oublions cela, répondit Viviane qui n'en pensait pas un mot. Mais en parlant de visite, je vous serais reconnaissante de ne plus fureter dans mes appartements en mon absence. »

Il blêmit à nouveau.

« Euh, je… euh… Je ne comprends pas…

— Je suis sûre que si.

— Il a pu m'arriver d'y entrer parce que… j'y avais entendu du bruit ou… pour ce genre de chose, mais enfin… Bon, si vous insistez… très bien ! Mais ne venez pas vous plaindre si un oiseau vient saccager votre chambre ou si une bougie que vous avez négligé d'éteindre y met le feu !

— Je serai la seule à blâmer.

— Exactement.

— Mais je préfère malgré tout que vous respectiez mon intimité.

— Certainement.

— Et en retour, je me garderai aussi d'entrer dans vos appartements. »

Il resta sans voix devant tant d'insolence et se contenta d'opiner du chef, avant de s'éclipser.

Viviane s'étonna qu'il ait capitulé aussi aisément. Peut-être ses quelques jours de fièvre l'avaient-ils ramolli ? Si c'était le cas, elle ne pouvait que se féliciter de son heureuse initiative. Hélas pour elle, la réalité était tout autre, et cette apathie trompeuse. Au fond de lui, le majordome se délectait d'une nouvelle qu'il était, avec Madame, le seul à connaître : Mrs Montgomery devait recevoir la semaine suivante une candidate au poste de préceptrice. Une Anglaise.

Ignorant que son destin devait se jouer sous peu, Viviane se leva et mit de l'eau à bouillir pour son thé, pendant que les trois témoins de la scène, toujours attablés, s'appliquaient à alléger l'atmosphère :

« Ils ont dû drôlement s'amuser sur ce tournage... lança Pearl. Je parle de Clark Gable et Claudette Colbert.

— Oh, oui ! approuva Ruby. Je crois que j'aimerais ça. Je veux dire, jouer la comédie. Et vous, Mrs Dodds ?

— Moi ? Seulement si je dois embrasser Gary Cooper... »

Ruby et Pearl, qui connaissaient son penchant pour l'acteur, affichèrent un sourire en coin.

« Le hic, c'est que je suis pas sûre qu'il soit d'accord ! Bon, au pire, je me contenterai de m'asseoir sur ses genoux... En tout cas, je vous préviens, les filles : si Gary Cooper débarque un jour à Winnicott Hall et me demande de le suivre, je rends mon tablier dans la seconde ! Et vous entendrez plus jamais parler de moi ! »

Les deux sœurs s'esclaffèrent. Quant à Viviane, elle ne put réprimer un petit rire. Loin de s'offusquer, Mrs Dodds poursuivit sur sa lancée :

« Oh, je sais ce que vous vous dites, toutes les trois : "On peut dormir tranquilles !" Mais on sait jamais ce qui peut arriver. Vous direz pas que je vous avais pas prévenues ! »

La jeune candidate au poste de préceptrice s'était montrée parfaite : érudite, agréable, souriante et, surtout, présentable. Lucille, sous le charme, pria Mr Talbott d'aller chercher George. Le majordome était lui-même d'avis que la jeune Anglaise s'intégrerait parfaitement au décor élégant et raffiné de Winnicott Hall. Il interrompit la leçon de français :

« Monsieur, votre mère désire s'entretenir avec vous d'un sujet qui ne peut souffrir aucun délai. *(Puis, se tournant vers Viviane.)* Miss Lombard, elle vous fait savoir que ce ne sera pas long et vous demande de bien vouloir attendre Monsieur dans la salle d'étude. »

Il accompagna l'enfant jusqu'à la bibliothèque où sa mère fit les présentations, le mettant devant le fait accompli. Parfaitement insensible à la coquetterie, à la jeunesse, aux charmes et au sourire de la postulante, George, stupéfait et en colère, osa pour la première fois aller contre l'avis de sa mère.

« C'est très gentil à vous d'avoir pris la peine de venir jusqu'ici, lança-t-il froidement à la candidate, mais je crains que vous ne vous soyez déplacée pour rien. J'ai déjà une préceptrice qui remplit son rôle à merveille et dont je me refuse à envisager le départ. Je préférerais encore mourir idiot. »

Lucille, mortifiée, balbutia :

« Enfin, George…

— Mère, si vous voulez me crever le cœur, continuez ainsi. Je m'estime chanceux que miss Lombard ait consenti à m'enseigner tout ce qu'elle sait et à passer autant de temps à mes côtés. Quel ingrat je ferais si j'acceptais qu'on la congédie comme une malpropre ! Dieu merci, je n'aurais pas à supporter mon reflet dans la glace si par malheur nous devions en arriver à de telles extrémités…

— George ! » s'exclama sa mère.

La jeune préceptrice, bien que choquée, ne put s'empêcher de songer qu'elle aimerait qu'un jour un de ses élèves la défendît de la sorte.

« Maintenant, je vous prie de m'excuser, mais ma préceptrice m'attend là-haut. Elle a encore tant de choses à m'apprendre. »

Après une pause, il implora :

« Mère, je vous supplie de changer d'avis. *Errare humanum est, perseverare diabolicum.* »

Puis il tourna les talons. Lucille lança un regard interrogateur à la préceptrice, qui traduisit, alors que l'enfant quittait la bibliothèque :

« L'erreur est humaine, mais persévérer dans l'erreur est diabolique. »

Mr Talbott fut atterré lorsque Lucille le pria de faire raccompagner la demoiselle à la gare. En se hâtant, elle pourrait encore attraper le train du début d'après-midi qui la reconduirait à Londres.

Viviane ne sut jamais ce qui s'était tramé dans son dos et ce que George avait fait pour elle.

« Un esprit sain dans un corps sain ! répéta Viviane. *Mens sana in corpore sano !* »

George, en tenue de gymnastique, soit chemise blanche, chandail, cravate rouge, pantalon de golf et petites chaussures de cuir, se tenait debout sur une jambe, sur le kiosque qu'on avait restauré trois mois plus tôt, à bonne distance de l'étang, pour ne pas affoler Lucille – de l'étang et de ses nénuphars, en fleur depuis une quinzaine de jours.

« Allez ! encouragea sa préceptrice, en jupe longue et chemisier (une chemise d'homme en vérité, car elle trouvait cela plus confortable). On fléchit ! »

Il fléchit.

« On tient. »

Il tint.

« On se redresse. »

Il se redressa.

Lorsqu'il eut repris son souffle, elle lui demanda de faire dix pompes. Il s'exécuta et l'impressionna tant qu'après une série de génuflexions elle lui en demanda quinze.

« Quinze pompes ? Mais c'est trop, miss !

— Pensez-vous que vous réussiriez à en faire treize ?

— Treize ? Mhm… Oui, je le pense.

— Alors quinze.

— Pardon ? Mais… ?! »

Il se demanda s'il n'avait pas fait une bêtise en renvoyant la jeune candidate au poste de préceptrice.

« Voyez-vous, expliqua Viviane, il faut toujours placer la barre un peu au-dessus de ses capacités. Dans le sport comme dans l'enseignement, comme dans la vie. Sans quoi, on ne saurait progresser. »

L'argument fit mouche, et l'enfant se plia à la consigne sans plus rechigner. Il s'avisa alors que la tâche, aussi ardue fût-elle, n'était pas insurmontable. Un soupir de Viviane se mêla à ses profondes inspirations et expirations.

« Qu'y a-t-il ? haleta l'élève en dénouant sa cravate.

— Comment cela ?

— Vous avez soupiré.

— Ah, peut-être, malgré moi. Mais cela n'a rien à voir avec vous. »

Elle faisait tourner sa bague de fiançailles autour de son annulaire.

« Ce serait plutôt… une sorte de vague à l'âme… De… *(Elle soupira à nouveau.)* De spleen.

— De spleen ?

— C'est une sorte de lassitude, de mélancolie, qui se saisit de vous sans raison apparente, à tout moment.

— Je sais ce qu'est le spleen. Nous en avons parlé l'autre jour lorsque nous avons évoqué Baudelaire.

— C'est vrai. J'avais oublié.

— Je m'étonne seulement que vous puissiez y céder en ma présence. »

Elle secoua la tête, amusée.

« Dites-moi, reprit-il, ce doit être terrible, ce sentiment de tristesse et de morosité.

— En effet.

— J'espère ne jamais y être sujet. Mais après tout, je me dis que si je devais l'être, je le serais déjà. Je veux dire… j'ai déjà toutes les raisons de l'être, non ?

— On peut l'être sans raison, vous savez. Enfin, à ce qu'il paraît. En ce qui me concerne, j'ai mes raisons. Ma raison.

— Que je connais.

— Que vous connaissez. Pour tout vous dire, aujourd'hui est un anniversaire bien pénible. »

Il réfléchit.

« Ah, mais oui, nous sommes le 22 mai. Vous m'avez dit que votre fiancé était mort un 22 mai. »

Elle s'étonna qu'il s'en souvînt et s'en trouva touchée.

« Je crois que je peux comprendre, poursuivit-il. Même si ce n'est en rien comparable bien sûr, j'ai ressenti moi-même une forme de spleen lorsque miss Kerr est partie… Je me suis trouvé si désemparé, si seul et nostalgique…

— J'ignorais que l'on pouvait être nostalgique à dix ans !

— Neuf ans, à l'époque ! »

À l'époque ! Viviane sourit. C'était seulement quelques mois plus tôt.

« J'ai détesté être dans cet état, confia-t-il. Cela ne me ressemblait guère. »

Cette phrase, somme toute banale, ne manqua pas d'impressionner sa professeure.

« Cela ne me ressemblait guère. » Qui sait à dix ans ce qui lui ressemble ou non ?

Elle jeta un œil à sa montre et annonça :

« Bien, le cours est terminé. Bravo, votre art de la conversation a réussi à vous épargner vingt pompes ! »

Alors qu'ils rentraient, George demanda à Viviane :

« Me feriez-vous une promesse ?

— Laquelle ?

— Si un jour vous deviez quitter Winnicott Hall... pour quelque raison que ce soit... *(Il s'interrompit.)* Venez me dire au revoir. Ne faites pas comme miss Kerr... Je vous en prie.

— Euh... Savez-vous que si l'on dit "filer à la française[1]" en anglais, on dit "*filer à l'anglaise*" en français ?

— Ne changez pas de sujet. »

Elle considéra George un instant.

« D'accord. Je vous le promets.

— Non, dites-le. Dites : "Je vous promets de venir vous dire au revoir". »

Elle sourit.

« Je vous promets de venir vous dire au revoir.

— Trois fois. À la manière d'un vrai serment.

— Non, je ne vais pas...

— Je vous en prie. »

Elle hésita.

« Bon... Je vous promets de venir vous dire au revoir. Je vous promets de venir vous dire au revoir. Je vous promets de venir vous dire au revoir. »

Cette fois, c'est George qui poussa un soupir. De soulagement.

---

1. *To take French leave.*

Lucille, qui s'était confortablement installée entre les coussins de la méridienne en osier du jardin d'hiver avec la ferme intention de lire, avait fini par s'assoupir, enveloppée par la douce chaleur de ce dimanche après-midi de juin. Ce sont des éclats de voix qui la tirèrent soudain de son demi-sommeil. Elle releva alors la tête et s'étonna de l'attroupement au pied d'un des grands chênes du parc.

Tout le monde était là, y compris George et Alistair, autour de Bertram et Reggie qui suspendaient deux cordes aux branches de l'arbre séculaire.

Lorsque la propriétaire des lieux, et du chêne, les rejoignit, les deux hommes achevaient leur œuvre et le doute n'était plus permis.

« Une balançoire ?! s'exclama-t-elle comme si c'était la chose la plus extravagante qu'elle eût jamais vue. Pour qui est-ce ?

— Pour George, bien sûr ! répondit Alistair.

— Pour George ?! Voulez-vous le tuer ? »

L'assemblée reconnut bien là le sens du drame de Mrs Montgomery.

« Ce n'est pas non plus une catapulte ! nuança Viviane, l'instigatrice du projet.

— Laissez-moi essayer, mère ! » pressa l'enfant.

Lucille étudia l'objet diabolique, tirant sur chacune des cordes pour en tester la solidité.

« Voulez-vous que je l'essaie d'abord ? proposa Viviane.

— Ma foi, je veux bien. »

La préceptrice s'exécuta durant une trentaine de secondes et s'arrêta lorsqu'elle pensa avoir fait la démonstration que l'activité était sans risque. Mais Lucille n'était pas décidée à s'en satisfaire et demanda à Alistair, le plus grand et le plus lourd d'entre eux, de monter dessus à son tour. Il se plia à ses volontés.

« Vous voyez, dit-il après s'être balancé quelques fois, cela ne risque rien ! »

Puis, pour achever de convaincre Lucille de la solidité de l'installation, il invita, non sans malice, la jeune Pearl à venir s'asseoir sur ses genoux. La jeune fille rougit.

« Non ! » décida Lucille.

Elle balaya la troupe du regard et s'arrêta sur Mrs Dodds.

« Mrs Dodds, seriez-vous assez aimable pour vous prêter à l'expérience ?

— Euh… Vous êtes sûre ? »

Lucille avait naturellement choisi la personne la plus lourde du groupe. Personne n'était dupe, à part l'intéressée qui se réjouissait à la perspective de côtoyer d'aussi près un si bel homme.

« Pourquoi pas ? Ça va me rappeler ma jeunesse », lança-t-elle, sans que l'on sût si elle parlait de la balançoire ou d'autre chose…

Ni une ni deux, la cuisinière s'assit sur les genoux d'Alistair. Le regard qu'elle lança à cet instant aux sœurs Collins semblait dire : « Alors ? Qui c'est qui avait raison ? C'est peut-être pas Gary Cooper, mais on n'en est pas loin ! »

« Vous voyez, m'dame, c'est vraiment du costaud ! constata Bertram.

— Eh ! Dis donc ! Sois pas vexant ! » répliqua la cuisinière.

Alistair allait de plus en plus haut.

« Envolons-nous, Mrs Dodds !

— Allons-y ! Je vous suis ! » s'écria celle-ci, amusant l'assistance.

Au bout d'un moment, George s'impatienta :

« À moi ! À moi ! »

Il confia Lady d'Herbemont à sa mère, et Alistair et Mrs Dodds lui cédèrent leur place, à contrecœur, il faut bien le dire, en ce qui concernait la cuisinière.

L'enfant se balança, d'abord faiblement, puis un peu plus haut. Lorsque Alistair commença à le pousser, Lucille se crispa.

« Doucement ! » préconisa-t-elle.

Elle était sur le point de tout arrêter quand le parrain de son fils la retint d'un geste et, d'un signe de tête, invita Reggie à aller se poster devant l'enfant afin de prévenir toute chute.

« Alors ? demanda-t-il à son filleul.

— C'est formidable ! Cela soulève légèrement le cœur, mais d'une manière qui n'est pas désagréable. »

Peu à peu, Lucille se détendit. Ruby y alla de son petit encouragement :

« C'est très bien, Mr George.

— Vous êtes très doué ! renchérit Mr Talbott.

— Merci », répondit l'enfant, tout fier.

C'est la première fois que je le vois paraître son âge, songea Viviane.

« Bravo, mon chéri ! le félicita Lucille.

— Voulez-vous essayer, mère ?

— Moi ?

— Oh, oui ! s'enthousiasma Alistair. Quelle bonne idée ! »

Mrs Montgomery se prêta au jeu de bonne grâce et finit par admettre :

« C'est assez plaisant. Je pourrais venir me balancer ici avec un livre de temps en temps. »

Puis tous, de Pearl à Bertram, en passant par Ruby et Reggie, étrennèrent la balançoire. Même Mr Talbott, le temps de quelques minutes, retrouva ses dix ans.

Une poignée de soldats s'affrontaient dans un coin du parc. Des soldats de plomb. Depuis l'arrivée des beaux jours, leurs bataillons respectifs avaient, sous l'impulsion de miss Lombard, déserté le tapis de soie de la chambre de George pour s'étriper au grand air. À noter que par une opération qui ne devait rien au Saint-Esprit ni au hasard, un des artilleurs, le préféré du petit garçon et de sa préceptrice, avait adopté un accent français.

Soudain, le soldat en question s'immobilisa, de même que son adversaire, quand George sentit un regard posé sur lui.

« Il y a quelqu'un ? »

On hésita avant de répondre :

« Oui. »

C'était la voix d'un petit garçon, dont George estima qu'il devait avoir environ son âge.

« Que fais-tu ici ? demanda-t-il.

— Je me promenais et je t'ai vu jouer…

— Tu te promenais dans le parc ? C'est chez moi.

— Ah ? Je ne savais pas. Je peux m'en aller si tu veux.

— Non. »

Il s'était peut-être enfin trouvé un ami.

« Comment t'appelles-tu ?

— Tobias.

— Enchanté, Tobias. Moi, c'est George.

— Cela fait longtemps que tu es aveugle ?

— Depuis toujours. »

Il y eut un silence. Puis Tobias proposa :

« Nous pourrions peut-être jouer ensemble…

— D'accord ! Dans ce cas, nous devrions aller à l'intérieur. J'ai plein d'autres soldats. »

Tout excité, George ramassa ceux qu'il avait là et les deux enfants se dirigèrent vers le manoir.

« Veux-tu que je t'aide à marcher ?

— Non, merci. J'ai Lady d'Herbemont pour cela. C'est ma canne. Et mes yeux. Grâce à elle, j'évite tous les pièges. À part les branches, évidemment, mais j'emprunte toujours les mêmes chemins quand je suis seul. »

Ils croisèrent Bertram et Reggie, qui voulut savoir :

« Tout va bien, Mr George ?

— Très bien, merci. »

Les garçons entrèrent dans le manoir.

« J'apporterai mes soldats la prochaine fois, dit Tobias.

— Bonne idée ! »

Ils montèrent l'escalier jusqu'au deuxième étage. Quelque chose troubla George, sans qu'il sût dire quoi exactement.

« Et si nous montions tout en haut ? suggéra Tobias.

— Tout en haut ? Mais… c'est l'étage du personnel.

— Je sais. J'ai vécu ici.

— Oh. »

La voix de Tobias montait déjà.

« Je vais te montrer ma chambre, dit-il. Enfin, mon ancienne chambre. »

George le suivit dans l'escalier, puis dans le corridor. Ils s'arrêtèrent au moment où Lady d'Herbemont rencontra une lame de plancher légèrement plus haute que les autres.

« La porte est ouverte, dit Tobias.

— Oh, ce doit être la chambre de… voyons, Pearl, je crois.

— Et si tu allais chercher tes soldats ?

— Ne préfères-tu pas que nous allions jouer dans ma chambre ?

— Non, si tu veux bien, j'aime mieux jouer ici. »

George hésita. Il n'était pas certain que Pearl appréciât… Et puis, se dit-il, qu'en saurait-elle ?

« Qu'y a-t-il ? demanda Tobias. De quoi as-tu peur ?

— Je n'ai pas peur. »

George posa ses soldats sur une petite commode, à l'entrée de la chambre, et partit en chercher d'autres.

« Je reviens ! »

Une minute plus tard, des soldats plein les poches, George se heurta à une porte close. Il frappa et appela :

« Tobias ? »

Mais personne ne répondit. Il frappa à nouveau.

« Où es-tu ? demanda-t-il. S'il s'agit d'une farce, elle n'est pas drôle. »

Il frappa, encore et encore, déçu et en colère.

Le coquin ! se dit-il. *À tous les coups, il m'aura chapardé mes soldats !*

Catastrophé, il alla trouver Pearl, à qui Mr Talbott donnait des instructions dans le petit salon bleu du rez-de-chaussée. Il leur raconta toute l'histoire.

« Le petit vaurien ! » s'emporta le majordome.

Tous les trois gagnèrent les combles, passablement essoufflés. Là, George mena les deux serviteurs jusqu'à la porte de la chambre de Pearl, là où Lady d'Herbemont avait buté.

« C'est pas ma chambre, indiqua-t-elle.

— Ah, oui, se rappela George, j'ai cru comprendre que vous partagiez celle de Ruby désormais.

— Non, enfin, oui, mais… je veux dire, ça a jamais été ma chambre. C'est…

— C'est la pièce que Madame votre mère a condamnée, Monsieur, expliqua Mr Talbott.

— Vous devez faire erreur, répondit George. La porte était ouverte. »

Le majordome tourna la poignée ronde mais, sans surprise, la porte était…

« Fermée, évidemment.

— Avez-vous la clé sur vous, Mr Talbott ? demanda l'enfant.

— Euh… oui.

— Pourriez-vous… ? »

George n'eut pas besoin de terminer sa phrase pour que Mr Talbott s'en saisît, désireux de faire toute la lumière sur cette étrange affaire.

Alors qu'il donnait un deuxième tour de clé, Pearl le mit en garde :

« Attention… »

Le majordome ouvrit la porte… sur une chambre déserte.

« Il n'y a personne, dit-il. Voulez-vous que l'on inspecte la chambre de Pearl ?

— Non, c'était celle-ci.

— Vous avez pu vous tromper, tenta Mr Talbott.

— C'était celle-ci », martela l'enfant en tapotant sa canne sur la lame de plancher qui ressortait.

Il entra et porta sa main sur la commode près de la porte, sur laquelle ses soldats faisaient une halte. Il en attrapa un.

« Grâce à Dieu, ils sont là ! »

Mr Talbott se pencha sur le soldat, puis entra à son tour et passa la petite armée en revue.

« Qu'est-ce que c'est... ? marmonna-t-il.

— Quoi donc ? demanda George.

— Quoi ? répéta Pearl, inquiète.

— Ils sont... recouverts de poussière... Comme si... Comme s'ils étaient là depuis des décennies... »

Intriguée, Pearl s'approcha.

« Nous devrions peut-être aller chercher Madame, dit-elle.

— Non ! cria presque George. Je ne veux pas lui causer de tracas. »

Il craignait, en outre, de voir ses rares moments de liberté se réduire comme peau de chagrin.

« Promettez-moi de ne jamais lui en parler », insista-t-il.

Les deux autres échangèrent un regard, puis Mr Talbott hocha la tête à l'attention de Pearl.

« Bien, Monsieur.

— Répétez trois fois "Je n'en parlerai jamais, sous peine... de pourrir de l'intérieur". »

La surprise passée, ils s'exécutèrent. Puis Mr Talbott referma la porte derrière eux.

« Comment vous expliquez ça ? lui demanda Pearl en redescendant.

— Je ne l'explique pas... murmura-t-il, hébété. Je ne l'explique pas... »

Dans l'escalier, George comprit au bruit des pas de ses compagnons, et à celui du frottement des tissus de leurs vêtements, ce qui l'avait interpellé lorsqu'il était monté aux côtés de Tobias. L'enfant qu'il avait rencontré ne faisait pas le moindre bruit en se déplaçant…

Ce mercredi, Mr Talbott semblait particulièrement tendu.

« Tout doit être im-pe-ccable », rappela-t-il aux sœurs Collins.

Oh, il avait bien conscience que quels que fussent ses efforts et ses courbettes, ces dames du cercle littéraire n'oublieraient jamais la mésaventure à laquelle elles avaient assisté… Deux mois plus tard, lui-même se sentait toujours aussi humilié à la pensée du spectacle lamentable qu'il avait offert. Néanmoins, il avait à cœur de regagner l'estime de Lucille, quand bien même il était persuadé, à tort ou à raison, que jamais plus elle ne verrait en lui le majordome infaillible qu'il avait toujours été jusqu'à ce jour maudit.

« On nous présente beaucoup trop de personnages dès les premières pages du roman ! reprochait Mrs Heslop lorsque le majordome entra avec le thé. J'étais complètement perdue !

— Vous exagérez, protesta Mrs Poole.

— Pas du tout ! Lorsque nous faisons la connaissance de Jane, du mari, des enfants, des cousins… En ce qui me concerne, je n'avais pas compris que Jane était la tante de Carl !

— Comment cela, sa tante… ? »

Mr Talbott posa son plateau sur une desserte et n'entendit rien de la suite, car lorsqu'il souleva le couvercle du sucrier de porcelaine Haviland, il s'aperçut avec horreur qu'il n'était qu'à demi rempli. Que faire ? Repartir avec le plateau ? Ou bien à vide, pour revenir avec la boîte à sucre ? Impensable ! La seule solution qui paraissait s'offrir à lui était de repartir en emportant discrètement le sucrier, le remplir en cuisines et le rapporter aussi vite que possible avant de servir les invitées et Madame.

Il tourna le dos aux cinq femmes aussi poliment qu'il le put et escamota l'objet de la honte avec une dextérité qui aurait impressionné la plus habile des fripouilles. Après quoi, il s'éclipsa dignement et, à peine la porte du salon refermée derrière lui, fila à grandes enjambées jusqu'aux cuisines.

« Du sucre ! s'écria-t-il. Vite ! Le sucrier n'est qu'à moitié plein ! J'aurais dû vérifier. Quel imbécile je fais ! »

Il prit soin de poser le Haviland avant de taper du poing sur la table. Un geste d'une telle violence qu'il fit sursauter Pearl, laquelle, en émoi, attrapa la boîte à sucre pour en saisir une pleine poignée qu'elle jeta dans le sucrier. Mr Talbott la dévisagea, sidéré.

« Vous… Vous… Et la pince à sucre ? »

La domestique cacha son visage derrière ses mains.

« Je le sais, pourtant, se flagella-t-elle. Je sais pas ce qui m'a pris. J'ai voulu faire vite. Pardon, j'ai… j'ai paniqué. »

Le majordome leva un index, menaçant, avant de se souvenir que, dans le grand salon, le sucre manquait. Il repartit dans la seconde et se mit à courir, pour reprendre une allure normale à quelques mètres de l'arrivée. Il ouvrit la porte avec le plus grand naturel.

« La littérature ne devrait pas se contenter de décrire le monde tel qu'il est, s'exaltait Mrs Heslop, quand elle peut le réinventer, j'oserais dire le réenchanter. »

Il traversa le salon d'un pas dégagé, se répétant que personne ne prêtait attention aux majordomes.

« Pourtant, objecta Mrs Steele, vous prétendiez l'autre jour que la littérature devait parler de nos turpitudes, de nos mœurs… »

Il rejoignit la desserte et y posa le sucrier, soulagé.

« Je ne vois là rien d'incompatible, répliqua Mrs Heslop. En donnant à voir une autre réalité, l'auteur ne fait encore et toujours que commenter la nôtre, par contraste ou analogie. »

Tandis que Mr Talbott servait le thé, Lucille acquiesça à ces paroles, parfaitement inconsciente du drame qui venait d'être évité de justesse.

Il faisait nuit noire lorsque Lucille se réveilla en sursaut, sans qu'elle pût s'en expliquer la raison.

Elle prit un moment pour se remettre de ses émotions, puis se tourna vers sa table de chevet afin d'allumer la lumière, mais sa main ne rencontra que le vide. Elle tâtonna au hasard, dans l'obscurité, de plus en plus loin… En vain. Elle sortit de son lit et constata avec stupeur que le tapis avait disparu, lui aussi ! Le manoir avait-il été cambriolé pendant la nuit ?

Affolée, elle se dirigea vers l'interrupteur mural, près de la porte. Contre toute attente, après quelques pas, son pied nu se cogna à un meuble. Au toucher, elle reconnut son bureau, qui aurait dû se trouver à l'autre bout de la pièce. Désorientée, dans un état de confusion totale, elle sentit une vague de panique l'envahir. Elle tenta de se calmer et, les bras tendus devant elle, continua d'avancer à l'aveugle, à la recherche d'un mur. Elle renversa son paravent, se heurta encore à une commode et atteignit enfin la cloison tant espérée. Elle la longea alors doucement, en évitant les obstacles comme elle put, jusqu'à remonter à l'interrupteur qu'elle actionna sans délai. La lumière du plafonnier l'aveugla, aussi se protégea-t-elle les yeux d'une main. Lorsqu'elle la retira, le spectacle qui s'offrit à elle la cloua sur place : son grand lit à colonnes avait tout bonnement traversé la pièce ! Elle se sentit défaillir et, plutôt que de s'effondrer sur le parquet, préféra se laisser tomber dans un fauteuil crapaud autrement plus confortable.

Alistair fit appel à deux paysans travaillant sur le domaine, deux solides gaillards, pour aider Bertram et Reggie à remettre le lit à sa place sans abîmer ni le parquet Versailles, qui avait été restauré quelques mois auparavant, ni le tapis persan, un authentique Kashmar.

Aucun des cinq hommes, pas plus que Mr Talbott qui s'en était pourtant fait une spécialité, ne se risqua à avancer la moindre théorie pour expliquer l'inexplicable.

Lucille, qui craignait que cette épouvantable histoire de lit ne donnât encore du grain à moudre à ceux qui prétendaient que le manoir était hanté, avait prié les six hommes dans la confidence, à savoir Mr Talbott, Alistair, Bertram, Reggie et les deux paysans, de garder le silence. Naturellement, l'un d'eux (au moins) bavassa, et l'anecdote du « lit possédé » se répandit comme une traînée de poudre dans les *pubs* alentour, pour revenir dès le surlendemain aux oreilles de Mrs Dodds, qui en fit profiter Ruby, Pearl et Viviane.

Cette dernière ne pensait à rien d'autre alors qu'elle se dirigeait vers la salle d'étude ce matin-là. Un lit de près de cinq cents livres[1], prétendait-on ! Qui se tenait debout au milieu de la chambre ! Par quel miracle ? Ou plutôt maléfice ? La préceptrice en était là de ses pensées lorsqu'elle entendit George rire aux éclats. Puis s'exclamer :

« Oh, le pauvre !

— …

— Non ?!

1. 227 kilos.

— …

— Ça alors ! Je ne l'aurais jamais crue capable de… »

Elle s'avança et fit grincer le parquet, mettant fin à la conversation. Curieuse, elle gagna sa classe pour découvrir l'identité du mystérieux interlocuteur de son élève. Son parrain, peut-être ?

Lorsqu'elle entra dans la salle, George était sagement assis à son pupitre. Seul.

« À qui parliez-vous ? l'interrogea-t-elle innocemment en balayant la pièce du regard.

— À personne, miss.

— Il m'a bien semblé vous entendre pourtant.

— Je parlais tout seul.

— Mais… vous avez ri aussi…

— C'est que… Je peux être très drôle, vous savez. »

Perplexe, elle songea qu'il avait peut-être un « ami imaginaire ». Elle savait que nombre de petits Anglais en avaient, et personne dans ce pays ne paraissait s'en inquiéter !

Ils en restèrent là, jusqu'à ce que l'élève interrompît sa professeure, quelques minutes plus tard, en pleine guerre des Boers, d'un cinglant :

« Tais-toi ! »

Stupéfaite, elle s'offusqua :

« Je vous demande pardon ?!

— Je vous prie de m'excuser, miss, balbutia George, écarlate. Je…

— Oui ? »

Il se tut.

« J'attends vos explications. »

Au pied du mur, il finit par reconnaître :

« C'est à cause de Tobias.

— Qui est Tobias ? »

Il hésita et tritura un bouton de sa chemise, avant de lâcher du bout des lèvres :

« C'est un garçon que j'ai rencontré. Un garçon qui est mort.

— …

— C'est à lui que je m'adressais quand vous êtes entrée. »

Le silence de Viviane parla pour elle.

« Je sais ce que vous pensez. Mais je ne me moque pas de vous. »

Abasourdie, elle resta silencieuse.

« Je riais tout à l'heure parce qu'il évoquait la mésaventure de Mr Talbott dans le grand salon.

— …

— Et il m'a dit que c'était à cause de vous. De vos plantes. »

Viviane se décomposa. L'enfant comprit à son silence qu'elle était coupable.

« Je ne dirai rien, promit-il.

— Je ne pensais pas que son organisme réagirait de façon aussi… radicale, se défendit-elle.

— …

— Est-ce que… Tobias… est là en ce moment ?

— Non. Il est parti. »

Elle hocha la tête.

« Et que veut-il ?

— Seulement jouer, je crois.

— Je vois », dit-elle, bien qu'elle se sentît totalement dépassée.

Pendant quelques instants, chacun garda pour lui les pensées qui le traversaient. Jusqu'à ce que George se décidât à partager les siennes :

« Promettez-moi de ne rien dire à ma mère.

— Je ne peux pas. Il faut la mettre au courant.

— Non, je vous en prie !

— Pourquoi voulez-vous lui cacher une chose pareille ?

— Parce que… j'ai peur qu'elle ne m'aime plus si elle découvre que je ne suis pas normal. Déjà que… »

Ces mots restèrent en suspens.

« Vous *êtes* normal.

— Promettez-moi de ne rien dire.

— Je ne peux pas.

— Si vous avez un tant soit peu d'affection pour moi, promettez-le-moi. »

Des larmes se mirent à couler sur les joues de l'enfant. Viviane, contrariée, secoua la tête et soupira.

« Très bien.

— Dites-le.

— Je vous le promets.

— Non, pas comme cela… »

Évidemment… Elle sut exactement ce qui n'allait pas et prononça les mots qu'il voulait entendre. Trois fois.

« Je vous promets de ne rien dire à votre mère. Je vous promets de ne rien dire à votre mère. Je vous promets de ne rien dire à votre mère. »

Et elle allait tenir parole.

George, que Lucille avait fait appeler par Mr Talbott, entra dans ce que sa mère avait définitivement baptisé son « lieu à elle », dans lequel elle s'abandonnait régulièrement à la lecture, à l'écriture et au simple repos, entourée de sa collection de poupées anciennes.

Assise sur un canapé victorien, elle tenait une lettre, qu'elle avait eu le temps de lire deux fois.

« Vous m'avez fait appeler, mère ?

— Oui. Votre père nous a écrit.

— Oh ! »

Il s'avança et prit place à ses côtés.

« Puis-je toucher la lettre ?

— Bien sûr. »

Elle la lui tendit. Il apprécia le grain du papier, puis la porta à son nez.

« Elle sent son tabac... son parfum... et... la chaleur. La chaleur du désert irakien, sans doute.

— Faites voir. »

Lucille la sentit à son tour et afficha une certaine déception.

« Je vous crois sur parole.

— Quand l'a-t-il écrite ?

— Il y a seulement trois semaines. Vous rendez-vous compte de la rapidité avec laquelle elle nous est parvenue ? Il l'a rédigée sous une tente dans un désert du bout du monde, et trois semaines plus tard, autant dire rien du tout, nous la lisons, confortablement installés dans le Sussex.

— Incroyable.

— Je ne vous le fais pas dire.

— Et qu'écrit-il ?

— Que tout va pour le mieux. Qu'il se fait une joie d'être bientôt de retour parmi nous. Qu'il a dû rester un peu plus longtemps pour régler les détails de sa prochaine expédition. Et vous concernant, il écrit : "Dites à George que je pense bien à lui." »

George attendait la suite.

« Vous entendez ? Il pense bien à vous.

— Oui... »

Il entendit également sa mère replier la lettre et fut déçu que son père ne lui ait pas consacré plus de quelques mots.

« Vous en faites une tête ! nota Lucille. Qu'y a-t-il ?

— Rien. Tout va bien. »

Et puis, soudain, il se mit à rire lorsqu'elle commença à le chatouiller.

« Que vous arrive-t-il ? » demanda-t-elle.

Il avait eu beau sentir confusément une pointe d'inquiétude dans sa voix, à présent il se roulait sur le canapé.

« George !

— C'est vous, mère ! Cessez de me chatouiller... »

Lucille bondit sur ses jambes.

« Comment ? Mais... je ne vous ai pas touché ! »

Les rires cessèrent en même temps que les chatouilles.

« Qu'est-ce qui vous a pris ? Vous m'inquiétez, George.

— Oh, soyez tranquille, mère, ce n'est rien.

— Comment cela, ce n'est rien ? Cela avait tout l'air d'une crise de… je ne sais quoi ! Je vais faire appeler le docteur Poole.

— Non, ce n'est pas nécessaire. »

Il l'entendit malgré tout marcher jusqu'au cordon qui lui permettrait d'appeler un membre du personnel.

« Attendez !

— Qu'y a-t-il ?

— C'est… C'est Tobias qui me chatouillait.

— Tobias ?

— Un petit garçon qui vivait dans la chambre là-haut, lâcha-t-il. Celle qui a été condamnée. »

Lucille se crispa et balbutia :

« Je… Je ne comprends pas un traître mot de ce que vous racontez.

— Je vous parle d'un petit garçon qui est mort… Je sens sa présence depuis que nous sommes arrivés. »

George entendit sa mère se rapprocher, puis la sentit se rasseoir, presque se laisser tomber. Il poursuivit :

« Et maintenant, je l'entends.

— Pour l'amour de Dieu… Non…

— C'est une bonne chose. Je n'ai plus peur !

— Taisez-vous.

— Et je ne mouille plus mes draps.

— Assez.

— Il ne faut pas vous inquiéter. Il ne nous veut aucun mal, il veut seulement jouer. Il est tellement seul… »

Il se retint d'ajouter « lui aussi ».

« Non, par pitié, plus un mot. Je ne veux plus rien entendre. C'est au-delà de mes forces. »

George se tut.

Ils restèrent ainsi un moment dans le silence. Lucille se demanda s'il était trop tard pour partir quelques jours à Londres. La saison des mondanités ne prendrait pas fin avant un mois et changer d'air leur ferait à tous deux le plus grand bien. Ils pourraient aller accueillir Archie, dont le retour était imminent, à sa descente de l'Orient-Express et rester là-bas tous les trois. Mais il parlait dans ses lettres de sa hâte de rentrer « à la maison » et de retrouver « la quiétude du Sussex ». Elle ne pouvait lui imposer un séjour dans la capitale, qu'il avait prise en horreur, du fait du bruit incessant de la foule, des automobiles, des omnibus…

George interrompit ces pensées lorsqu'il se leva.

« Je vous laisse, mère. »

Lucille tenta maladroitement de donner le change.

« Voulez-vous que je vous relise le message de votre père ?

— Non, merci, mère. »

C'était au-delà de ses forces à lui aussi.

*

« Un petit garçon qui est mort… Je sens sa présence depuis que nous sommes arrivés. Et maintenant, je l'entends. »

« Et maintenant, je l'entends. »

« Je l'entends. »

Lucille ignorait si un fantôme hantait réellement le manoir, mais ce qui était sûr, c'est que ces mots la hantaient, *elle*. Aussi, lorsqu'elle croisa Viviane, seule, au détour d'un corridor, elle saisit cette occasion de l'interroger :

« George vous a-t-il fait part de… considérations… fantasques… ces derniers temps ?

— De quelle nature ?

— De nature à vous choquer.

— Non.

— En êtes-vous sûre ? Ne vous a-t-il pas parlé de… d'un fantôme ?

— Non. »

Lucille parut soulagée.

« Parfait. Merci beaucoup.

— Je vous en prie.

— Bonsoir. »

Elle s'en allait déjà.

« En revanche… lança Viviane.

— Oui ? »

Au ton de ce « oui », il était évident que celle qui l'avait prononcé n'avait aucune envie d'entendre ce qui pouvait suivre. Cela n'empêcha pas pour autant Viviane d'exprimer ses propres questionnements :

« Je me pose des questions moi-même.

— Des questions ?

— Pas vous ?

— À quel sujet ?

— Au sujet de fantômes.

— De… ?

— Oui. Ne vous arrive-t-il jamais de vous sentir observée ? Ou d'avoir froid subitement ?

— Euh… Si. Je dois bien l'admettre. Je ne compte pas le nombre de fois où cela m'est arrivé. Mais ces vieilles bâtisses ont une âme… et sont traversées de courants d'air… »

Elle passa une main dans ses cheveux impeccablement coiffés, remettant en place une mèche imaginaire.

« Et comment… commença Viviane.

— Je vous arrête, l'interrompit Lucille, ce genre de conversation me met extrêmement mal à l'aise. »

Hélas pour elle, son employée n'était pas décidée à s'arrêter en si bon chemin :

« Comment expliquez-vous cette histoire de lit qui s'est "promené" tout seul pendant la nuit ? Alors qu'il a fallu quatre hommes pour le remettre en place ?

— Oh… Vous êtes au courant…

— Oui. Comme tout le monde, il me semble. Certains prétendent même qu'il s'est dressé à la verticale. D'autres racontent qu'il flottait dans la pièce…

— C'est absurde !

— Attendez-moi ici. Je reviens. »

Viviane disparut quelques minutes, durant lesquelles Lucille songea à en faire autant. Mais la curiosité l'emporta et elle patienta, fixant son attention sur une toile d'Ivan Aïvazovski représentant un bateau sur un océan déchaîné. Elle ne put s'empêcher d'y voir une allégorie de la tourmente dans laquelle elle-même se trouvait plongée.

« Une seconde, dit la préceptrice une fois de retour, en tournant les pages de son cahier à dessin. J'ai vu cet homme à ma fenêtre…

— À votre fenêtre… ?

— Oui, je sais. N'est-ce pas "absurde" aussi ? À cette hauteur ?

— Vous aurez rêv… »

Viviane venait de lui mettre sous les yeux le portrait qu'elle avait réalisé. Lucille sembla alors manquer d'air. Elle porta une main à son cœur.

« Tout va bien ? »

La maîtresse de maison répondait, mais aucun son ne voulait sortir de sa bouche.

« Tout va bien ? insista Viviane.

— J'ai… Je… J'ai vu cet homme, moi aussi.

— Vraiment ?

— Oui. Dans le parc. Peu après notre arrivée ici.

— Et que faisait-il ?

— Il se tenait debout près d'un arbre. Il me regardait d'un drôle d'air, de ces mêmes yeux enfoncés. Ces yeux horribles… »

Folle d'angoisse, elle porta ses mains à ses joues.

« Lui avez-vous parlé ?

— Non, il est parti sans dire un mot. Et j'ai préféré rentrer. J'en ai parlé à Alistair et à Bertram, mais ils ne le connaissaient pas. J'ai pensé à un promeneur égaré. *(Puis, prise tout à coup d'un doute affreux.)* Où est George ?

— Il est sorti avant le dîn… »

Lucille écarta brutalement le cahier à dessin et se hâta d'aller retrouver son fils.

« George ! George ! » cria-t-elle en sortant du manoir.

L'enfant l'entendit courir vers lui.

« Mère ?

— Ne restez pas là ! Venez ! »

Il eut à peine le temps de ramasser ses troupes de plomb qu'elle le prenait déjà par la main et l'entraînait à l'intérieur.

« Je ne veux plus vous voir seul dans le parc ! Plus jamais ! »

« Plus vite ! Plus vite ! »

À l'arrière de la propriété, George, assis dans la brouette de Reggie, s'amusait comme un petit fou.

« George ! héla sa mère en se précipitant vers lui, mettant fin à cette récréation improvisée. Arrêtez !

— Mais… je ne suis pas tout seul !

— Vous allez vous blesser !

— Je fais attention, m'dame, argua Reggie.

— Ce n'est pas la question ! Allons, rentrez, George ! Reggie, venez aussi ! »

C'est à contrecœur que les deux compères abandonnèrent la brouette pour la suivre. Elle leur fit traverser le manoir et tous trois ressortirent par la grande porte de devant.

George entendit alors les voix d'Alistair, de Mr Talbott, Ruby, Pearl, Mrs Dodds, Bertram et de son…

« Père !

— George ! »

La voix d'Archibald fit monter des larmes de joie aux yeux de son fils.

« Content de vous revoir », dit Archie.

Se fiant à son oreille, l'enfant se jeta sur lui et le prit dans ses bras. Gêné, quoique touché, par tant d'effusions, l'archéologue protesta :

« Attention, vous avez failli me faire tomber. »

Mais George s'en moquait et ne semblait pas décidé à le lâcher. Jamais Pearl n'aurait pensé autant envier ce gamin un jour.

« Doucement… recommanda Lucille.

— Je suis si heureux ! sanglota l'enfant, déclenchant parmi le personnel féminin une salve de "Oooooh" attendris.

— En voilà un bel accueil ! apprécia Alistair. Pardonne-moi, cher cousin, de ne pas y avoir mis autant de cœur. »

Pearl, dans son coin, ne se départait pas d'un sourire candide, mais personne n'y prêtait attention, tous les yeux étant rivés sur Archie et George.

« Comme vous avez grandi ! s'exclama le père. En quoi, trois mois ?

— Quatre, rectifia Lucille.

— Et dix jours », précisa George.

C'est le moment que choisit Viviane pour rentrer de promenade.

« Oh… *Mademoiselle**, euh… ? »

Lucille vint à son secours :

« Lombard.

— C'est cela ! s'exclama Archie. Ravi de vous revoir. »

Il n'avait pas imaginé, le jour de son départ, qu'elle serait toujours là à son retour, à le complimenter sur sa complexion :

« Vous avez pris des couleurs.

— Ne m'en parlez pas ! J'ai même eu droit à une insolation. Je ne veux plus entendre personne se plaindre du climat anglais. C'est une véritable bénédiction ! »

Mr Talbott n'eut aucun scrupule à interrompre la conversation pour commencer à régenter la suite des événements :

« Bertram, Reggie, voulez-vous décharger les bagages de Monsieur ? »

Les deux hommes, qui n'avaient pas vraiment le choix en dépit de cette aimable formulation, se mirent au travail. Outre les valises, ils sortirent de la Daimler un tapis de laine de taille moyenne, roulé.

« Votre cadeau, annonça Archie à l'adresse de son épouse. Un Kilim.

— Vous n'avez pas oublié ! s'exclama-t-elle, sincèrement touchée.

— Il est tissé à la main. Le vendeur m'a garanti qu'il pouvait voler, mais je vous avoue que j'ai quelques doutes… »

Il précisa à George que son cadeau à lui se trouvait dans une des valises.

Toute l'assistance suivit la procession de bagages à l'intérieur. Voyant Bertram et Reggie peiner, une lourde valise dans chaque main – et le Kilim sous le bras pour ce qui était de Reggie –, Archie s'étonna :

« J'ai pourtant laissé quelques affaires là-bas… »

Depuis le vestibule, il surveilla la laborieuse progression de ses employés dans l'escalier :

« Attention, il y a quelques objets fragiles. »

Ce n'est que dans un deuxième temps, lorsqu'il les perdit de vue, qu'il s'avisa qu'aucun de ses ancêtres, pas plus que ceux de son épouse, n'était là pour l'accueillir. En lieu et place de leurs portraits, des paysages et des natures mortes. Lucille, qui avait perçu sa confusion, se justifia :

« Je trouvais cela mortifère, cette galerie de défunts.

— Allons donc ! Et où les avez-vous relégués ?

— Dans certaines chambres. »

Habitué aux facéties de son épouse, il demeura imperturbable. Puis ses yeux se portèrent sur le buste en marbre du général romain qui leur tournait le dos.

« Avez-vous aussi mis au coin ce cher Manius Laberius Maximus ? »

Son épouse, se sentant soudain ridicule, consentit à rendre sa dignité à l'homme de guerre et sénateur romain en le remettant à l'endroit.

Voyant Viviane, puis Alistair, s'éclipser discrètement pour laisser les Montgomery à leurs retrouvailles, Mrs Dodds murmura aux sœurs Collins :

« On va peut-être se remettre au boulot ?

— C'est ce que j'allais dire, approuva Ruby.

— Déjà ? » se lamenta Pearl.

C'est la mort dans l'âme que cette dernière se sépara prématurément de celui qui, sans le savoir, était depuis des mois l'objet de toutes ses pensées.

Enfin seuls, Archie, son épouse et leur petit garçon firent le tour des pièces du manoir. La mère et le fils guidaient le père, qui ne cacha pas sa joie de constater que les travaux étaient bel et bien terminés.

« Je vais enfin pouvoir travailler dans le calme !

— Et vous reposer un peu aussi, j'espère, répondit Lucille.

— Nous verrons…

— N'ayez crainte, j'attendrai que vous soyez reparti pour lancer les travaux que j'envisage dans le parc.

— Encore des travaux ? Mais… il est très bien comme il est, ce parc.

— Vous me remercierez quand vous verrez le résultat. »

Alors qu'il se demandait à quel chantier elle s'attaquerait lorsque le parc serait à son goût, George lui apprit qu'il n'occupait plus sa chambre du deuxième étage, mais une chambre du premier, à côté des leurs. *Que de bouleversements !* songea Archie, qui n'aspirait qu'à retrouver le manoir tel qu'il l'avait laissé – les travaux en moins.

Dans sa chambre, qui, à sa grande joie, n'avait pas changé de place, l'archéologue retrouva ses valises ainsi que le tapis, qu'il déroula. Le cadeau n'était pas tout à fait au goût de Lucille, pas assez sophistiqué pour ce qu'elle avait entrepris de faire de Winnicott Hall, mais elle fit de son mieux pour n'en rien montrer, consciente qu'il lui serait difficile de l'échanger.

« Il est très original ! Il sera parfait dans… »

Elle chercha un endroit où on ne le verrait pas trop.

« …le jardin d'hiver !

— Ah, je suis heureux qu'il vous plaise. »

Archie fouilla ensuite au fond d'une des valises et en exhuma son cadeau pour George, qui trépignait.

« Tenez. »

L'enfant le déballa et tâta l'objet, à peine plus gros que ses mains.

« Un caillou ?! » demanda-t-il, incrédule.

Son père le corrigea :

« Non, pas un caillou, voyons ! Un vestige ! Un véritable trésor : un talisman néo-assyrien de 800 avant Jésus-Christ. En lapis-lazuli, la pierre des dieux ! Une pierre bleue. Elle est sculptée à l'effigie de Pazuzu, le roi des démons du vent.

— Des démons ? s'affola Lucille.

— Mais c'est aussi et surtout une divinité protectrice, la rassura-t-il.

— Ah », fit-elle, seulement à moitié rassurée.

George passa ses petits doigts sur le visage de la divinité.

« Il n'a pas l'air très beau avec ses grandes dents et ses yeux globuleux… »

L'enfant savait déjà qu'il reléguerait cet effrayant cadeau au fond d'un tiroir de sa commode.

« En effet, constata sa mère, qui se fit la réflexion qu'en matière de cadeaux l'esthétisme ne guidait visiblement pas les choix de son mari.

— Euh… Merci, père. »

Archie força sa nature pudique pour passer une main affectueuse dans les cheveux de son fils, comme il imaginait qu'Alistair aurait pu le faire.

Lucille se prit à espérer que ce jour marquait le début d'une nouvelle ère pour sa famille. Peut-être Archie serait-il enfin présent pour leur fils. Peut-être pourrait-elle enfin compter sur son époux. Peut-être l'entendrait-il enfin lorsqu'elle se confierait à lui.

Peut-être.

*

« Hanté ? s'esclaffa Archie. C'est une plaisanterie ?

— Miss Kerr avait raison. Et nous ne l'avons pas crue.

— Allons bon. »

Lucille allait et venait dans sa chambre, une cigarette à la main.

« George entend un enfant ! insista-t-elle. Il *joue* avec lui !

— Il se sera inventé un peu de compagnie. Quoi de plus normal à son âge ?

— J'ai vu un homme dans le parc, que miss Lombard a vu à sa fenêtre !

— À sa fenêtre, dites-vous ?

— Oui.

— C'est rigoureusement impossible.

— Tout juste ! À moins que ce ne soit un fantôme. Vous voyez, nous avons fini par tomber d'accord !

— Mais... George vous a parlé d'un enfant ; or vous et miss Lombard avez vu un homme.

— Ils sont plusieurs, voilà tout. Le manoir est suffisamment grand ! Et suffisamment vieux ! Il en est passé du monde entre ces murs depuis trois siècles... Estimons-nous heureux qu'ils ne soient pas plus nombreux ! »

Elle lui raconta les faits étranges dont Winnicott Hall avait été le théâtre en son absence : les bruits de pas qu'elle entendait régulièrement, cette sensation récurrente d'être observée, la robe et les chaussures qu'elle avait vues s'effondrer devant elle, la chambre de bonne condamnée, rouverte et recondamnée, l'énorme commode qui avait empêché George de sortir de sa chambre et, le meilleur pour la fin, son lit qui s'était déplacé tout seul en pleine nuit !

À la fin de son exposé, elle se rendit compte que le scepticisme d'Archie avait eu raison du sien. En cherchant à le convaincre, elle avait achevé de se convaincre elle-même. Lui, de son côté, l'avait écoutée sans dire un mot, impassible, si bien qu'elle ne savait que penser. Avait-elle réussi à faire vaciller ses certitudes ou camperait-il sur ses positions ? Après un silence qu'elle trouva pénible, il se décida enfin à exprimer le fond de sa pensée.

« Je regrette tant de ne pas avoir été là. »

Cela commençait bien.

« D'autant que mon absence a dû… exacerber votre… sensibilité. Ne pensez-vous pas que… tous autant que vous êtes, vous avez pu être victimes d'une sorte de… d'hystérie collective ? »

Elle se retint de bondir, préférant écraser nerveusement sa cigarette dans un cendrier en bronze.

« Non, répondit-elle avec un calme dont elle fut la première étonnée. Mais puisque nous en sommes à échafauder des théories, j'en ai une autre dont je tiens à vous faire part.

— Je… Je vous écoute… bredouilla-t-il, méfiant.

— Je pense que vous avez votre part de responsabilité dans ce qui nous arrive.

— Pardon ?

— Parfaitement. Vous avez dû rapporter de vos expéditions quelque… malédiction.

— Vous plaisantez ?

— Pas le moins du monde. Après tout, lorsque vous déterrez vos momies, vous…

— Je ne passe pas mon temps à cela !

— Il n'empêche ! Une seule suffit. Il n'y a qu'à voir Toutânkhamon. Parlez-en à ce pauvre Lord Carnarvon !

— Il est mort.

— C'est ce que je dis ! Et ils sont nombreux à avoir payé cher cette découverte.

— Howard Carter est toujours en vie. »

Elle leva les yeux au ciel en soupirant :

« Ne m'embrouillez pas l'esprit avec des points de détail. »

Elle reprit le fil de sa pensée :

« Cette maison est remplie de toutes sortes d'objets possiblement "habités" qui peuvent tout à fait être responsables de ces manifestations étranges…

— J'ai l'impression d'entendre le révérend Millward.

— Et moi j'ai l'impression de parler à un mur ! Ne pourriez-vous pas, pour une fois, m'accorder du crédit ?

— Vous me demandez de croire à l'impossible ! s'agaça Archie. Personne n'a jamais prouvé scientifiquement l'existence de l'âme, alors quant à sa survie après la mort… !

— Les scientifiques ne savent pas tout. Ils ont de grandes théories jusqu'à ce qu'ils trouvent la preuve du contraire des années après. Peut-être… Peut-être que… l'univers n'est pas infini, comme ils le prétendent, et qu'un jour quelqu'un ira suffisamment loin dans l'espace pour en voir le bout ! »

Archie faillit s'étrangler. Il énonça, docte :

« Un corps sans vie, c'est comme… *(Il regarda tout autour de lui.)* …comme une ampoule sans courant ! Elle ne *peut pas* s'allumer !

— Vous ne pouviez pas trouver pire exemple… »

Elle avait omis de lui raconter cet épisode. Il la regarda sans comprendre alors qu'elle s'asseyait sur son lit, l'air abattu.

« Rien n'a changé, pensa-t-elle à voix haute.

— Que dites-vous ? »

Elle ignora sa question. Archie poussa un soupir, avant de la rejoindre et de lui prendre la main.

« Que voulez-vous que nous fassions ? demanda-t-il. Que nous quittions Winnicott Hall ?

— Non. Jamais. J'adore cette maison. C'est *ma* maison ! C'est *notre* maison ! Ce n'est pas à nous de partir, c'est à eux. Chacun à sa place : nous ici, et eux au ciel. Ou je ne sais où… »

Une lueur inquiète traversa les yeux d'Archie. Sa femme semblait avoir perdu tout sens commun.

« Nous n'aurions peut-être pas dû quitter Londres, regretta-t-il.

— Vous y étouffiez. Vous rêviez de campagne, d'espace et de calme. Nous avons tout cela ici.

— Et plus encore, si je vous en crois.

— J'aimerais tant me tromper. »

Il lui tapota tendrement la main.

« Allons… Nous verrons bien si ces… "fantômes" vont se manifester maintenant que je suis rentré. »

*

Ne voulant éprouver davantage les nerfs de son épouse, Archie consentit à ce qu'ils s'entretinssent avec leur fils au sujet de ce petit garçon invisible avec qui il prétendait jouer. Ils lui rendirent visite dans sa nouvelle chambre et quand son père lui demanda, soupçonneux, si ce Tobias existait vraiment, George, qui ne voulait pour rien au monde passer pour un menteur aux yeux de son père, lui relata l'épisode des soldats de plomb que Mr Talbott, Pearl et lui avaient retrouvés couverts de poussière dans la pièce condamnée. Comme il l'avait craint, Lucille en fut bouleversée…

« Mais je ne l'ai pas revu depuis que je me suis confié à vous, mère », s'empressa-t-il de préciser.

Comme il l'espérait, elle en fut soulagée.

« Puisse-t-il ne jamais revenir… » pria-t-elle.

Si Archie doutait déjà de cette histoire de petit fantôme, cette dernière précision de George le conforta dans ses certitudes. Comme par hasard, lorsque son père lui posait la question, le revenant n'était pas revenu ! Il vit là la preuve qu'il s'était agi pour son fils d'une manière de se distinguer.

À n'en point douter, chaque membre de son personnel reviendrait de la même façon sur ses déclarations pour peu qu'il l'interrogeât lui-même. Bien évidemment, il n'en ferait rien, refusant de prêter à ces fariboles davantage de crédit qu'elles n'en méritaient.

« Savez-vous ce que signifie “maharadja” ? » demanda Viviane, assise sur son bureau au mépris des convenances.

La leçon d'arithmétique avait pris un tour inattendu et, pour le plus grand plaisir de George, les triangles isocèles, quadrilatères et autres polygones s'étaient volatilisés au profit de tigres, du Taj Mahal et de maharadjas, donc.

« Je dois avouer que non.

— Il s'agit d'un terme hindou qui se traduit par “grand roi”. »

De fil en aiguille, au gré des questions de son élève, Viviane s'était lancée dans un exposé sur les Indes, ses coutumes et ses croyances. George fut particulièrement séduit par la notion de réincarnation.

« Quelle riche idée ! s'emballa-t-il.

— En effet. Tellement plus réjouissante que notre conception de la vie et de la mort.

— Croyez-vous que ce soit possible ? Que nos âmes, au lieu de disparaître ou d'errer, puissent se réincarner ?

— Qui sait ? Vous m'avez souvent donné l'impression d'être une vieille âme.

— J'espère que c'est un compliment et que vous n'êtes pas en train de me traiter de vieux barbon !

— Pas du tout. Simplement, on pourrait croire à vous entendre que vous avez vécu plusieurs vies. »

George, flatté, se redressa sur sa chaise et confia :

« Figurez-vous qu'un jour, lorsque j'étais petit, après que mes parents ont eu discuté avec un vieil oncle, je leur ai dit que moi aussi, j'avais été un vieux monsieur, avant. Et que j'étais mort, avant de redevenir un petit garçon. C'est mère qui me l'a raconté. »

Viviane se demanda où un enfant avait bien pu aller chercher pareille idée.

« Peut-être que les vivants viennent de la mort ? avança-t-il.

— Vous êtes un drôle d'oiseau, Mr Montgomery. Et dans ma bouche, c'est un compliment. »

Il rougit.

« Si je peux avoir une autre vie, reprit-il, je suppose que je serai voyant.

— Je suppose.

— Quelle expérience ce serait ! Mais… peut-être ai-je vu, avant ?

— Peut-être.

— Et peut-être que si je ne vois pas aujourd'hui, c'est que j'en ai trop vu dans ma vie précédente.

— Je vous ai dit que vous étiez une vieille âme… Vieux barbon ! »

Il rit.

« Peut-être votre père partira-t-il en expédition aux Indes, un jour ?

— Si c'est le cas, j'espère qu'il m'emmènera. Mais pour cela, il me faudra attendre d'être plus grand… Parfois, je voudrais avoir déjà vingt ans mais, à cette allure, je ne suis pas près d'y arriver !

— Grands dieux, ne soyez pas si pressé. Vous verrez, la machine s'emballe par la suite et avant que vous ayez eu le temps de dire "ouf", vous serez un vieux monsieur assis dans le parc, entouré de votre femme, vos enfants et vos petits-enfants. »

Il tenta un petit :

« Ouf. »

Avant de constater :

« Ça ne marche pas. Je suis toujours avec vous dans cette salle d'étude. »

Il tourna la tête à droite et à gauche :

« À moins que… ? Serions-nous dans le parc ? »

Viviane prit une voix chevrotante :

« Tout à fait. Il s'est passé soixante ans depuis notre conversation dans la salle d'étude en juin 1934. Je suis presque centenaire et je dois rentrer. Je ne voudrais pas m'enrhumer. Je sens que le vent se lève. »

Elle quitta sa chaise pour aller éventer George avec le manuel d'arithmétique.

« Vous avez raison, dit-il d'une voix grave, j'entends des oiseaux. »

Il siffla, tandis que Viviane retournait à son bureau prendre sa tasse de thé refroidi. Elle y plongea ses doigts et l'aspergea de quelques gouttes.

« Je crois qu'il commence à pleuvoir, observa-t-il.

— Vous avez raison. Hâtons-nous de rentrer… vieux barbon ! »

Il rit, adoptant par là même le curieux sobriquet.

Au moment d'aller rejoindre ses parents pour le déjeuner, George posa à sa préceptrice une dernière question :

« Savez-vous comment on dit "au revoir" aux Indes ? »

Sujette à un fâcheux trou de mémoire, Viviane improvisa :

« *Kenavo*.

— *Kenavo*, miss ! » répéta l'enfant, sans se douter une seconde qu'il avait plus de chances de se faire comprendre à Quimper qu'à Jaipur.

Pearl, qui traînait autour du cabinet de travail d'Archie, arrêta Bertram au moment où il allait pénétrer dans l'antre de Monsieur.

« Qu'est-ce que vous faites là ? chuchota-t-elle.

— C'est M'sieur, répondit-il en chuchotant lui aussi, pensant qu'il s'agissait d'une directive du maître de maison. Il voulait ça. »

Il souleva la caisse qu'il portait et précisa :

« C'est pour envoyer quelque chose à l'étranger.

— Laissez, je vais lui donner, décida-t-elle en lui arrachant la caisse des mains.

— Je peux le faire.

— Non, ça me dérange pas. J'y allais de toute façon.

— Bon… Comme vous voulez. »

Elle attendit qu'il ait disparu pour frapper à la porte, mais n'obtint aucune réponse. Elle entra.

Une fois la porte refermée derrière elle, elle prit une grande inspiration, s'emplissant de la bonne odeur de Monsieur. Après avoir posé la caisse à côté du bureau, elle inspecta les objets qui se trouvaient sur le sous-main. Au centre, un cahier ouvert : manifestement, l'archéologue avait entrepris de dessiner la statuette qui était posée devant lui. Pearl, chamboulée, caressa la page avant de se saisir du crayon qu'il tenait encore quelques minutes auparavant. Archie entra tout à coup, faisant sursauter la domestique.

« Que faites-vous ? demanda-t-il, aussi surpris qu'elle.

— Je… Je vous ai apporté la caisse que vous aviez demandée à Bertram. Et je… »

Elle attrapa le taille-crayon qu'elle avait repéré sur le sous-main et s'en servit.

« J'ai remarqué que la mine de votre crayon était usée et j'ai pensé que vous seriez content de le trouver taillé. Je… J'étais d'humeur audacieuse. »

Il s'approcha de son bureau.

« Je vois cela. Que d'initiatives ! » plaisanta-t-il.

Lorsqu'elle eut terminé, elle reposa à leur place le taille-crayon et le crayon à la mine effilée.

« Voilà. »

Elle plia les genoux en une révérence maladroite et se dirigea vers la porte, le cœur battant.

« Merci… » lui dit Archie.

Elle se retourna et osa un téméraire :

« Avec plaisir. »

Avant de quitter la pièce. Dans le corridor, tout sourire, elle se félicita de s'être montrée si intrépide.

Dans la salle à manger, Archie et Lucille prenaient le petit déjeuner.

« Il est complètement fou…

— Qui ?

— Hitler.

— Oh… Vous devriez boire votre thé, il va refroidir. Lâchez donc ce journal.

— Vous avez raison, j'ai pris de mauvaises habitudes durant notre éloignement. Pardon. Mais… quand j'ai vu ce titre… Écoutez cela : "Von Schleicher…" – le prédécesseur d'Hitler à la chancellerie – "… et son épouse assassinés par la police de Goering" !

— Assassinés par la police ? Vraiment ?

— Oui, ils étaient venus arrêter von Schleicher, il y a eu des échanges de coups de feu, il a été tué et son épouse a été, je cite, "mortellement blessée en s'interposant".

— Et pourquoi voulaient-ils arrêter son mari ?

— *A priori*, lui et les SA auraient fomenté un complot contre Hitler.

— Les SA… ?

— Ce sont des troupes d'assaut. Des fascistes. Vous avez bien dû entendre parler des "chemises brunes"...

— Vaguement.

— Bref, Hitler a fait assassiner l'ancien chancelier et six officiers SA ! Au moins. Le nombre de victimes reste, je cite encore, "toujours un secret".

— Pourtant, il me semblait que ce Hitler était lui-même un fasciste. S'ils commencent à s'entretuer...

— Si j'en crois cet article, il aurait déclaré : "Quiconque conspire contre le Troisième Reich y perdra la tête." Il a des méthodes pour le moins expéditives.

— Eh bien... commenta Archie – parce que oui, contrairement à ce que le lecteur aura peut-être supposé, c'était Lucille et non son mari qui s'intéressait à l'actualité –, quelle chance nous avons de vivre en Angleterre ! Je plains ces pauvres Allemands... »

Il ajouta, tandis qu'il étalait un peu de confiture d'orange sur sa tranche de pain grillé :

« C'est terrible. »

Puis il mordit dans son toast. Alors que son épouse avait repris sa lecture du *Sunday Times*, qu'elle ponctuait de soupirs de désolation, Archie poursuivit :

« Terrible et déprimant. Je vais finir par arrêter de me tenir au courant de ce qui se passe dans le monde.

— Chéri, cela fait des années que vous ne vous tenez plus au courant de ce qui se passe dans le monde. C'est bien simple, tout ce qui a eu lieu après Jésus-Christ ne semble pas vous intéresser. Si je n'étais pas là, vous ne sauriez même pas qui est Ramsay MacDonald !

— C'est faux ! s'offusqua-t-il, grandiloquent. Je me suis toujours fait un point d'honneur de connaître au moins nos Premiers ministres ! »

Elle secoua la tête, puis soupira :

« J'espère qu'il va s'arrêter là…

— MacDonald ?

— Non, Hitler !

— Que voulez-vous qu'il fasse ?

— Ce qu'il a dit ! Éliminer tous ceux qui conspireront contre le Troisième Reich. »

Archie laissa échapper un rire.

« Ce serait bien la première fois qu'un politicien fait ce qu'il dit !

— Cela ne vous inquiète donc pas ?

— Pas du tout. Allons ! Vous faites encore une montagne d'une taupinière ! Votre Hitler ne fera pas mieux en Allemagne, ou pire en l'occurrence, que Mosley en Angleterre ou Mussolini en Italie ; Mussolini qui est au pouvoir depuis dix ans et qui n'a jamais fait de vagues. Non, vraiment, ne vous mettez pas martel en tête : on pourra toujours compter sur le peuple pour lui servir de garde-fou.

— Vous avez sans doute raison… »

Lucille enviait ce détachement dont Archie faisait preuve et qui lui permettait d'observer les événements avec recul, donc objectivité. Elle choisit de s'en remettre à la vision des choses de son époux, consciente qu'elle-même devait se méfier de sa propension à toujours imaginer le pire.

*

Quelques jours plus tard, « la Boudeuse », « le Gommeux », « la Chipie », « Rudolph Valentino » et tous les autres avaient repris leur place sur les murs du grand escalier. Debout dans le vestibule, le couple Montgomery admirait une partie de son arbre généalogique, des ancêtres aux traits à jamais figés sur la toile.

« Ils n'ont pas changé depuis mon départ », plaisanta Archie.

À les voir ainsi, en plein jour, son mari à ses côtés, Lucille se trouva bien sotte d'avoir craint ces regards familiers.

L'archéologue fit mine de tirer la barbe du général romain, qui resta de marbre.

« C'est ce bon vieux Manius Laberius Maximus qui doit être heureux d'avoir à nouveau de la compagnie ! »

Cette remarque, ô combien anodine, vous en conviendrez, vint pourtant mettre à mal la sérénité précaire de son épouse, qui commençait déjà à regretter d'avoir mis fin à l'exil de leurs aïeux.

« Miss Bombard ! »

Archie fit tressaillir la préceptrice, qui se croyait seule et ne s'attendait pas à voir le maître de maison descendre à l'office.

« Lombard, corrigea-t-elle.

— Bien sûr. Pardonnez-moi. »

Il regarda tout autour d'eux.

« Mrs Dodds n'est pas là ?

— Elle vient de s'absenter. Elle ne devrait pas tarder.

— Bien. »

Viviane, qui s'était armée d'un couteau de cuisine pour ouvrir le colis que sa cousine lui avait envoyé de France, relâcha sa proie dont elle était venue à bout.

Elle se fit la réflexion qu'Archibald Montgomery, sa petite moustache et son costume bien taillés, ses cheveux gominés et son air emprunté ne semblaient pas à leur place dans les communs. Elle avait toutes les peines à se le représenter dans le désert, au milieu des Bédouins.

« Tout se passe bien ? demanda-t-il. Avec George, je veux dire.

— Je crois. C'est un enfant attachant, curieux et plein d'humour avec lequel il est agréable de travailler. Il me semble que nous nous apprécions mutuellement.

— J'en suis ravi. Il est vrai qu'il est plein de qualités. Peut-être fait-il preuve parfois d'un peu trop d'imagination, mais…

— Je ne pense pas, l'interrompit-elle.

— Ils me font tous chier… »

Mrs Dodds, qui venait de faire une entrée des plus fracassante, se liquéfia.

« Oh, Monsieur ! Je… je vous avais pas vu ! Euh… Je peux faire quelque chose pour vous ? » lui demanda-t-elle sur un ton un peu trop sirupeux.

Archie, qui était descendu pour la prier de lui préparer sa fameuse *cottage pie* dont il avait tant rêvé en Irak, se dit que le moment était visiblement mal venu. Il n'était plus à quelques jours près… Tant pis, la tourte à la viande attendrait. Enfin, c'est surtout lui qui attendrait.

« Je venais simplement vous saluer, improvisa-t-il.

— C'est drôlement gentil de votre part ! »

Un ange passa.

« Et si on trinquait à votre retour ? » suggéra la cuisinière, prête à tout pour se rattraper.

Désarçonné, il hésita. Trop longtemps ; Mrs Dodds avait déjà attrapé la bouteille de rhum qu'elle utilisait pour certaines pâtisseries.

« Désolée, j'ai que ça sous la main. Ah, non ! » se rappela-t-elle.

Elle fouilla dans ses placards.

« C'est bien ce que je pensais. J'ai aussi de la poire.

— Et moi, j'ai de la mirabelle, si vous voulez », proposa Viviane.

Elle sortit une bouteille de son colis.

« C'est ma cousine qui me l'envoie. C'est un de ses voisins qui la fait lui-même. »

Archie parut intrigué. Il pointa l'eau-de-vie du doigt.

« Cela vient de la Meuse ?

— Oui.

— Elle vous envoie cela pour fêter le 14 Juillet ?

— Euh… oui… c'est cela.

— Qu'est-ce qu'on fête le 14 juillet ? demanda Mrs Dodds.

— C'est la fête nationale, en France.

— Aaaaaah, fit-elle, tout excitée.

— Les Français célèbrent la prise de la Bastille, expliqua le féru d'histoire, symbole de la fin de la monarchie.

— Oh… »

Son enthousiasme venait de retomber comme ses soufflets. Autant elle ignorait ce qu'il entendait par « la prise de la Bastille », autant elle voyait très bien ce que signifiait « la fin de la monarchie » : révolution, guillotine, anarchie et compagnie.

« Ma foi, reprit Archie, je veux bien goûter à cette mirabelle. »

Tous les trois se trouvèrent à trinquer avant le déjeuner.

« À votre retour ! lança une Mrs Dodds plus royaliste que jamais.

— À votre fête nationale ! proposa Archie.

— *À votre santé !* » conclut Viviane, en français.

La cuisinière et le maître de maison apprécièrent la dégustation.

« Eh ben ! Ça fouette ! »

Inutile de préciser de qui émanait ce commentaire tout en spontanéité. Archie, pour sa part, se racla la gorge (en feu), avant de s'exclamer, très aristocratique :

« Quel plaisir des sens ! »

Mrs Dodds, les joues chauffées par l'alcool, supplia presque Viviane :

« Vous pouvez me laisser la bouteille pour mercredi ? Ces dames du club de lecture se réunissent et je voulais leur servir du sorbet. Je me dis que je pourrais y mettre une petite goutte de cette merveille…

— *Une petite goutte de goutte !* » plaisanta Archie dans la langue de Molière.

Viviane n'y vit aucune objection. En revanche, elle garda pour elle les confitures de mirabelles et de groseilles, les madeleines et le chocolat qu'Émilienne lui avait envoyés pour son anniversaire ; un anniversaire que personne d'autre que sa cousine ne lui souhaita, personne n'en ayant été informé.

La réunion du « club de lecture », comme l'appelait Mrs Dodds, ou « cercle littéraire », tel que le désignait plus pompeusement Lucille, se tint dans le parc, à l'ombre d'un orme gigantesque. La chaleur contribua à ce que le sorbet de la cuisinière remportât un franc succès. Son goût de revenez-y était tel que, par trois fois, Mr Talbott dut retourner en cuisines, avec ces différentes remarques à transmettre à Mrs Dodds : « Cela manquait un peu de mirabelle », puis « Avec un peu plus de mirabelle, je vous prie » et enfin « Arrêtez d'être chiche sur la mirabelle ! ». Précisons que cette dernière consigne avait été émise par Mrs Barry. Personne n'avait jamais vu la femme du comptable aussi guillerette.

Après le quatrième service, le parc résonnait de grands éclats de voix et de rires. Il serait laborieux d'établir ici le compte rendu des échanges – en sachant que plusieurs conversations et monologues se tenaient en même temps – tant ils étaient décousus, mais disons simplement que ces dames évoquèrent, dans la joie et la bonne humeur, outre le livre du mois – *Les Saisons et les Jours* de Caroline Miller –, des sujets aussi variés que la météorologie, les orchidées, les trapézistes, la grosseur des doigts du boucher de Hartfield, les insomnies, sir Arthur Conan Doyle et, par association d'idées, les tables tournantes, une occupation très en vogue à laquelle s'adonnait régulièrement – eh oui, encore elle – une Mrs Barry décidément pleine de surprises.

L'alcool aidant, Mrs Poole, qui souriait béatement au-dessus de son poireau, proposa soudain que l'on improvisât une séance de spiritisme. La suggestion était loin d'être anodine : même si personne n'en souffla mot, toutes connaissaient la réputation du manoir et avaient eu vent de la mésaventure de leur hôtesse avec son « lit possédé ». Lucille fut la seule à exprimer quelques réticences, mais, face à l'exaltation de ses invitées passablement éméchées, elle redouta que son obstination à refuser n'éveillât des soupçons ; aussi se résigna-t-elle à tenter de faire parler les morts.

Quand elles furent réunies autour d'un même guéridon Empire débarrassé à la hâte – et miraculeusement sans casse – de ses porcelaines de Meissen et que Mr Talbott eut fini de tirer les lourds rideaux pourpres afin de plonger le salon d'apparat dans une pénombre toute relative en ce bel après-midi de juillet, Mrs Barry professa :

« Nous devons rassembler nos énergies. Pour cela, il faut que chacune pose ses mains sur la table et que nos petits doigts se touchent afin de créer une chaîne et de... Enfin... Voilà. »

Quand les autres, le cœur battant, eurent suivi ses instructions, l'apprentie spirite demanda d'une voix théâtrale :

« Esprit, es-tu là ? »

Elles attendirent, fébriles.

Attendirent encore.

Et encore.

Lorsque la porte s'ouvrit, toutes firent un bond, mais ce n'était que le majordome :

« Madame a sonné ? »

Quand Lucille se fut remise de ses émotions, elle le détrompa.

« Ah ? fit-il, surpris. Je m'en suis douté. Il semblerait qu'il y ait un souci avec les cloches à l'office…

— Quel genre de souci ? voulut savoir Mrs Steele.

— Elles se sont toutes mises à sonner. Comme si Madame avait appelé depuis toutes les pièces du manoir en même temps… »

Les invitées échangèrent un regard entendu.

« Vous pouvez nous laisser, Mr Talbott », assura Lucille, contrariée.

Il inclina la tête, avant de les quitter.

« Allons-nous reprendre ? demanda Mrs Steele.

— Est-ce bien raisonnable ? » s'inquiéta la maîtresse de maison.

Une nouvelle fois, il y eut unanimité contre elle et Mrs Barry reposa la question qui brûlait les lèvres de (presque) toutes :

« Esprit, es-tu là ? »

Il n'y eut point de coups dans les murs, le guéridon ne fut agité d'aucun soubresaut, pas plus qu'elles n'eurent droit à une matérialisation d'ectoplasme. Toutes (ou presque) ravalaient leur déception quand soudain Mrs Heslop s'écria :

« Re… regardez ! Le fauteuil ! »

Les autres (sans exception) suivirent son regard affolé.

« Je ne vois rien… déplora Mrs Poole.

— Qu'y a-t-il ? interrogea Mrs Steele.

— J'ai vu l'assise s'affaisser, comme si quelqu'un s'y asseyait… Et le coussin s'est creusé, comme si on s'y adossait ! »

Effectivement, maintenant qu'elle le disait, toutes pouvaient constater que le fauteuil semblait occupé par un être invisible. Elles étaient comme hypnotisées par cette vision stupéfiante lorsque l'assise et le coussin reprirent tout à coup leur forme naturelle.

« Aaaah ! cria Mrs Steele. Il s'est levé ! »

À peine eut-elle fini de prononcer ces mots que son fauteuil fut brutalement tiré en arrière sur au moins quatre mètres – que la rumeur ferait bientôt passer à dix. Toutes se levèrent en hurlant, y compris l'intéressée dès lors que son fauteuil se fut arrêté, et se précipitèrent vers la porte du salon qui s'ouvrit sur Mr Talbott.

« Madame a… »

Il eut tout juste le temps de s'écarter pour laisser passer la horde de *ladies* épouvantées.

« …sonné ? » marmonna-t-il pour lui-même.

*

Archie, assis à son bureau, s'était efforcé de se concentrer sur les propos de Lucille, qui n'avait cessé d'arpenter la pièce.

« Alors ? fit-elle à la fin de son récit. Qu'en pensez-vous ?

— Mhm…

— N'est-ce pas ? Mais encore ?

— J'en pense… que vos amies et vous avez sans doute un peu forcé sur cette mirabelle.

— Je vois. Continuez à nier l'évidence si cela vous chante ; pour ma part, j'ai pris une décision. »

Archie fronça les sourcils, méfiant, songeant que c'étaient des « décisions » de son épouse qui les avaient menés à faire leur voyage de noces à Moscou en février, à acheter une copie de Monet pour à peine moins cher qu'un vrai, ou encore à reprendre Winnicott Hall.

« Quelle décision ?

— Je vais faire bénir le manoir.

— Bénir ?

— Par un vicaire. Mrs Dodds m'a parlé de quelqu'un de très bien qui procède à ce genre de rituel. Il paraît que cela se fait beaucoup. »

Archie ne semblait guère enthousiaste.

« Je ne sais pas trop, fit-il.

— Dans ce cas, je vous écoute. Que proposez-vous ?

— Je dois y réfléchir. Mais je trouverai. Il paraît qu'il existe deux solutions à tout problème.

— Ah, oui ? »

Lucille se prit à espérer à nouveau.

« Évidemment, poursuivit Archie, cela induit qu'une des deux n'est pas la bonne…

— … »

Le remède d'Archie aux maux de son épouse consista en un énorme poste de radio, dont il se figurait qu'il lui changerait les idées. Était-ce la bonne solution ? La réponse tomba quelques jours plus tard, en même temps que les actualités qui apprirent à la nouvelle auditrice que des nazis autrichiens, dans une tentative de coup d'État avorté, avaient assassiné leur chancelier, Engelbert Dollfuss ; un assassinat vraisemblablement piloté par Hitler depuis Berlin.

Dans le petit salon vert où Lucille l'avait entraîné et où le récepteur continuait à crachoter les nouvelles du jour, Archie tenta une nouvelle fois de la réconforter :

« Des assassinats politiques, des attentats, des fous au pouvoir, il y en a toujours eu, aussi bien dans l'Empire égyptien, que hittite, que chaldéen, que romain…

— L'être humain ne tirera-t-il donc jamais aucune leçon de son passé ? Voulez-vous dire qu'il n'y a aucun espoir ?

— Au contraire. Vous pouvez constater qu'en dépit de ces conflits la Terre ne s'est jamais arrêtée de tourner.

— Mais vous conviendrez qu'elle ne tourne pas rond…

— J'en conviens.

— Et si Hitler décidait de s'en prendre à un autre pays ?

— Pour l'instant, il n'en est pas question. Et si c'est le cas, il sera toujours temps d'aviser. Ne vous inquiétez pas, il trouvera bien quelqu'un pour lui barrer la route.

— Peut-être, concéda-t-elle. Comme Mussolini, qui vient de contrecarrer ses projets de conquête de l'Autriche...

— Exactement ! De la même manière que Ramsès II a contrecarré les projets de Muwatalli à Qadesh. Qui sait, peut-être Ramsay sera-t-il notre Ramsès ?

— Ramsay ?

— Ramsay MacDonald. Notre Premier ministre ! »

Elle parut peu convaincue.

« Ayez confiance en l'avenir. »

Elle jeta un œil au-dehors, tentant de prendre un peu de hauteur.

« Pardon, je suis désolée de vous ennuyer avec mes angoisses. Mais si je ne m'en ouvre pas à vous... alors à qui ? »

Il enlaça son épouse.

« Vous avez eu raison de venir me trouver. Je ne voudrais surtout pas que vous gardiez vos peurs pour vous. »

Il l'embrassa sur le front, comme on le ferait à une enfant pour éloigner ses mauvais rêves.

« Parfois... »

Il s'interrompit.

« Oui ? Parfois... ? » demanda Lucille.

Il hésita.

« Qu'alliez-vous dire ?

— Parfois... j'ai... le sentiment que vous vous complaisez dans le drame. »

Elle parut sincèrement choquée et s'en défendit, après s'être écartée de son époux.

« Comment pouvez-vous dire une chose pareille ?

— Je le savais, j'aurais dû me taire. Mais… on dirait que même lorsque tout va bien, vous ne pouvez vous empêcher de penser que cela ne peut pas durer.

— Je n'y peux rien, j'ai une conscience aiguë que la vie est fragile et que ce monde est dangereux. J'ai parfois l'impression d'être la seule à pressentir que tout peut basculer d'un instant à l'autre. Qu'il suffit d'un rien… C'est comme si… comme si tout le monde autour de moi dansait gaiement sur un volcan qui menace d'entrer en éruption.

— Mais qui n'entrera peut-être *jamais* en éruption !

— *Peut-être* ! »

Chacun se dit que l'autre marquait un point. Archie prit une longue inspiration, tandis que Lucille ajoutait :

« Ces actualités qui nous parviennent sont si angoissantes.

— Je sais. Pourquoi croyez-vous que tout le monde danse, comme vous dites, si ce n'est pour s'étourdir ?

— Mais je ne peux m'empêcher de me tenir au courant des actualités. Que voulez-vous ? Je suis ainsi faite. Je vis dans le présent.

— Non, pas dans le présent, objecta Archie. Dans l'avenir. »

Elle eut un mouvement de surprise.

« Avec toutes vos craintes… expliqua Archie. Vos plans sur la comète… Vos travaux… »

Elle s'aperçut avec horreur qu'il avait raison.

« Vous n'avez peut-être pas tout à fait tort sur ce point… Mon Dieu, moi qui vis dans l'avenir et vous qui vivez dans le passé… ! Comment voulez-vous que nous nous retrouvions ? »

Elle l'eût giflé qu'il n'aurait pas été plus meurtri, mais il fit bonne figure.

« Ce que je veux dire, expliqua-t-il, c'est… ne pleurez pas avant d'avoir mal.

— Le problème, c'est que j'ai *déjà* mal. »

Son incorrigible optimiste de mari, qui ne savait plus que dire ni que faire pour conjurer les angoisses de son épouse, se contenta de la prendre dans ses bras, au sein desquels elle oublia les malheurs du monde. Pour quelques instants.

*

Cet après-midi-là, Lucille fit de son mieux pour ne penser ni aux conflits internationaux ni à l'aménagement du parc. Elle y parvint en travaillant, à l'aide du métronome, une pièce de musique dont le tempo lui posait quelques difficultés. Elle resta ainsi vissée à son piano deux heures durant, au terme desquelles elle se sentit beaucoup mieux. Rassérénée, elle arrêta le métronome et se leva.

Elle s'apprêtait à quitter le salon de musique lorsqu'elle entendit à nouveau le cliquetis singulier de l'appareil. Elle se retourna brusquement, comme si elle s'attendait à prendre un plaisantin sur le fait, et vit le balancier se figer en plein mouvement. Tous les bénéfices de la séance de piano se dissipèrent dans la seconde. Elle prit alors une résolution. Puisque la solution qu'avait proposée Archie, à savoir le poste de radio, n'était pas la bonne, elle allait s'en remettre à la sienne : la bénédiction du manoir.

C'est un petit monsieur voûté et ventripotent de soixante-quinze ans qui passa péniblement le seuil de Winnicott Hall après que Mr Talbott l'eut invité à entrer. Le visage avenant du révérend Blatty, avec son large sourire, ses bonnes joues rouges et ses yeux pétillants, surprit le majordome, puis les Montgomery, qui s'étaient attendus à une sorte d'exorciste, forcément grand, sec et austère. Lucille l'avait contacté par le biais de Mrs Dodds, qui connaissait au village quelqu'un dont la sœur était amie avec la cousine de la femme de ménage de l'homme d'Église.

« Quel beau et grand manoir vous avez là !

— Merci, répondit Lucille, flattée.

— Ma femme s'est beaucoup investie dans sa restauration.

— Pas vous ? s'étonna le vicaire.

— Moi… *j'ai* beaucoup investi », plaisanta Archie.

Le vieil homme éclata d'un rire franc, puis remarqua, lorsqu'il eut repris son sérieux :

« Dites donc, j'ai bien fait de venir tôt. Si je dois bénir chaque pièce… !

— Chaque pièce ? s'inquiéta Lucille, qui songea immédiatement à la chambre condamnée là-haut.

— Oui. Je ne voudrais pas qu'il vous arrive d'autres misères. »

Devant la stupéfaction des maîtres de maison, il s'expliqua :

« La réputation de cette demeure n'est plus à faire.

— Euh… il ne s'est plus rien passé depuis plusieurs jours, clarifia Lucille.

— C'est un grand classique. C'est comme quand on se rend chez le médecin : on n'a plus mal nulle part ! »

Il rit avant de demander :

« Pourriez-vous aller chercher tous les gens qui vivent sous ce toit ?

— J'y vais de ce pas, répondit Mr Talbott à la place de Lucille.

— Ah, et aussi… auriez-vous un crucifix ? J'ai oublié le mien. »

Désarçonnée, Lucille pria la majordome d'en rapporter quelques-uns afin que l'officiant choisît celui qui lui conviendrait le mieux.

« Où puis-je m'installer ? demanda encore le vicaire. J'ai besoin d'une table où poser une bougie qui symbolisera la lumière divine. »

Il suivit ses hôtes jusqu'au grand salon, où les rejoignirent bientôt Mrs Dodds, Ruby et Pearl, puis Mr Talbott, les bras chargés, suivi de Viviane et d'un George très excité à l'idée d'assister à la cérémonie. Le majordome posa toute une collection de crucifix sur la table : petits, moyens, grands, en bois, en émaux, en cloisonné, en albâtre, en bronze, du plus simple au plus travaillé. Le révérend Blatty n'avait que l'embarras du choix.

« Eh bien ! s'exclama-t-il. Quel que soit celui que je choisirai, ce sera le plus joli avec lequel j'aurai officié ! »

En homme de goût, il en prit un en ébène, couvert de motifs de nacre, et le tendit à Archie.

« Tenez. Il faut le porter de pièce en pièce tout au long de la bénédiction. C'est toujours mieux quand c'est un membre de la famille qui s'en charge.

— Très bien. »

Puis le vicaire se lança, sans préambule :

« Le Seigneur soit avec vous.

— Et avec votre esprit, enchaîna l'assemblée.

— Au nom du Père, du Fils et du Saint-Esprit. Amen.

— Amen. »

Tous firent le signe de croix.

Le révérend Blatty lut ensuite, ou plutôt marmonna dans sa barbe (qu'il n'avait pas) une interminable prière dont se détachaient à peine quelques mots ici et là. En voici le début, qui vous donnera une idée de ce que l'assistance a pu, ou justement, n'a pas pu, entendre :

« Notre Père qui êtes aux Cieux… mmmmmh mmmh mmmh mmmmmmmmh Jésus-Christ… mmmmmmmh mmh *(soupir)* mmmmmh mmmmh cette maison. »

Tous tendaient l'oreille, surtout Mrs Dodds. Viviane, au fond, s'avança. En vain.

« Mmmmmh Sa croix et Son sang mmmmmmmh aucun pouvoir mmmmh mmmmmmh *(soupir)* mmmmmmmh[1]… »

Ruby et Pearl retinrent un fou rire sous l'œil courroucé de Mr Talbott.

« La paix soit mmmmmh mmmh mmmmmmmmh qui y vivent. Béni mmmmmmmh mmmmh Seigneur.

— Amen. »

—

1. La traduction est des auteurs.

Il lut de la même façon l'Épître aux Colossiens, qui s'achevait ainsi :

« … mmmmmmh mmmh mmmmmmh *(soupir)* La parole du Seigneur.

— Loué soit le Seigneur. »

Il procéda ensuite à la bénédiction de l'eau que lui avait apportée Ruby, puis tous le suivirent à travers le manoir. Il estropia d'autres prières, différentes selon l'usage des pièces qu'on lui ouvrait – le psaume 16 *Conserva me Domine* pour les salons, le psaume 146 *Lauda anima mea* pour la salle à manger, le psaume 3 *Domine, quid multiplicati* pour les chambres, etc. Vous comprendrez le peu d'intérêt qu'il y aurait à retranscrire ici l'intégralité de ses incompréhensibles litanies. Il vous en sera donc fait grâce. Sachez seulement que ce galimatias, plus ou moins articulé au seuil de chaque salon, chambre et autres, s'accompagnait systématiquement de projections d'eau bénite en signe de croix, effectuées à l'aide d'une petite branche de pin, selon les préceptes établis par l'Église anglicane. Lucille, qui voyait avec une certaine inquiétude cette eau, aussi bénite fût-elle, atterrir sur ses parquets et ses tapis de soie, prenait sur elle pour ne pas demander aux sœurs Collins d'essuyer les gouttes sacrées.

Lorsqu'on ouvrit la porte de la chambre de la maîtresse de maison, le vicaire reconnut immédiatement la pièce, bien qu'il n'y eût jamais pénétré auparavant. Il ne put s'empêcher de commenter :

« Voilà donc le fameux lit… »

Confuse, Lucille se contenta de rougir.

Il sembla à tous qu'à la fin, entre deux soupirs, le vicaire sautait des passages entiers des prières, mais, ne comprenant rien à ses marmonnements, personne n'aurait pu en jurer.

Aucun incident ne se produisit, pas même dans la chambre condamnée. George fut extrêmement déçu par l'expérience, qui n'était ni plus ni moins qu'un office du dimanche, en plus long, inaudible et surtout sans Rosie. Sans intérêt, donc.

Lorsque le vieil homme eut fait le tour du manoir et qu'ils retournèrent tous dans le grand salon, il s'aperçut qu'il avait oublié d'allumer la bougie.

« Ce n'est pas grave ? demanda Lucille, préoccupée. Va-t-il falloir tout recommencer ? »

Une vague d'inquiétude balaya l'assemblée.

« Non, non, la rassura-t-il en riant, aucune importance. »

Archie, qui avait reposé le crucifix avec les autres, sur la table, s'interrogea de plus belle sur l'utilité de tout ce folklore.

Une fois que Viviane et George eurent regagné la salle d'étude et que le personnel s'en fut retourné à l'office, le couple Montgomery proposa au révérend Blatty de boire un verre en leur compagnie, invitation qu'il accueillit comme il avait accueilli la donation du couple à ses bonnes œuvres : avec un enthousiasme certain.

Alors que Lucille lui parlait, elle le surprit à regarder tout autour de lui.

« Qu'y a-t-il ? s'inquiéta-t-elle.

— C'est ici qu'a eu lieu la séance de spiritisme, n'est-ce pas ?

— La… ? »

Elle se décomposa.

« Comment… ? Auriez-vous perçu quelque chose ?

— Du tout.

— Alors, comment se fait-il que vous soyez au courant ?

— J'en ai entendu parler.

— Ah… »

Évidemment.

« C'était ici, en effet, confirma-t-elle. Pourquoi cette question ?

— Oh, pour rien. Simple curiosité.

— Mais… comment avez-vous deviné que cela s'est produit dans cette pièce ?

— C'est simple : il n'y a que dans ce salon que le fauteuil de Mrs Steele a pu être traîné sur vingt mètres ! »

Une semaine après la bénédiction, il ne s'était plus rien passé d'anormal à Winnicott Hall et c'est en toute sérénité que la famille Montgomery prenait son petit déjeuner. Jusqu'à ce qu'Archie demandât à George :

« Savez-vous que vous avez failli vous prénommer Patrocle ? »

Lucille manqua de s'étrangler.

« Pardon ? Que racontez-vous ?

— Avez-vous oublié ?

— Il n'en a jamais été question. Quel prénom affreux !

— C'était un grand guerrier de l'Antiquité, dont on parle dans l'*Iliade*.

— Quand bien même !

— Vous aviez pourtant eu l'air d'y réfléchir sérieusement lorsque je vous l'avais proposé.

— J'ai dû vouloir vous faire plaisir.

— Oh…

— Patrocle ! s'exclama Lucille. Vraiment… ! »

Vexé, l'amateur de prénoms mythologiques chercha du réconfort dans le fond de sa tasse.

« Je préfère m'appeler George, lui avoua son fils.

— N'en parlons plus. »

Ils n'en parlèrent plus. D'ailleurs, pendant une minute, ils ne parlèrent plus du tout.

« Puis-je vous poser une question ? demanda George, s'armant de courage.

— À qui ? voulut savoir son père.

— À tous les deux.

— Nous vous écoutons. »

L'enfant hésita, mais en était arrivé à la conclusion que le moment opportun ne se présenterait jamais. Aussi se jeta-t-il à l'eau et débita-t-il d'un trait :

« Pourrais-je-recevoir-deux-amies-la-semaine-prochaine-pour-le-goûter ? »

Ses parents, surpris, s'interrogèrent du regard.

« Deux amies ? s'étonna sa mère.

— Oui. Je les ai rencontrées à l'église. »

Lucille se remémora sa discussion avec Mr Talbott. Avant qu'elle n'eût le temps d'émettre la moindre réticence, Archie accepta avec entrain :

« Mais bien sûr, mon grand ! Ce sont des garçons de ton âge ?

— Ce sont des filles.

— Oh. »

Ses parents échangèrent un nouveau regard.

« Mais… oui, elles ont mon âge. »

Archie se racla la gorge avant d'ajouter :

« Eh bien, j'imagine que cela ne change rien… N'est-ce pas, ma chère ?

— J'imagine, répondit son épouse sans grand enthousiasme.

— Merci ! se réjouit George. Dans ce cas, je leur en parlerai dimanche. »

Puis chacun s'en retourna à ses pensées.

Au bout de quelques minutes, Lucille, qui s'inquiétait du silence et de la mine renfrognée de son mari, désira lever ses doutes :

« Quelque chose vous préoccupe ?

— Pas du tout.

— Vous ne m'en voulez pas, au moins ?

— À quel sujet ?

— Je ne sais pas. À cause de cette histoire de Patrocle peut-être ?

— Quelle idée ! Pourquoi vous en voudrais-je ? »

Il semblait pourtant à son épouse qu'il ruminait dans son coin. Une impression qui se confirma lorsque, quelques instants plus tard, il tint à rassurer son fils :

« Bien évidemment, au quotidien, nous vous aurions appelé Pat. »

À Winnicott Hall, l'heure des vacances scolaires avait sonné un peu plus tard que dans le reste du pays, George ayant manqué d'une préceptrice pendant quelques semaines avant que Viviane ne se présentât.

« Bonnes vacances, mon jeune ami.

— À vous aussi, miss. »

L'émotion n'avait pas été à son comble lors de ces « au revoir », et pour cause : ce n'en étaient pas. Professeure et élève allaient continuer à se côtoyer au quotidien. En effet, si Viviane avait envisagé de se rendre dans l'est de la France, chez sa cousine, elle y avait renoncé lorsque celle-ci lui avait écrit qu'elle était fatiguée ces derniers temps.

Si officiellement la préceptrice ne dispensait plus de leçons à son élève, elle continuait à passer du temps avec lui et à l'instruire au détour de discussions informelles qui convoquaient l'homme au masque de fer – le frère jumeau de Louis XIV ? –, Robin Hood – « Robin à la capuche » ou « Robin le truand » (selon le sens que l'on attribuait à *hood*) qui, mystérieusement, s'appelait « Robin des Bois » en français (la faute, sans doute, à une confusion avec *wood*) – ou encore Rembrandt, cet après-midi-là :

« Savez-vous quel était le prénom de Rembrandt ? demanda Viviane sur un ton anodin alors qu'ils longeaient l'étang.

— Non. Euh… Johannes ?

— Non.

— Willem ?

— Non plus.

— Je ne sais pas.

— Rembrandt !

— Vraiment ? Alors il s'appelait Rembrandt Rembrandt ?

— Non ! »

Elle rit aux éclats, avant de préciser :

« Rembrandt… Quelque chose… van… Quelque chose.

— Quel drôle de nom ! » plaisanta-t-il.

Il profita ensuite de ce que l'atmosphère fût légère pour l'inviter, sur le même ton anodin qu'elle venait d'employer, à se joindre à son *goûter** avec Rosie le lendemain.

« Ne préféreriez-vous pas être seul avec elle ? »

Il rougit.

« De toute façon, il y aura sa cousine Gemma… Et mère, bien entendu, qui voudra les connaître. J'ai peur que ce ne soit très embarrassant pour tout le monde.

— Je ne suis pas très friande de ce genre de mondanités… Harmenszoon van Rijn !

— Pardon ?

— Rembrandt Harmenszoon van Rijn ! Cela vient de me revenir.

— Oh ! N'essayez pas de détourner la conversation ! Dites-moi que je peux compter sur vous demain. Je vous en prie ! Nous fêterons les vacances ! »

Elle hésitait.

« Et puis Mrs Dodds nous fera son gâteau au chocolat !

— Bon. Si vous me prenez par les sentiments... »

Voilà comment Viviane se retrouva à prendre le thé sous le kiosque avec son élève, Lucille, Rosie, Gemma et Alistair, que George avait croisé le matin même. Chicken leur tournait autour, dans l'espoir d'obtenir des caresses, en attendant les gâteaux.

« Nana fait la même chose, observa Rosie.

— Nana ? demanda Lucille.

— C'est ma chienne.

— L'avez-vous appelée ainsi en hommage à l'héroïne de Zola ? la questionna Viviane.

— Zola ? Euh... non. Je connais pas. C'est plutôt un hommage... au chien dans *Peter Pan*.

— Oh. »

Les deux petites filles, qui n'avaient sans doute pas imaginé prendre le thé avec la mère de George, sa préceptrice et son parrain, semblaient nerveuses dans les premiers instants. L'immense parc, l'impressionnant manoir, le superbe kiosque, la table merveilleusement dressée, avec sa nappe de dentelle, sa magnifique porcelaine et ses couverts en argent, n'étaient pas pour les mettre à l'aise. Puis Ruby et Pearl apportèrent des plateaux de biscuits et de gâteaux, une théière et un pichet de citronnade, qui les aidèrent à se détendre. Viviane surprit leurs regards de connivence, dans lesquels brillait une lueur de gourmandise. Cette fois, peu leur importait que les plateaux fussent en argent Old Sheffield, la théière en porcelaine de Derby et le pichet en cristal Saint-Louis.

La tendre complicité des cousines rappela à la préceptrice ses jeunes années auprès d'Émilienne et leurs goûters bien moins guindés, comme lorsqu'elles allaient chiper des fruits dans des jardins avant de détaler quand leurs propriétaires, furibonds, les prenaient en flagrant délit, et parfois en chasse. Remonta tout à coup du fond de sa mémoire le souvenir du « Rouge-Gorge », un homme qu'elles avaient surnommé ainsi en raison de son teint rubicond lorsqu'il leur criait après en tentant de les attraper, ce que sa corpulence ne lui permit jamais. Pour la première fois, elle se dit que ce devait être un brave homme dès lors que l'on ne s'en prenait pas à ses framboises.

Était-il aussi rouge en temps normal ? se demanda-t-elle, des années après.

Cette époque lui sembla soudain si lointaine. Comme le temps avait filé ! C'en était douloureux.

« Ainsi vous avez rencontré George à l'église… se renseigna Lucille.

— Oui, madame, répondit Gemma.

— Vous y rendez-vous chaque dimanche ?

— Chaque dimanche, oui.

— Eh bien, je vous admire ! laissa échapper Alistair. Et notre cher George se tient-il correctement ?

— Oh, oui, répondit Rosie. Enfin… il est dans notre dos, la plupart du temps, mais je le regarde souvent et… »

Elle s'interrompit tout à coup.

« Je veux dire… »

Elle n'a peut-être jamais si bien porté son prénom, songea Viviane lorsque Rosie rosit.

Si George n'en vit rien, il entendit et sentit la gêne de la petite fille, qui conclut brièvement :

« Il est très sage. »

Il était sur un petit nuage. Elle le regardait « souvent »…

« Attention, mon chéri, lui dit sa mère alors qu'il s'apprêtait à boire pour cacher son trouble. Attendez... »

Elle inspecta son verre.

« Vous pourriez avoir une guêpe dans votre citronnade... »

Viviane croisa le regard d'Alistair. Terriblement gêné par les attentions de sa mère, c'est George qui rosit, cette fois.

« C'est bon, vous pouvez boire. »

Il but une gorgée, sans plaisir. C'est alors qu'un intrus s'invita à la table du goûter.

« Ooooh ! s'exclamèrent les fillettes.

— Qu'y a-t-il ? voulut savoir George.

— Un papillon s'est posé sur l'assiette de ta préceptrice, lui expliqua Rosie.

— Qu'il est beau ! s'extasia sa cousine.

— Oui ! confirma Rosie. Il est bleu et blanc. Ses ailes ressemblent à un vitrail d'église. »

À peine avait-elle prononcé ces mots qu'elle les regretta : George ne savait probablement pas à quoi ressemblait un vitrail...

L'insecte, qui devait savoir que l'on parlait de lui, battait lentement des ailes. Puis il s'envola, pour mieux revenir et se poser sur la main de Viviane.

« Ma parole ! s'amusa Alistair. Il est amoureux de vous ! »

Les fillettes s'esclaffèrent.

Viviane, qui n'osait bouger sa main, observa le papillon de son œil de dessinatrice jusqu'à ce qu'il prît son envol et disparût pour de bon.

Lucille s'intéressa ensuite à la cousine de Rosie.

« Quels sont vos centres d'intérêt, Gemma ?

— J'aime bien dessiner.

— Moi aussi ! » s'exclama George.

Tout le monde, à part Viviane, crut qu'il plaisantait.

« Et j'apprends le tricot avec maman, poursuivit Gemma. Elle est couturière.

— Oh… charmant, fit Lucille. J'aurais peut-être des retouches à lui confier. Et que fait votre père ?

— Il travaille dans une de vos fermes.

— Ah ! »

Elle se tourna vers Alistair, qui demanda son nom à la petite.

« Parsons.

— Il y a plusieurs Parsons qui travaillent dans nos fermes.

— Gary.

— Oh, oui, je vois. C'est un bon gars. Très courageux.

— C'est ce que dit maman.

— En tout cas, fit Lucille, vos parents ont une très jolie petite fille, très bien élevée.

— Merci, madame. »

À cet interrogatoire en règle, Viviane comprit que Lucille s'était méprise quant à l'objet de l'affection de son fils. Elle s'était spontanément tournée vers la plus jolie des deux fillettes.

« Et que font vos parents ? demanda-t-elle à Rosie, davantage par politesse que par réel intérêt.

— Maman est blanchisseuse et papa travaille aussi sur les terres de Mr Montgomery.

— Comment s'appelle-t-il ? s'informa Alistair.

— Parsons. »

Dans le silence de son parrain, George entendit son étonnement ; aussi précisa-t-il :

« Rosie et Gemma sont cousines.

— Alors tu dois être la fille d'Oliver.

— Oui.

— C'est un très bon ouvrier, lui aussi.

— Merci. Je lui répéterai. Ça lui fera plaisir. »

George nota que sa mère ne semblait pas beaucoup s'intéresser à l'élue de son cœur et qu'elle ne lui avait pas dit qu'elle était très jolie. Il comprit alors que ses yeux la trompaient, lui faisant croire que Gemma était plus belle que Rosie.

*

Après le goûter, les enfants jouèrent à la balançoire, mais à trois, ce n'était pas très amusant. Lorsqu'ils s'en furent lassés, les fillettes suggérèrent un autre divertissement : colin-maillard. À leur grand étonnement, George insista pour avoir les yeux bandés, lui aussi !

Il adora ce jeu, nouveau pour lui, pour lequel il s'avéra assez doué et les deux fillettes bien médiocres. En effet, sans s'en apercevoir, elles ne cessaient de se trahir, soit qu'elles respiraient un peu fort, soit qu'elles reniflaient carrément, ou pouffaient, quand elles ne donnaient pas à entendre le froufrou d'une jupe ou ne butaient pas dans une touffe d'herbe. Ce jeu merveilleux permit au petit garçon non seulement de toucher la peau soyeuse des bras de Rosie, mais surtout, au moment d'identifier sa prise, de découvrir du bout des doigts ses traits, qu'il trouva aussi harmonieux qu'il les avait imaginés.

Quand ce fut à nouveau à George d'être le chasseur, Alistair décida de lui faire une farce et de mêler ses claquements de mains à ceux des deux petites. Quelle ne fut pas la surprise de son filleul lorsqu'il empoigna un avant-bras nettement moins frêle que ce à quoi il s'attendait ! Et nettement plus poilu…

Alistair devint ainsi le chasseur, puis Gemma, puis Rosie, dont les doigts caressèrent à leur tour le visage de George. Lorsque ce dernier, redevenu chasseur, agrippa une proie qui refusa qu'il lui touchât le visage, il sut que Viviane avait rejoint la partie. Par la suite, cette dernière choisit d'agiter sa clochette pour signaler sa présence, une clochette qui ne serait désormais plus seulement synonyme d'appel à rejoindre la salle d'étude.

Archie, qui était resté invisible depuis le petit déjeuner, sortit un peu plus tard, alerté par des cris d'enfants et d'adultes, des rires, des bruits de clochette et de claquements de mains. Il n'en crut pas ses yeux : George, ses deux amies, mais aussi Alistair, miss Lombard, Lucille, Ruby, Pearl et Mrs Dodds jouaient à colin-maillard ! Il lança un regard interrogateur à son majordome qui, visiblement dépassé, lui répondit par un haussement de sourcils.

« Archie ! l'appelait Lucille. Venez ! »

À les voir tous s'amuser ainsi, il était presque tenté de se joindre à eux. Seule sa pudeur excessive le retenait.

« Venez, père ! » tenta George.

Archie était à deux doigts de se laisser fléchir, tiraillé entre son envie de se mêler aux autres et sa satanée retenue, qui l'avait toujours empêché de danser, entre autres choses. Après moult tergiversations, il fit quelques pas vers le joyeux groupe, décidé à forcer sa nature. C'est alors que retentit à l'intérieur la sonnerie du téléphone. Lorsqu'elle vit son Clark Gable, dont elle s'était un instant imaginé qu'elle pourrait effleurer son corps, faire demi-tour et rentrer prendre cet appel, Pearl maudit tout à la fois ce fichu appareil, son inventeur et l'importun qui osait les déranger. George, fort déçu lui aussi lorsqu'il comprit que son père ne viendrait pas, se demanda pourquoi l'on arrêtait de jouer en grandissant.

Viviane, quand elle s'aperçut que Rosie ne se démenait pas outre mesure pour échapper aux griffes du chasseur dès lors qu'il s'agissait de George, lui fit part de son point de vue en aparté :

« Il doit apprendre à perdre, comme tout le monde. C'est très gentil à vous de le laisser vous attraper, mais vous ne lui rendez pas service. Il ne gagnera pas toujours dans la vie ! »

Ce que l'adulte sous-estimait, c'est le plaisir que la fillette éprouvait aux moments où George l'attrapait !

La fin d'après-midi s'écoula ainsi, délicieusement, sous le regard tendre d'Archie qui jetait régulièrement un coup d'œil aux joueurs depuis la fenêtre de son cabinet de travail.

Puis vint le moment où Bertram dut ramener les jeunes demoiselles. Rosie adressa ses remerciements à George et à Lucille.

« Merci encore.

— Oh, oui, merci, ajouta Gemma.

— Cela nous a fait plaisir, répondit Lucille.

— Très plaisir », confirma George.

Gemma partait déjà. Rosie traînait des pieds.

« Au revoir alors, dit-elle en se retournant une dernière fois. À bientôt.

— Oui, à dimanche, rebondit George. Au revoir. *Kenavo*, comme on dit aux Indes. »

Viviane se fit toute petite, mais ni les fillettes, ni Lucille, ni Alistair n'étaient en mesure de percer à jour sa pitoyable mystification.

L'automobile démarra et George adressa à Rosie un petit signe de la main sans savoir si elle lui répondait.

« Je prie pour que cette petite Gemma ne lui brise pas le cœur, chuchota Lucille à l'attention d'Alistair.

— Aucun risque », répondit-il, plus perspicace.

Lorsque ce même Alistair se retira quelques minutes plus tard, il joignit ses mains en une salutation tout indienne et s'inclina devant Lucille et Viviane avant de se fendre d'un : « *Kenavo*, mesdames. *(Puis, à l'adresse de George.) Kenavo*, mon cher filleul. »

La préceptrice, embarrassée, se dit que la plaisanterie commençait à prendre des proportions qui la dépassaient.

Viviane profita de ce qu'elle était en vacances pour pousser sa promenade matinale plus loin que de coutume, jusqu'à une colline depuis laquelle elle aperçut, en contrebas, un pittoresque moulin à vent. Décidée à l'immortaliser, elle emprunta le sentier qui y menait, cueillant au passage quelques *Antirrhinum majus* – appelées aussi mufliers ou gueules-de-loup – roses, jaunes et blanches. Elle était enchantée à la perspective qu'elles embaumeraient bientôt sa chambre de leur parfum sucré.

À une cinquantaine de mètres de son modèle, elle s'assit dans l'herbe, posa son bouquet et sortit son cahier à dessin. Elle commença à crayonner et, en quelques traits, le bâtiment prit forme sur le papier, de même que la charrette qui se trouvait devant la porte ouverte.

Elle esquissait le paysage alentour lorsqu'un homme émergea du moulin, un sac sur l'épaule. Ce n'est que lorsqu'il jeta son fardeau dans la charrette qu'elle put distinguer ses traits. Ses yeux enfoncés et son menton volontaire la glacèrent. L'individu qui se tenait devant elle était celui qui l'avait regardée à travers la fenêtre de sa chambre ! Celui que Mr Talbott avait vu lors de son accès de fièvre et que Mrs Montgomery avait croisé dans le parc !

Soudain, l'inconnu la repéra. Il la fixa sans bouger, semblant s'étonner de sa présence. Elle songea un instant à aller à sa rencontre, mais le regard de l'homme s'assombrit et l'en dissuada. Elle se figura qu'il serait toujours temps de revenir lorsqu'elle se serait renseignée sur son compte. Elle referma son cahier, qu'elle roula dans la poche de son gilet, ramassa ses fleurs et reprit le chemin du manoir, s'empêchant de se retourner pour ne rien montrer de son malaise. Ce n'est que lorsqu'elle fut arrivée au sommet de la colline qu'elle s'assura qu'il ne l'avait pas suivie. Manifestement, non : elle était seule, et d'autres sacs étaient venus remplir la charrette.

Quelques minutes plus tard, elle pressait le pas le long de la route, le cœur battant et l'esprit troublé, lorsqu'un coup de klaxon enroué la fit sursauter. Une Wolseley Hornet s'arrêta à sa hauteur. Elle eut peur qu'il ne s'agît du meunier mais, à son grand soulagement, ce fut le visage avenant d'Alistair qui se pencha vers elle.

« En voilà de jolies fleurs ! »

Elle en avait presque oublié son bouquet.

« Oh, je les ai ramassées près du moulin.

— J'espère que vous ne vous êtes pas aventurée dans ces ruines. Cela peut être dangereux. »

Elle avait dû mal comprendre.

« Pardon ?

— Tous les enfants des environs savent qu'ils ne doivent pas s'approcher du vieux moulin. Ne vous avisez pas d'y entraîner George, ou ma cousine vous étripera !

— Nous ne devons pas parler du même moulin. Le mien se trouve derrière cette colline, là-bas. »

Elle pointa du doigt l'endroit d'où elle venait.

« C'est bien celui dont je vous parle.

— Non, le mien est en parfait état. Je viens de voir le meunier qui y travaille. D'ailleurs, connaissez-vous son nom ?

— Le meunier ? »

Après une seconde d'hésitation, il sortit de l'automobile, en fit le tour et ouvrit la portière côté passager.

« Montez. »

Elle s'exécuta, après quoi il se remit au volant et fit demi-tour.

« Je veux en avoir le cœur net ! » dit-il.

Un peu plus loin, il quitta la grand-route pour emprunter un chemin cahoteux, et ils cahotèrent quelques instants avant d'apercevoir le moulin ou, du moins, ce qu'il en restait : un pan de mur et des gravats.

« Voilà le moulin ! s'exclama Alistair.

— Je ne comprends pas… Il était en parfait état il y a vingt minutes… »

Il la regarda, amusé.

« J'en doute fort. »

Il avait à peine arrêté la Wolseley Hornet que Viviane en descendit, sidérée, abandonnant son bouquet sur son siège.

« Je ne comprends pas… répéta-t-elle.

— Cela fait des années qu'il est dans cet état, répondit Alistair en sortant à son tour.

— Mais… »

Elle remarqua que le sentier qu'elle avait emprunté avait disparu et qu'il n'y avait plus la moindre gueule-de-loup dans le pré. Hébétée, elle prit son cahier et l'ouvrit sur son dernier dessin.

« Regardez… Le moulin… Je viens de le dessiner. »

Alistair jeta un œil sur le croquis, puis le compara aux ruines qui leur faisaient face.

« Vous avez de l'imagination ! admira-t-il.

— Non, je… »

Elle ne pouvait partager avec le jeune homme la théorie qui s'échafaudait dans son esprit. Avait-elle réellement assisté à une scène qui s'était déroulée des années, voire des siècles plus tôt ? Comment aurait-il pu l'entendre, quand elle-même se refusait à l'envisager ? Non, cela ne servait à rien d'en discuter ; aussi préféra-t-elle retourner à l'automobile.

Elle ouvrit la portière et resta stupéfaite.

« Qu'y a-t-il ? » demanda Alistair.

Il suivit son regard et vit le joli bouquet de gueules-de-loup complètement desséché. Il en resta pantois.

La stupeur passée, Viviane éprouva l'irrépressible besoin de se débarrasser de ces fleurs qui ne dégageaient plus désormais qu'un parfum de mort.

Alors qu'elle s'en emparait, elles tombèrent en poussière.

Les jours suivants, aucun incident ne vint troubler la quiétude de Winnicott Hall, mais Lucille n'en était pas apaisée pour autant. *Le calme avant la tempête*, songeait-elle régulièrement. Si elle ne montrait rien de ses appréhensions à Archie qui, il faut bien l'avouer, n'était pas difficile à duper, elle n'en demeurait pas moins à l'affût, certaine qu'un grand péril les menaçait. À tel point qu'elle avait refusé, au grand dam de George, qu'il répondît favorablement à l'invitation de Rosie à venir à son tour prendre le thé chez elle.

Bref, ce samedi après-midi, alors que le couple Montgomery devait s'absenter pour faire la tournée des grands-ducs, comprenez courir les antiquaires de la région, Lucille fit mille recommandations à tout le personnel et particulièrement à Viviane, qui ne devrait pas quitter George d'une semelle. Ce qu'elle ne lui dit pas, c'est qu'elle avait fait quelques nuits plus tôt un horrible cauchemar, extrêmement réaliste, dans lequel quelqu'un – qu'elle n'était pas parvenue à identifier – se noyait. Or…

« Il fait si chaud ! se lamenta George alors que Viviane, Chicken et lui marchaient le long de l'étang. Si je savais nager, je crois que je me serais volontiers baigné.

— Voulez-vous que je vous apprenne ? »

Il resta sans voix quelques secondes.

« Vous feriez cela ?

— Bien sûr. »

Il paraissait indécis.

« Vous semblez oublier que mère ne m'autorise pas à m'approcher de l'eau.

— Nous ne sommes pas obligés de lui en rendre compte… »

À présent que plus rien ne s'opposait à sa baignade, il tergiversait :

« Mais il y a les canards, les cygnes, les poissons…

— Ne vous inquiétez pas pour eux. Ils ne risquent pas de nous approcher. »

Il hésitait.

« Savez-vous nager ?

— Oui. Sans me vanter, je suis même une très bonne nageuse. »

Il pesa encore le pour et le contre, puis décida :

« D'accord. Je vous fais confiance. »

Avant de se reprendre :

« Mais nous n'avons pas de tenue de bain. D'ailleurs, je n'en possède même pas à la maison.

— Nous nous baignerons en sous-vêtements, voilà tout.

— Êtes-vous sérieuse ?

— Très. Tournez-vous, vieux barbon ! »

Il entendit alors ce qu'il identifia comme le bruit d'une chaussure tombant sur l'herbe.

« Dois-je vous rappeler que je ne vous vois pas ?

— Il n'empêche. Tournez-vous. »

Il s'exécuta et, avant de se dévêtir, demanda :

« Ne regardez pas non plus. »

Lorsqu'ils furent tous deux en sous-vêtements – des sous-vêtements qui les couvraient presque autant que leurs vêtements d'été –, elle lui prit la main et ils mirent un pied dans l'eau. Chicken trempa une patte et fit un tour sur lui-même en jappant. Il les observerait depuis la berge.

« Elle est fraîche ! s'exclama George.

— N'ayez crainte, nous allons nous habituer. »

Ils avançaient lentement. Il avait de l'eau à mi-cuisses.

« Mouillez votre nuque », préconisa Viviane, qui suivit son propre conseil.

Il obéit.

« Les épaules à présent. »

Il le fit.

Ils avancèrent jusqu'à ce qu'il eût de l'eau à la taille.

« À trois, nous nous immergeons totalement. Prenez une bonne inspiration et ne lâchez pas ma main.

— D'accord.

— Un… deux…

— Attendez !

— Oui ?

— J'ai peur.

— Vous ne craignez rien. Je suis là. »

Il tenta de se calmer.

« Bien… dit-il.

— On reprend ? Un… deux… trois ! »

Et ils disparurent sous l'eau.

Pas longtemps.

« Bravo ! le félicita-t-elle.

— Oh, merci. C'était formidable. Je n'arrive pas à croire que je viens de nager ! »

Elle rit.

« Pas tout à fait. Mais nous y venons. Attendez, je vais vous montrer. »

Elle se plaça derrière lui, lui prit les bras et lui enseigna les mouvements de la brasse. La suite fut un peu plus laborieuse, mais elle réussit à l'allonger sur l'eau, en lui soutenant le ventre, et à lui faire esquisser un semblant de brasse.

« *Là*, vous avez nagé !

— Encore ! » réclama-t-il.

Il « nagea » à nouveau et progressa de quelques mètres le long de la berge, davantage grâce à Viviane, qui avançait à pas chassés, qu'aux mouvements anarchiques de ses bras et de ses jambes.

Il était extatique.

Elle le remit à la verticale.

« Quel dommage que je ne puisse pas raconter cela à père ! »

Chicken se mit à aboyer depuis la berge, sans raison apparente.

« Qu'est-ce que tu as, toi ? lui demanda Viviane. Viens ! »

Le chien aboya de plus belle. George reprenait son souffle lorsque quelque chose parut le perturber.

« Y a-t-il quelqu'un qui nous observe ? »

Viviane balaya du regard les alentours.

« Non… Pas que je sache. »

Tous les sens de l'enfant semblaient en alerte.

« Je crois que si », lui murmura-t-il.

Elle remarqua qu'il avait la chair de poule.

« Serait-ce… ce garçon ? demanda-t-elle. Tobias ?

— Non, je ne crois pas. »

Chicken sautait et tournait frénétiquement sur lui-même en aboyant. Il fit mine d'aller dans l'eau, puis recula et reprit son curieux manège.

L'enfant se retourna, l'air apeuré, puis il sursauta dans un cri.

« On a touché ma jambe ! »

Viviane examina l'eau.

« Je ne vois rien. C'était sans doute une algue… »

Il sursauta de nouveau et se cramponna au cou de sa préceptrice.

« Non, on me touche encore ! C'est une main ! Je veux sortir ! Vite ! »

Viviane le porta jusqu'à la berge, où Chicken les accueillit avec force glapissements. Elle le reposa sur la terre ferme. L'enfant semblait paniqué.

« J'ai senti comme des doigts tout ratatinés, raconta-t-il. Et… et comme des cheveux longs… C'était horrible. »

Viviane peinait à assimiler ce qu'il était en train de lui dire.

« Tout va bien… C'est… C'est fini. »

Elle sondait l'étendue d'eau en se demandant ce que George avait pu sentir. Le petit garçon, quant à lui, n'en démordait pas :

« Ce n'était pas une algue. Mère me l'avait bien dit… Il y a un monstre dans l'étang… »

Viviane et George avaient choisi d'un commun accord de taire ce qui s'était passé lors de leur baignade afin que la première ne perdît pas sa place et que le second ne fût pas condamné à vivre cloîtré dans le manoir jusqu'à la fin de ses jours. Mais s'ils n'avaient pas voulu donner à Lucille de raisons de s'inquiéter, celle-ci se débrouillait fort bien pour en trouver toute seule.

« Hitler est désormais chancelier *et* président du Reich. »

Archie avait sursauté alors qu'elle avait fait irruption dans son cabinet de travail.

« Grâce au plébiscite du peuple, poursuivit-elle, il va cumuler *tous* les pouvoirs.

— Je vais balancer ce poste de radio… »

Elle faisait les cent pas dans la pièce.

« N'est-ce pas vous qui prétendiez que l'on pourrait toujours compter sur le peuple pour lui servir de garde-fou ?

— Oui, admit Archie. C'est vrai. Et je persiste et signe ! Nous pourrons compter sur tous ceux qui ont voté contre lui aujourd'hui.

— Hier, corrigea-t-elle.

— Hier, se reprit-il. Ils doivent être quelques-uns, n'est-ce pas ? Lorsque vous parlez de "plébiscite", de quel pourcentage exactement est-ce que vous... ?

— Quatre-vingt-dix pour cent des suffrages exprimés.

— Ah... Ah, oui... Tout de même. C'est un plébiscite, effectivement.

— Pensez-vous que les dix pour cent restant sauront tenir tête à...

— Bien sûr, l'interrompit-il. Et puis il y a quelques pays autour de l'Allemagne qui sauront bien intervenir si par extraordinaire ce Hitler avait de nouvelles velléités d'invasion après son fiasco en Autriche. Allons...

— Oui. »

Elle tenta de se raisonner.

« Oui, répéta-t-elle. Cela s'entend. Oui, vous avez raison.

— Enfin des paroles sensées ! J'ai bien cru que cela n'arriverait jamais. »

Elle rit, mais elle n'était pas certaine que ce ne fût pas de nervosité.

« Êtes-vous vraiment obligé de repartir si tôt ? demanda-t-elle.

— Je ne repars pas avant deux semaines.

— Autant dire demain.

— Encore votre sens du drame !

— J'ai un terrible pressentiment... »

À cet instant, Archie maudit ce Hitler qui allait réussir à saborder sa nouvelle expédition en Irak !

« De grâce, oubliez ce petit fasciste !

— Ce n'est pas lui qui me préoccupe. Enfin, si, mais pas seulement. J'ai le sentiment qu'un malheur va s'abattre sur cette maison. »

Archie leva les yeux au ciel.

« Cessez de vivre dans la peur, je vous en conjure ! »

Lucille, que ces mots rendirent folle, vint s'appuyer contre le bureau de son mari, qui recula sur sa chaise.

« Je n'ai pas *choisi* d'avoir peur ! explosa-t-elle. Ce n'est pas quelque chose que l'on décide un beau jour, pas plus qu'on ne décide d'aller bien ou mal. "Tiens, et si j'avais peur à partir de maintenant ? Et si j'allais mal ? Cela fait si longtemps que je vais bien. Voilà qui me changerait !" Non ! C'est quelque chose qui s'impose à vous. Un sentiment sur lequel vous n'avez strictement aucune maîtrise. Aucune. Aucune ! *Aucune !* Alors, par pitié, ne me dites pas de ne pas avoir peur ! *J'aimerais tant* ne pas avoir peur, croyez-moi ! »

Lui aussi avait peur à présent, à la voir dans cet état de nerfs qui donnait à sa voix des accents de démence.

« Euh… D'accord… balbutia-t-il.

— "Cessez de vivre dans la peur" ! répéta-t-elle. Est-ce que je vous demande, moi, de cesser de vivre dans votre bulle ? *(Elle réfléchit.)* En fait, oui, je vous l'ai demandé, et je m'aperçois que c'était idiot. Parce que vous ne changerez pas. Vous ferez toujours passer les morts avant les vivants. C'est à moi de m'en accommoder.

— Le pensez-vous vraiment ?

— Oui. Personne ne change jamais.

— Non, je veux dire, pensez-vous réellement que je fais passer les morts avant les vivants ? »

Elle alla à la fenêtre et alluma une cigarette.

« C'est un fait, non ?

— Vous ne pouvez pas me demander d'abandonner ces fouilles. J'y travaille depuis des années ! Lorsqu'on aime quelqu'un…

— On ne l'abandonne pas.

— Ce n'est pas ce que je fais. Je *travaille*, s'agaça-t-il. Il ne s'agit pas d'une tocade ni d'un violon d'Ingres, mais d'un *travail*. Je ne me suis pas "*piqué* d'archéologie", je *suis* archéologue ! Je ne vais pas en Irak pour m'amuser, figurez-vous, mais bien pour *travailler*. Et je vous assure que si je pouvais effectuer ces fouilles en Angleterre, et même dans le Sussex, et même dans notre parc, et ne pas avoir à faire ce voyage interminable et supporter cette horrible chaleur, je serais le plus heureux des hommes ! Vraiment, je ne demanderais pas mieux. Hélas, on ne trouve pas beaucoup de vestiges babyloniens par chez nous.

— Je…

— Songez, l'interrompit-il, que j'ai refait ce voyage, moi qui ai *une sainte horreur* de voyager, qui suis malade en train, qui ne peux rien avaler… j'ai refait ce voyage en sachant que j'allais devoir revivre cet enfer deux mois plus tard. Mais je l'ai fait pour vous voir. Et j'étais heureux de rentrer. Je vomissais dans ce fichu train, mais je savais pourquoi je vomissais et j'étais *heureux* de vomir, parce qu'au bout de cet enfer il y avait le paradis : vous, George, Winnicott Hall. Et c'est un autre enfer que j'ai trouvé ici. Reproches, piques…

— Piques ?

— "Il sera parfait dans le jardin d'hiver" ! Le Kilim ! Pourquoi pas dans les combles ?

— Je ne voulais pas vous froiss…

— Reproches, donc, piques, psychose, paranoïa… Serait-ce trop vous demander de ne pas me parler de la montée du fascisme tous les quatre matins ? Ou des tempêtes de poussière aux États-Unis, ou des marches de la faim ici ou là, ou du chômage, ou de la pauvreté, ou de je ne sais quoi d'autre ? Je ne veux pas savoir ce qui se passe ! Je ne *veux pas* ! Je refuse ! Pourquoi croyez-vous que je ne lis pas la presse ?

— Oh. Je vous croyais simplement… détaché.

— Eh bien, je suis peut-être plus complexe que vous ne croyez, ma chère ! Vous n'avez pas le monopole de l'inquiétude, figurez-vous ! J'en ai mon lot, moi aussi. »

Il attrapa sa pipe, qu'il entreprit de bourrer, nerveusement. Lucille souffla la fumée de sa cigarette et capitula :

« Eh bien, soit ! Je ne vous donnerai plus les nouvelles du monde…

— Merci. Et je ne vous demanderai plus de vous calmer.

— Merci. »

Elle se dirigea vers la porte.

« Cela m'a fait du bien de vous parler.

— À moi aussi. »

Et elle sortit.

Viviane, de même que Lucille, de même qu'Archie, avait ses inquiétudes. Mais elles ne concernaient pas l'état du monde, ni même le « monstre de l'étang » ; seulement sa cousine, qui se disait « souffrante » dans sa dernière lettre. Alors qu'elle errait dans le parc en cette fin d'après-midi, c'est à elle qu'elle pensait et aux sens que pouvait recouvrir le mot « souffrante ».

Elle venait d'emprunter une allée lorsqu'elle vit Archie à l'autre bout. Il était trop tard pour l'éviter, hélas. Elle s'en voulut d'être si sauvage, un trait de caractère avec lequel elle avait toujours dû composer, mais à ce moment précis elle avait autant envie d'échanger des banalités avec Mr Montgomery que de se pendre. Non, en réalité, elle avait sans doute davantage envie de se pendre.

« Miss Lombard ! s'exclama-t-il lorsqu'il fut assez près pour ne pas avoir à crier. Vous tombez à pic, je voulais vous voir. »

Cela la rassura. *Au moins,* se dit-elle, *je ne devrais pas avoir à discuter du temps qu'il fait !*

Ils s'arrêtèrent tous deux.

« Je vous écoute.

— Comment trouvez-vous…

— Oui ?

— Comment trouvez-vous Mrs Montgomery ? »

Viviane le regarda sans comprendre.

« Enfin, je veux dire, vous qui étiez là ces derniers mois, avez-vous noté une sorte de tristesse chez elle ou… je ne sais pas… ?

— Je crois qu'elle a été perturbée par certains… "événements" qui se sont produits ici en votre absence.

— Mhm-mhm.

— Euh… *(Elle réfléchit.)* Puisque vous me posez la question, si je dois être totalement sincère, et je ne saurais faire autrement, elle me donne l'impression d'être très seule et d'en souffrir. »

Archie, qui, une seconde plus tôt, pensait inviter Viviane à marcher à ses côtés, n'y songea plus.

« Oh. Merci de… votre honnêteté.

— Je vous en prie.

— Et… Et George ? demanda-t-il pour changer de sujet. Pensez-vous qu'il est heureux ?

— Heureux…

— Vous qui passez des heures et des heures à ses côtés, depuis des mois.

— Je ne sais pas. Je crois qu'il est… plus heureux aujourd'hui qu'à mon arrivée.

— Très bien.

— Je crois qu'il était très seul lorsque j'ai pris mes fonctions. »

Archie regretta de ne pas lui avoir parlé du beau temps.

« Est-ce qu'il est heureux ? reprit-elle. Je ne dirais pas cela… Il sait que sa mère ne veut pas d'autre enfant parce qu'elle craint qu'il ne soit aveugle lui aussi.

— Pardon ?

— Il vous a entendu tenter de rassurer votre épouse en lui disant que la foudre ne tombait jamais deux fois au même endroit.

— Mon Dieu… La foudre… Ai-je vraiment dit une chose pareille ? »

Il ne s'était pas encore remis de ses émotions que déjà elle lui demandait :

« Est-ce que vous l'aimez ?

— Vous plaisantez ?

— Non. L'aimez-vous ?

— Quelle question ! Évidemment que je l'aime ! Ce n'est pas parce que je ne le montre pas… Je ne sais pas le montrer. Dans ma famille, cela ne se montre pas, cela ne se dit pas. C'est… C'est difficile de…

— Lui vous le montre. Alors dites-le-lui. Je crois qu'il a besoin de l'entendre.

— Vous croyez ? »

Elle secoua la tête, incrédule.

« C'est une façon de parler, dit-elle. Je ne le crois pas, j'en suis sûre. Il *a* besoin de l'entendre. Si vous vous posez la question, c'est que vous êtes encore plus aveugle que lui. »

Il se tourna vers le manoir, les yeux humides.

« Pensez-vous que je devrais renoncer à cette nouvelle expédition ?

— Le pouvez-vous ?

— Pas vraiment. Je, mais… Enfin, j'imagine que oui, mais…

— Vous posez-vous réellement la question ?

— Eh bien, oui…

— Alors je vais vous répéter les mots de ma cousine. “Quand il y a un doute, il n'y a pas de doute.”

— Mhm-mhm. Mais encore ?

— Tout est dit. “Quand il y a un doute, il n’y a pas de doute.”

— Mais… cela peut vouloir dire une chose et son contraire. Soit que j’ai un doute quant au fait que je dois partir, et dans ce cas, je dois rester. Soit que j’ai un doute quant au fait que je dois rester, et dans ce cas, je dois partir.

— C’est cela.

— Alors ?

— C’est simple : avez-vous un doute quant au fait que vous devez partir… ou rester ?

— … »

Lorsqu’ils se quittèrent, Viviane et Archie purent tous deux, chacun de son côté, se replonger dans des méandres de questionnements.

« Père ? »

George, assis par terre, dans sa chambre, avait reconnu son pas et cessé de jouer.

« Oui, mon grand. Tout va bien ?

— Très bien.

— Parfait. »

George se leva.

« Vous m'inquiétez… Qu'y a-t-il ?

— Rien. Rien du tout. Je venais simplement voir comment vous alliez.

— Comme cela ? Sans autre raison que… de voir comment je vais ?

— Me faut-il une raison ?

— Non, mais…

— Cela ne vous fait-il pas plaisir ?

— Si, bien sûr. C'est seulement… »

Il ne finit pas sa phrase, mais en commença une autre :

« C'est très gentil. Merci.

— C'est normal. C'est ce que font les pères. »

Archie, étrangement nerveux, dut s'éclaircir la voix.

« Je suis heureux d'entendre que vous allez bien. Très heureux même.

— C'est gentil. »

Archie eut un pincement au cœur lorsqu'il entendit à nouveau ce « C'est gentil » pour lui rendre grâce de si maigres attentions.

« Je repars demain, dit-il.

— Je sais. Le jour de ma rentrée.

— Cela vous chagrine-t-il ?

— Oui, bien sûr, mais… vous n'avez pas le choix, n'est-ce pas ?

— Non.

— Alors vous avez ma bénédiction, plaisanta George.

— Merci. Croyez bien que… cela me chagrine aussi de devoir vous quitter. »

Dans la bouche d'Archie, c'était aussi proche que possible d'un « Je vous aime ».

« C'est gentil », répéta George.

Un nouveau coup au cœur de son père.

« Vous… vous les aimez, ces petits soldats, hein ? demanda ce dernier en s'emparant de l'un d'eux.

— Beaucoup.

— Ils vous tiennent compagnie.

— Oui.

— Ils ont beaucoup de chance d'être tombés sur un petit garçon tel que vous.

— Oh, ça, je ne sais pas.

— Si, si.

— …

— Beaucoup de chance. Ne l'oubliez jamais. »

La gorge d'Archie se serra. Après s'être imaginé enlacer et embrasser son fils, il avança une main timide vers sa joue, dans une tentative de caresse, mais cela lui parut si peu naturel, presque incongru, voire inconvenant, qu'il ne put aller au bout de son geste. Alors il la posa sur la tête de l'enfant et l'ébouriffa. Et George ne sut jamais rien de cet élan de tendresse avorté.

Puis Archie remit le soldat de plomb à sa place et se releva.

« Bien, je… je vous laisse.

— D'accord. »

Alors que son père quittait la chambre, George lui dit encore :

« Merci d'être venu me voir.

— De rien, mon grand… De rien. »

Je vous aime, mon chéri.

Archie n'avait plus évoqué l'épineux sujet de sa nouvelle expédition en Irak depuis sa conversation houleuse avec Lucille, si bien qu'elle avait fini par espérer qu'il n'en était plus question. Toutefois, elle n'osait poser la question, redoutant la réponse. C'est seulement la veille de son départ qu'Archie aborda le sujet, d'un air dégagé, comme s'il était entendu qu'il partait. Elle garda sa déception, voire sa colère, pour elle.

Le jour J, lorsqu'elle vit Bertram et Reggie descendre les valises de son époux, sa seule réaction fut de se tourner vers Mr Talbott afin de le prier d'aller chercher George.

Puis, quand tout le monde fut réuni devant le manoir, elle fit de son mieux pour dissimuler sa peine sous un sourire de façade, vernis social dont était dépourvue la jeune Pearl, qui affichait sans honte une mine d'enterrement.

« Faites bon voyage, souffla Lucille.

— Merci, ma chérie. Je voudrais déjà y être ! »

Le sourire de son épouse s'effaça.

« Je veux dire que je voudrais que le voyage fût derrière moi. Ce sont dix jours pénibles qui m'attendent... Je m'en épouvante.

— Bien sûr.

— Mais savez-vous ce que je voudrais par-dessus tout ?

— Non.

— Être rentré.

— Alors restez.

— Hélas, je ne peux pas annuler cette expédition. En revanche, je peux vous promettre de ne pas repartir avant un moment. *(Il sourit malicieusement.)* Peut-être devrez-vous me supporter tout l'an prochain… Vous en sentez-vous capable ?

— Sans aucun doute. »

Ils échangèrent un baiser. Puis Archie s'adressa à son fils :

« George, ainsi nous retournons au travail le même jour. Bonne rentrée, mon grand.

— Bonne rentrée, père.

— Une nouvelle fois, je vous confie votre mère, à qui je vous confie en retour ! Prenez bien soin l'un de l'autre.

— Comptez sur nous, père. »

Archie posa une main sur l'épaule du garçonnet, puis un baiser fugace sur sa joue qui stupéfia l'enfant.

« Au revoir, mon grand.

— Euh… au revoir, père. »

Viviane, derrière, se félicita de ce geste.

« Alistair, je te les confie tous les deux. Je te confie tout le monde.

— Je veillerai sur tous. Comme tu l'aurais fait, toi.

— Mieux, j'espère, plaisanta Archie.

— Cela va sans dire !

— Merci.

— Vous devriez vous mettre en route, Monsieur, alerta Mr Talbott. Je ne veux pas vous presser, mais vous risquez de manquer votre train.

— Et alors ? s'agaça Lucille. Il y en aura d'autres, des trains ! »

Archie prit connaissance de l'heure et salua d'un geste tout le personnel :

« À bientôt.

— Au revoir, Monsieur », répondirent-ils tous.

Pearl fut la seule à lui renvoyer un signe d'au revoir.

Puis il monta dans la Daimler.

« Je reviens tout de suite, dit-il à Lucille.

— Alors à tout de suite. »

Elle chassa une larme.

« Oh, ma petite rose des sables…

— Pensez à nous.

— Je ne ferai que cela. Comme je vous le dis à chaque départ, la vie sera plate sans vous.

— Je l'espère bien ! »

Elle espérait également que la vie serait plate à Winnicott Hall. Mais elle pressentait que ce ne serait pas le cas.

« Au revoir ! dit encore Archie avant de se tourner vers Bertram qui ne démarrait pas.

— *Kenavo*, comme on dit aux Indes, fit Alistair.

— Ah ? s'étonna Archie. Je pensais que l'on disait "*Namasté*"… »

George se retourna vers Viviane qu'il savait être derrière lui.

« Mais je peux me tromper, fit remarquer Archie. Et puis il existe tant de dialectes là-bas… »

Bertram démarra enfin, au grand soulagement de la préceptrice, qui résolut d'avouer son innocent mensonge à son élève sitôt qu'ils seraient seuls.

« Au revoir, père ! criait ce dernier. Revenez-nous vite !

— Peut-être plus vite que vous ne croyez ! l'entendit-il lui répondre.

— S'il rate son train, effectivement... pensa Mr Talbott à voix haute, les yeux sur sa montre.

— Le Ciel vous entende ! pria Lucille alors que le bruit du moteur se dissipait. Le Ciel vous entende... »

*

Si cette journée fut pénible pour Archie, elle le fut tout autant pour Pearl, qui se fit porter pâle pour la première fois depuis son entrée au service des Montgomery, et pour Lucille, qui erra de pièce en pièce toute la matinée, sans but ni envie. Elle descendit même aux cuisines rendre une petite visite à Mrs Dodds, qui lui parut surprise et peut-être touchée, mais aussi empruntée, comme si elle n'aimait pas qu'on la regardât travailler. Puis elle monta voir George, qui avait repris les cours avec Viviane.

« ... c'est du breton, en réalité », entendit-elle par la porte grande ouverte.

La préceptrice s'interrompit à son arrivée.

« Oh, pardon, je ne voulais pas vous interrompre.

— Vous désirez ? demanda Viviane.

— Non, rien. Je... Je ne faisais que passer. Je voulais m'assurer que tout allait bien. »

Lucille déambula ensuite jusqu'au petit salon vert où elle écouta un feuilleton radiophonique. Lorsque, au bout d'une demi-heure, on annonça les actualités, elle se hâta d'éteindre le poste. Et c'est là qu'eut lieu le premier incident depuis la bénédiction du manoir : elle descendait paisiblement les marches de l'escalier qui menait au rez-de-chaussée, tout à ses pensées, lorsqu'elle entendit comme un frottement au-dessus d'elle. La tante d'Archie, que d'aucuns avaient surnommée « le Dindon », semblait se dandiner. Et pour cause, le tableau *se balançait* ! Puis ce fut au tour de ses voisins d'à côté, très vite rejoints par ceux du dessous et du dessus. Bientôt, ce furent tous les ancêtres, ainsi qu'Archie, George et elle-même, qui s'agitèrent, chacun à son rythme. Elle eut soudain l'impression d'être sur un navire qui tanguait, à tel point qu'elle fut prise d'un vertige.

« Mr Talbott ! cria-t-elle en s'agrippant à la rampe. Mr Talbott !

— Oui ? fit-il en arrivant, quelque peu affolé par le ton angoissé de sa maîtresse.

— Regardez ! »

Il ne put que constater l'étrange phénomène.

« Oh ! s'exclama-t-il. Les avez-vous touchés, Madame ?

— Mais non ! C'est bien le problème ! Croyez-vous que je vous aurais appelé pour vous faire voir des tableaux que j'aurais fait se balancer moi-même ?

— Peut-être un coup de vent alors ? »

Elle parut affligée par cette remarque.

« Retirez-les.

— Tous ?

— Tous. »

Les tableaux cessèrent tout à coup leur curieux ballet. Lucille et Mr Talbott guettèrent fébrilement un nouveau caprice de leur part, mais ils se tinrent à carreau.

« Souhaitez-vous toujours que je les retire ?

— Plus que jamais. Je ne veux plus les voir.

— Dans ce cas, puis-je vous suggérer de les couvrir, plutôt ?

— Les couvrir ?

— Ainsi nous n'aurons qu'à les découvrir lorsque nous aurons de la visite. Je veux dire, lorsque *vous aurez* de la visite. Et lorsque Monsieur rentrera. »

Elle réfléchit à la suggestion. Mr Talbott ajouta :

« Nous pourrions utiliser les draps dans lesquels nous les avions enveloppés lors du déménagement. »

Elle réfléchit encore quelques secondes avant de donner son assentiment.

« Soit. Couvrez-les. »

Alors qu'elle regagnait l'étage, elle s'arrêta et ordonna encore :

« Mais s'ils s'avisent de se balancer à nouveau, remisez-les immédiatement au sous-sol. »

Ce n'était pas tant une consigne qu'elle adressait au majordome qu'une menace qu'elle proférait directement à l'attention des intéressés.

Tandis que Mr Talbott et Ruby terminaient de couvrir les portraits, ils virent Lucille redescendre l'escalier avec un édredon… et le jeter au sol, en plein milieu du vestibule ! Puis s'en aller et revenir avec des coussins qu'elle posa par-dessus.

« Que… que faites-vous, Madame ? bégaya le majordome.

— Oh, rien. J'ai peur que le lustre ne se décroche. Il me paraît si lourd tout à coup. Je crains pour le sol, et pour le lustre, bien entendu. Je me suis dit : “Ne vaudrait-il mieux pas qu'il atterrisse sur du mou ?”

— Je vois… dit Mr Talbott, qui ne voyait rien du tout.

— Alors… ça va rester comme ça ? s'inquiéta Ruby.

— Oui, répondit Lucille. Bien sûr !

— Évidemment ! appuya le majordome. Quelle question ! Imaginez que le lustre tombe ! »

Quel faux cul, çui-là ! se dit Ruby en les abandonnant. *Si ce fichu lustre doit tomber un jour, j'espère qu'il sera en dessous, tiens !*

« Vous sentez-vous mieux ? »

Après son petit déjeuner, Lucille était venue trouver Pearl à l'office.

« Bien mieux, Madame, mentit Pearl. Je sais pas ce que j'ai eu. C'est sûrement quelque chose que j'ai mangé…

— Pardon ?! s'insurgea Mrs Dodds.

— Ou bien j'ai dû prendre froid… » se rattrapa la jeune fille.

Un ange passa au-dessus des trois femmes.

« Quoi qu'il en soit, ménagez-vous aujourd'hui.

— C'est gentil, Madame. »

Lucille aurait aimé échanger encore quelques mots avec Pearl et Mrs Dodds, ne serait-ce que des banalités, afin de tuer le temps, mais elle lut « Autre chose ? » dans le regard des deux femmes, qui semblaient n'attendre de leur employeuse qu'au mieux des directives, au pire des reproches. À regret, Lucille se résigna à les quitter.

*

Dans le parc, Viviane, qui avait reçu des nouvelles rassurantes de sa cousine, dessinait, le cœur léger, sur un des bancs de pierre quand Lucille, qui l'avait aperçue depuis une fenêtre, s'en vint à sa rencontre.

« Où est George ? » demanda-t-elle.

La préceptrice interrompit son travail, mais garda son cahier ouvert sur une esquisse du kiosque.

« Il est avec Ruby. Il lui a demandé de coudre des yeux à son ours en peluche.

— Des yeux ?

— Oui, enfin, des boutons.

— Vous a-t-il dit pourquoi ?

— Non, mais je dirais que c'est plutôt positif.

— Oui, sans doute. »

Elles se turent durant de longues secondes. « Autre chose ? » crut entendre Lucille.

« Tout va bien ? demanda la préceptrice, s'efforçant de ne pas montrer à Lucille qu'elle la dérangeait.

— Non.

— Pardon ?

— Je suis à bout. Je ne vais pas bien du tout. Du tout. »

Elle s'assit à côté de Viviane.

« Et je n'ai personne à qui parler. Il y a George, bien sûr, mais je ne peux pas lui faire part de mes soucis et de mes craintes.

— Vos craintes ?

— Cette maison me fait peur parfois. J'ai l'impression que c'est moi qui lui appartiens et non l'inverse. Je… Je perds pied. »

Viviane lui tapota maladroitement le bras.

« Mais non…

— Et Archie qui est reparti… Et qui n'est pas là, même quand il est là ! J'y pensais ce matin… Oui, j'ai eu beaucoup de temps pour réfléchir, trop de temps sans doute, mais que voulez-vous, les travaux sont terminés, j'ai remis ceux du parc à plus tard, je n'ai ni les idées assez claires ni le cœur à me lancer dans une telle entreprise… Alors, certes, mes lectures et mon cercle littéraire m'occupent, et puis George, qui demande beaucoup d'attention, mais… *(Elle s'interrompit.)* Où en étais-je ?

— …

— Oh, où voulais-je en venir ? J'ai perdu le fil. »

Viviane aussi l'avait perdu.

« Vous voyez, reprit Lucille, je perds pied, je perds le fil, je perds Archie, je perds tout… Ah, oui ! Archie qui n'est jamais là, même quand il est là… Oui, voilà ! J'y pensais ce matin, donc : c'est pour cette raison que j'achète autant de meubles depuis toutes ces années. Je m'ennuie, alors je meuble. »

Viviane attendait la suite.

« Je *meuble* ! Dans tous les sens du terme. Vous comprenez ?

— Maintenant, oui.

— Je meuble… » répéta Lucille comme pour elle-même.

Elle attendait que sa nouvelle confidente relançât la conversation, mais il n'en fut rien. Son regard s'attarda sur la bague de fiançailles de la préceptrice.

« N'avez-vous jamais été mariée ? » interrogea Lucille.

Elle qui n'avait jamais été curieuse de la vie de son employée semblait y trouver un intérêt soudain.

« Non. J'ai *failli* me marier, mais mon fiancé est mort.

— Oh, mon Dieu, quel malheur ! À la guerre ?

— Non, il en avait réchappé. Il est mort un an après l'armistice. Un accident, à quelques semaines de notre mariage.

— Mon Dieu ! répéta Lucille. J'imagine que vous deviez beaucoup l'aimer.

— Beaucoup. Les années que nous avons passées ensemble furent les plus belles de ma vie. Bien sûr, je ne le savais pas sur le moment.

— Je suppose qu'il en est toujours ainsi.

— Sans doute. Quand j'y pense… Nous étions heureux et nous ne le savions même pas. »

Pendant quelques minutes, elles semblèrent méditer ces paroles. Une nuée de grives rompit le silence en les survolant. Les deux femmes les observèrent, puis Lucille demanda :

« Êtes-vous heureuse avec nous ? »

Viviane hésita un instant avant de répondre :

« Autant que je puisse l'être. »

Puis elles se turent à nouveau.

Se peut-il, songea Lucille, *que je sois heureuse et que je ne le sache pas ?*

Deux semaines après le départ d'Archie, si un visiteur avait surgi à l'improviste, il aurait trouvé des draps sur *tous* les portraits du manoir, y compris dans les chambres, mais aussi des édredons, des couvertures et des coussins sous *tous* les lustres, pour peu qu'ils parussent vaguement lourds. Fort heureusement, personne ne venait jamais à l'improviste, excepté Alistair, qui avait fait vérifier la solidité des installations, mais n'était pas pour autant venu à bout des craintes irraisonnées de Lucille.

Naturellement, en ce jour de réunion du cercle littéraire de Winnicott Hall – c'était son nom officiel, que personne d'autre que sa fondatrice n'employa jamais, surtout pas Mrs Dodds –, ses membres ne trouvèrent rien de tout cela dans le vestibule et le grand salon. Aussi purent-elles s'asseoir, comme à l'accoutumée, sous l'imposant lustre de bronze et de cristal du salon d'apparat.

Comme l'avait redouté Lucille, il y eut un moment de flottement lorsque ses amies et elle se retrouvèrent, mais il se dissipa aussitôt que Mrs Poole eut mis les « événements de la dernière fois » sur le compte de la mirabelle.

« Quelle aventure ! » conclut Mrs Steele dans un rire un peu trop strident pour être sincère.

Ruby et Pearl firent alors une entrée plus remarquée qu'elles ne l'auraient souhaité, en raison du tintement des tasses qui s'entrechoquaient sur les plateaux qu'elles apportaient en tremblant.

« Eh bien, que vous arrive-t-il ? demanda Lucille.

— Rien, Madame », répondit Ruby.

Madame n'aurait sans doute pas aimé qu'elles répondissent que tous les tableaux du vestibule se balançaient.

Tandis que Pearl servait le thé, toujours en tremblant, une goutte d'un liquide rougeâtre vint s'écraser et s'étendre sur la belle nappe blanche. Puis une deuxième, immédiatement suivie d'une troisième.

« Oh ! s'exclama la domestique en portant à son nez une main qu'elle souilla à son tour.

— Elle saigne ! s'écria Mrs Barry.

— Qui est blessée ? s'inquiéta Mr Talbott en entrant.

— C'est rien, fit Ruby en tendant une serviette à sa sœur.

— Excusez-moi, marmonna Pearl derrière la serviette, avant de s'éclipser à grands pas.

— Attention au tapis ! s'exclama le majordome. Si vous le tachez, ce sera retenu sur vos gages ! »

Face aux mines réprobatrices de Madame et de ses invitées, il ajouta :

« J'espère que ce n'est rien de grave. »

Puis il s'éclipsa à son tour, sous le prétexte fallacieux de s'en assurer. Ruby le suivit de peu.

« Désolée pour cet incident, s'excusa Lucille. Bien… Et ce livre ? »

Mais si elle espérait détendre l'atmosphère, c'est tout le contraire qui se produisit. Pour quelle raison ? Oh, une raison bien futile, comme vous pourrez en juger : Mrs Barry devait encore réfléchir afin de savoir si elle avait aimé ou non sa lecture.

« Comment cela ? s'interrogea – et l'interrogea – Mrs Steele. Soit vous avez aimé, soit vous n'avez pas aimé.

— Non, c'est plus compliqué que cela. C'est que… Enfin…

— Avez-vous passé un bon moment ?

— Ce n'est pas ce que je dirais.

— Alors vous n'avez pas aimé.

— Ce n'est pas si simple. Certes, j'ai dû lutter pour en venir à bout, mais…

— Vous n'avez pas aimé.

— Ne me faites pas dire ce que je n'ai pas dit, bon sang ! s'emporta Mrs Barry.

— Mais ne nous dites pas que vous avez aimé un livre qui vous a assommée !

— Peut-être ai-je aimé l'état dans lequel il m'a plongée ?

— Eh bien, pour ma part, j'attends d'un roman qu'il me divertisse, pas qu'il m'endorme. »

Lucille tenta de reprendre les rênes de la réunion et d'apaiser les tensions :

« Je crois que nous lisons toutes pour des raisons différentes. Certaines cherchent à réfléchir, à apprendre, d'autres à se divertir, s'évader, d'autres à ressentir des émotions, d'autres encore à…

— …s'endormir ! railla Mrs Steele, déclenchant les rires de Mrs Poole et Mrs Heslop.

— C'est malin ! fit Mrs Barry en haussant les épaules.

— Pour ma part, reprit Mrs Steele, j'attends d'un livre qu'il me donne à réfléchir *et* qu'il me divertisse *et* qu'il me fasse passer par toutes sortes d'émotions. J'ai besoin de surprises, j'ai besoin de frissons… »

C'est sur ces mots que le grand lustre de bronze et de cristal choisit de se décrocher du plafond pour exploser avec fracas sur la table en marqueterie d'époque Louis XIV autour de laquelle s'étaient réunies ces dames. Elles bondirent et s'écartèrent en hurlant. L'épouse du *Chairman of the Parish Council*, en reculant son fauteuil, tomba à la renverse et en perdit sa perruque, que les autres piétinèrent en s'enfuyant. Elle rampa jusqu'au postiche, en bien triste état, qu'elle se hâta de remettre sur sa tête comme elle le put avant de se relever et de déguerpir aussi vite que ses jambes flageolantes le lui permirent.

« Que se passe-t-il ? » demanda Mr Talbott lorsqu'il arriva enfin, alerté par l'effroyable vacarme et les cris.

Il avait cru qu'une bombe avait explosé dehors, mais c'était pire.

« Notre table… se lamenta-t-il. Notre lustre… »

Il était bel et bien tombé. C'est Madame qui avait raison.

Naturellement, sitôt les invitées parties – ou plutôt enfuies – et toute trace des dégâts effacée, on doubla le nombre de coussins sous le gigantesque lustre du vestibule. Cependant, Lucille ignorant que les portraits s'étaient balancés une fois encore, on se contenta de les masquer à nouveau et ils échappèrent au sous-sol. Pour cette fois.

Lucille, bien qu'elle n'aspirât plus qu'au calme, avait dû se résoudre à faire revenir des ouvriers pour réparer les dommages causés au plafond et au parquet du grand salon. Tandis qu'ils s'y employaient – le plâtrier sur son échafaudage et le menuisier dessous –, elle se réfugia dans sa pièce où, entourée de sa collection de poupées anciennes, elle lut le *Times*. C'est ainsi qu'elle apprit l'arrestation d'un certain Bruno Hauptmann dans le cadre de l'affaire Lindbergh. Elle frémit à l'évocation de ce fait divers qui l'avait traumatisée durablement, ainsi que le monde entier.

Alors que George et Viviane allaient quitter le manoir pour leur sortie quotidienne, la mère de l'enfant pria la préceptrice de ne pas s'aventurer hors du parc. Au regard interrogateur de cette dernière, Lucille répondit qu'elle ne voulait pas qu'à l'affaire Lindbergh succédât l'affaire Montgomery ! Sachant la mère de son élève fragilisée par les événements récents, Viviane ne discuta pas.

Alors qu'elle et George étaient assis sur l'herbe et qu'elle dessinait, le garçon lui demanda :

« Que pouvez-vous me dire sur l'affaire Lindbergh ?

— Que voulez-vous savoir ?

— Ce que mère m'en a caché. Soit à peu près tout. Je sais seulement que l'on a kidnappé un bébé dans son berceau voilà deux ans. Le fils du célèbre aviateur.

— Savez-vous qu'on a retrouvé cet enfant mort ?

— Aujourd'hui ?

— Non. Deux mois après le kidnapping, à quelques *miles* de la maison de ses parents. Son ravisseur l'avait tué le soir même de l'enlèvement, ce qui ne l'avait pas empêché de demander une rançon…

— Le misérable !

— Une rançon qui a été versée, d'ailleurs.

— Le… Le… Les mots me manquent.

— Le salaud, proposa Viviane.

— Je pensais plutôt à "scélérat", mais… "salaud"… me va très bien. »

Notez qu'il avait prononcé ce mot proscrit avec la gourmandise du garnement qui sait qu'il ne se fera pas taper sur les doigts.

Il n'entendait plus la mine du crayon sur le papier. Viviane avait cessé de dessiner. Un papillon s'était posé sur la feuille. Elle admira ses ailes orange et noir.

« Et pourquoi mère s'inquiète-t-elle aujourd'hui, questionna George, si l'on a retrouvé cet enfant il y a deux ans ?

— Il semblerait qu'on ait identifié le… malfaiteur.

— Ah, je comprends mieux. Et qui est-ce ?

— J'ai oublié son nom. Je crois avoir entendu Mrs Dodds l'appeler "Hautman"… En revanche, je sais qu'il est, ou a été, menuisier.

— Ciel ! Si mère l'apprend, je crains que celui qui est occupé à restaurer notre parquet ne fasse pas long feu ! »

Ils rirent et le papillon s'envola. Puis George entendit Viviane reprendre son ouvrage.

« Puis-je savoir ce que vous dessinez depuis tout à l'heure ?

— Je fais le portrait d'un joli petit garçon.

— Oh. Que vous avez connu ?

— Que je connais. »

Il hésita avant de s'aventurer à demander :

« De mémoire ou… ?

— D'après modèle. »

Flatté, il rougit.

« Je ferais aussi votre portrait si je savais mieux dessiner. Et, accessoirement, si je savais à quoi vous ressemblez.

— J'en suis très touchée. »

Quand le portrait fut achevé, il était l'heure de rentrer. Alors qu'ils se relevaient, George remarqua :

« Ainsi mère redoute que l'on m'enlève à mon tour… C'est donner beaucoup d'importance à père, qui n'est pas un célèbre aviateur. Ni même un célèbre archéologue, hélas.

— Ou heureusement, dans ce cas précis.

— Ou heureusement, concéda-t-il. Peut-être.

— C'est aussi *vous* donner beaucoup d'importance.

— Sans aucun doute. Mais ne pensez-vous pas que quelqu'un pourrait avoir un intérêt à m'enlever ?

— Je crois que vous n'avez pas à vous en faire.

— Eh bien ! Je pourrais m'offusquer ! Ce monstre dans l'étang voulait bien de moi, lui ! Et puis, ne vous en déplaise, je me dis que ce serait commode pour un ravisseur : je ne pourrais pas faire son portrait, à lui non plus. Et puis… Et puis je suis plutôt gentil, non ? Et sage, et… Non, vraiment, ce ravisseur ferait une bonne affaire avec moi.

— Effectivement, maintenant que j'y réfléchis plus sérieusement, votre mère a toutes les raisons de s'inquiéter.

— Je le crois aussi. »

Viviane le prit par le bras pour la première fois, ce qui deviendrait une habitude à compter de ce jour.

« Méfiez-vous, vieux barbon, je pourrais bien vous enlever moi-même !

— Ah ! Merci, miss ! Je n'en attendais pas moins de vous. Et je vous retourne le compliment. »

Dans le vestibule, lorsqu'un homme les salua et que la préceptrice signifia à son élève qu'il s'agissait du menuisier, sur le départ, un même sourire complice se dessina sur leurs visages.

Pearl, en repassant le *Times*, avait appris que la veille avait eu lieu, à Glasgow, devant deux cent cinquante mille personnes, l'inauguration du *Queen Mary* en présence du roi George V et de la reine Mary, qui avait donné son nom au transatlantique. Lorsqu'elle l'annonça à Ruby et à Mrs Dodds, après avoir déposé le journal dans la bibliothèque, la cuisinière leur fit part de ses réserves :

« Je sais pas vous, mais moi, j'attendrais avant de le prendre. Je me méfie des bateaux, depuis le *Titanic* ! Quand je pense que j'aurais pu être dessus… J'en ai la chair de poule.

— Ah bon ? rebondit Pearl. Vous deviez prendre le *Titanic* ?

— Non. Mais j'aurais pu ! »

Elle crut percevoir un sourire sur les lèvres des deux sœurs.

« Ben, quoi ? Si j'avais voulu aller en Amérique ! N'empêche, tout cet argent dépensé pour un bateau qui va peut-être se retrouver au fond de l'eau… Alors que le peuple faisait des marches contre la faim y a encore quelques mois !

— Mais ça donne du travail à beaucoup de gens, argumenta Pearl. À ce compte-là, Monsieur et Madame devraient arrêter de dépenser autant d'argent pour le manoir. Ils pourraient aussi en nourrir, des pauvres. En attendant, on est bien contentes qu'ils nous emploient. Pareil pour tous les ouvriers qui sont passés ici, tous les gens qui travaillent sur leurs terres, ceux à qui ils achètent des tableaux, des meubles…

— Ça a rien à voir. Mais tous ces millions dans un bateau, moi, ça me choque !

— Eh ben, moi, j'irais bien y travailler sur le *Queen Mary*, fit savoir Ruby. Que je fasse des lits ici ou sur un paquebot, c'est pareil, et au moins je verrais du pays !

— Parce que tu crois que t'auras le temps de voir l'Amérique ? se gaussa Mrs Dodds. Tu seras à peine arrivée – si t'arrives ! – qu'il faudra déjà repartir dans l'autre sens. Alors merci bien ! Pour peu que t'aies le mal de mer… »

Mr Talbott entra alors, essoufflé :

« Il y a encore une flaque d'eau…

— Encore ? s'agaça Ruby. Où cette fois ?

— Dans le corridor, à côté de la chambre de Mr George.

— Je comprends pas. C'est la quatrième fois ce mois-ci. Elle vient d'où, cette flotte ? Il y a pourtant aucune fuite nulle part… »

Mr Talbott et Pearl semblaient tout aussi déconcertés.

« Bon, fit Ruby, je vais éponger ça.

— Ça va t'entraîner pour le *Queen Mary* ! » se moqua Mrs Dodds, décidément en verve.

Le majordome, qui ne saisit pas l'allusion, leva un sourcil interrogateur.

« Eh ben… soupira la cuisinière, pas besoin d'aller sur le *Titanic*, avec cette baraque qui prend l'eau ! »

« DEBOUT ! »

Lucille s'éveilla en sursaut, certaine que l'on venait de lui hurler au visage. Abasourdie et l'esprit embrumé de quelqu'un qui vient d'être arraché au sommeil, elle chercha autour d'elle qui avait bien pu lui jouer ce mauvais tour. Mais elle dut se rendre à l'évidence : elle était seule dans sa chambre. Décontenancée, elle se réfugia dans « sa pièce » pour y finir la nuit, pelotonnée dans le petit lit Empire, au milieu de ses poupées.

La semaine suivante, un matin, Lucille s'arrêta net sur le seuil de son « lieu à elle » devant une vision sidérante : d'ordinaire sagement assises sur le petit lit et le canapé, les fillettes de porcelaine se trouvaient éparpillées à travers la pièce, jusque sur le lustre, dans toutes les positions possibles et imaginables. Il lui sembla que plusieurs d'entre elles la fixaient durement de leurs yeux de verre. Une autre, une paupière close, paraissait lui adresser un clin d'œil moqueur. Puis un rire d'enfant déchira le silence, un rire aigu qui la fit vaciller sur ses jambes, si bien qu'elle dut se laisser tomber sur le banc de piano d'époque

Restauration qui agrémentait le corridor et sur lequel personne n'avait encore jamais eu l'idée de s'asseoir.

L'explication la plus rationnelle qu'elle put trouver dans l'état d'égarement qui était le sien fut qu'elle était victime d'un envoûtement. Mais qui pouvait lui en vouloir suffisamment pour la tourmenter de la sorte ? Elle repensa alors à des gens à qui elle n'avait pas songé depuis des années. Un prétendant éconduit, une camarade jalouse, un employé mécontent... Mais elle avait beau chercher, elle ne voyait personne qui fût susceptible de la détester assez pour lui jeter un sort.

À moins, songea-t-elle, *que ce ne soit le manoir qui soit maudit ? Dans tous les cas, à l'évidence, la bénédiction a échoué. Pourquoi a-t-il fallu que cet imbécile de révérend Blatty oublie d'allumer cette satanée bougie ? Non, non, décidément, je ne suis pas aidée. Ne pourrai-je donc jamais me reposer sur qui que ce soit ? Il semble que non.*

Plusieurs jours s'écoulèrent encore avant que Mr Talbott – déjà secoué par l'assassinat, « en France, naturellement ! », à Marseille plus exactement, du roi Alexandre Ier de Yougoslavie – eut à son tour sa part de vision sidérante : des rayonnages entiers de la bibliothèque étaient vidés de leurs ouvrages, qui se retrouvaient dispersés en petits tas çà et là sur le parquet et les tapis.

Au milieu de ce chaos, une Lucille à la coiffure désordonnée composait une nouvelle pile de livres.

« Que faites-vous, Madame ?

— J'ai pensé tout à coup que la bibliothèque était beaucoup trop lourde. »

Elle fit passer une mèche derrière son oreille.

« Le sol va finir par s'effondrer sous le poids de toutes ces œuvres !

— Vous… Vous croyez ? demanda un Mr Talbott pour le moins sceptique.

— Cela m'a paru une évidence. Enfin, c'est mathématique. C'est pourquoi je répartis le poids. »

À en juger par la mine du majordome, la démonstration ne lui paraissait guère probante. Qu'importe :

« Dans ce cas, voulez-vous que je vous aide, Madame ? »

Le regard de Lucille parcourut les rayonnages du haut.

« Je veux bien. »

Mr Talbott se mit à la tâche. Quelques minutes plus tard, en nage alors qu'il se faufilait, les bras chargés, entre Mary Shelley, Wilkie Collins et Oscar Wilde, il proposa :

« Nous pourrons faire venir un menuisier et peut-être même un maçon pour nous assurer de la solidité de la bibliothèque et du sol.

— C'est une idée… »

Alors que son fidèle serviteur se démenait à ses côtés, ployant à présent sous un pan de la littérature anglaise du XVIIIe siècle, Lucille le considéra. Il sentit son regard et demanda :

« Madame ?

— Merci, Mr Talbott. »

Peut-être pouvait-elle se reposer sur quelqu'un, finalement.

*

Très tard ce soir-là, Viviane rejoignait l'office pour préparer son infusion lorsqu'elle entendit, venant d'une des petites pièces des communs, d'étranges bruits qui l'intriguèrent. Ceux d'un meuble que l'on semblait secouer avec la régularité d'un métronome, accompagnés des soupirs les plus angoissants qu'il lui eût été donné d'entendre, soupirs qui se muaient parfois en râles sinistres. Un frisson lui parcourut l'échine tandis que son sang déserta son visage.

Elle allait rebrousser chemin lorsqu'elle se fit la réflexion que c'était l'occasion ou jamais de découvrir une bonne fois pour toutes ce qui se passait entre les murs de ce fichu manoir. Était-elle folle, oui ou non ? Ses peurs étaient-elles le fruit de son imagination ? Elle allait enfin le savoir.

Elle s'avança lentement vers la porte, posa une main sur la poignée, l'ouvrit aussi délicatement que possible et trouva Mr Talbott, le pantalon sur les chevilles, en train de trousser la jeune Pearl, penchée sur une table qui tremblait en rythme.

Face à cette vision ahurissante, de ces visions si choquantes qu'elles vous font croire à un cauchemar éveillé, Viviane fut plongée dans un tel état de sidération qu'elle les regarda forniquer ainsi quelques secondes, avant de refermer la porte.

Pendant quelques jours, elle aurait le plus grand mal à regarder les deux amants dans les yeux.

« Mademoiselle ? Allô ? Mademoiselle ? »

Dans la bibliothèque, Lucille, debout face à ses piles de livres, cherchait à joindre ses parents, toujours par monts et par vaux.

« Bonjour, répondit l'opératrice à l'autre bout du fil. Je vous écoute.

— Pourriez-vous me passer l'hôtel Eden-Roc, au cap d'Antibes, en France, je vous prie ?

— Oui. Une minute. Ne quittez pas. »

Elle patienta en tirant sur sa cigarette, jusqu'à ce qu'elle entendît une sorte de cliquetis. Quelque part en France, à des centaines de *miles* de Winnicott Hall, on venait de décrocher. Elle ne cesserait jamais de s'étonner de ce genre de prouesse technologique. Quel dommage qu'Archie, au milieu du désert, ne fût pas aussi facilement joignable !

« Allô ? » demanda-t-elle.

Un fort grésillement la poussa à éloigner le combiné de son oreille.

« Allô ? réitéra-t-elle lorsqu'il y eut un peu moins de friture sur la ligne.

— AAA-LLÔÔÔÔ... répondit une voix d'outre-tombe qui lui donna la chair de poule.

— Le... L'hôtel Eden-Roc ? demanda-t-elle, peu rassurée.

— LUUU-CIIIIILLE... » entendit-elle encore, de la même voix sépulcrale.

Lucille se figea. Désarçonnée, elle tenta un :

« Père ?

— NOOOOOOOOOON », lui répondit-on, avant de partir d'un grand éclat de rire démoniaque.

Elle blêmit et raccrocha, avant de vaciller et de se cramponner au dossier d'un fauteuil pour ne pas s'effondrer. Hagarde, elle resta un long moment à fixer l'appareil, attendant elle ne savait trop quoi. Lorsque la sonnerie retentit soudainement, elle tressauta et poussa un cri de surprise et de peur, avant de quitter la bibliothèque en courant.

*

Tout le reste de la journée, Lucille eut le plus grand mal à se concentrer sur quoi que ce fût. Aussi, Mr Talbott n'obtint-il jamais de réponse claire à ses questions concernant l'organisation de la réunion à venir du cercle littéraire de Winnicott Hall, pas plus qu'à celles ayant trait aux menus des repas. De guerre lasse, il décida de régler seul ce qui pouvait l'être.

Lucille se sentait si désemparée qu'elle pria Viviane de lui préparer à nouveau des tisanes pour la détendre. Elle savait désormais que ses décoctions n'avaient rien d'hallucinogène et que des phénomènes extraordinaires agitaient bel et bien le manoir.

Ainsi, ce soir-là, se mit-elle au lit avec une infusion de la préceptrice et un roman, *Requiem* d'A. E. Fisher. Un spectateur indiscret aurait pu la voir tourner les pages, puis s'arrêter tout à coup, perplexe, pour revenir en arrière et s'apercevoir qu'elle n'avait rien assimilé de ce qu'elle avait lu – ou cru lire. Il aurait également pu voir le livre trembler légèrement. Quant à sa tisane, lorsqu'elle finit par y penser, le temps avait filé sans qu'elle s'en fût aperçue, si bien qu'elle constata, navrée, que sa médication était froide. Elle la but néanmoins, tant elle plaçait d'espoirs en elle.

En ce début d'après-midi, Mr Talbott fit plusieurs allers-retours entre la porte d'entrée et le grand salon. Quatre exactement. À chaque fois, il réceptionna un mot que lui faisait parvenir une des habituées du cercle littéraire de Madame. Mrs Steele fut la première à demander qu'on l'excusât de ne pouvoir assister à la réunion du jour, mais une prétendue fièvre fulgurante l'empêchait de se rendre à Winnicott Hall. Quant à Mrs Poole, c'était une crise de rhumatismes qui l'immobilisait. Mrs Barry, de son côté, avait une épouvantable rage de dents et, pour finir, le fils de Mrs Heslop souffrait de maux de ventre et elle ne pouvait se résoudre à abandonner le pauvre petit sur son lit de douleur. Bien évidemment, leur hôte ne fut pas dupe : ses amies n'avaient aucune intention de remettre les pieds au manoir après avoir failli périr sous le grand lustre en cristal.

À l'heure où elles auraient dû commencer à débattre de *Requiem*, Lucille se retrouva à déambuler comme une âme en peine dans le vaste salon. Elle finit par s'asseoir face à la table que ses domestiques avaient dressée malgré tout, telle une enfant qui se retrouverait seule à sa fête d'anniversaire.

*

Ce soir-là, Lucille eut un mal fou à trouver le sommeil. Lorsqu'elle ralluma la lumière pour s'enquérir de l'heure, sa pendule indiquait onze heures vingt-six. Elle éteignit, se tourna et se retourna dans son lit pendant ce qui lui sembla au moins une demi-heure, puis ralluma à nouveau. La pendule indiquait toujours onze heures vingt-six. Alors seulement elle remarqua le silence, qu'aucun tic-tac ne venait troubler. Elle se leva pour aller consulter sa montre sur sa coiffeuse : onze heures vingt-six !

Angoissée par cette coïncidence qui ne pouvait en être une, fébrile et incapable de se rendormir, elle décida de se réfugier dans le salon vert, l'une des rares pièces du manoir où aucun incident (ou phénomène ou appelez-le comme il vous plaira) ne s'était encore produit. Dans les corridors, elle s'aperçut que *toutes* les pendules, horloges et autres comtoises du manoir s'étaient arrêtées en même temps.

*

Dans la nuit, George reçut une visite dont il se serait volontiers passé. Alors qu'autour de lui le plancher grinçait depuis quelques secondes, il demanda :

« Tobias ? »

Sans réponse, il plongea la tête sous ses draps et attendit. Son cœur se mit à cogner plus fort lorsqu'il lui sembla que l'on s'approchait, et plus fort encore lorsqu'il entendit respirer. De peur, et pour mieux écouter, le garçon retint son propre souffle. Quelqu'un, quelque chose, respirait toujours. L'enfant se boucha les oreilles, puis, dans une attente terrible qui faisait passer les secondes pour des minutes, se mit à prier tout bas.

C'est alors que, de la même façon que le siège d'un fauteuil s'était affaissé face à ces dames du cercle littéraire, on s'assit sur son lit. Et le petit garçon sut, au poids de l'inconnu, qu'il ne s'agissait pas d'un enfant.

« M… Mère ? » demanda-t-il d'une voix craintive.

Il tâtonna à l'endroit où il espérait trouver sa mère, mais il n'y trouva personne. C'est-à-dire personne de son monde.

Fou d'angoisse, tremblant de tous ses membres, George se recroquevilla dans son lit et répéta en boucle sa prière jusqu'à ce que l'épuisement eût raison de ses frayeurs et que le sommeil vînt le délivrer.

*

Dans le salon vert, Lucille se réveilla à une heure incertaine, heureuse de voir le jour se lever. Elle abandonna le fauteuil qui lui avait servi de lit et se dirigea vers la fenêtre, d'où elle admira l'étang encore nappé d'une brume vaporeuse. Elle resta un moment le front collé au carreau froid, concentrée sur la buée qu'elle produisait à chaque expiration, buée qu'elle regardait apparaître soudain, puis s'estomper jusqu'à disparaître, avant de réapparaître et disparaître à nouveau, inlassablement. Ce n'est que lorsqu'elle décolla son front de la fenêtre qu'elle s'avisa que de la buée était apparue sur un carreau voisin. Buée qu'elle vit disparaître à son tour. Puis réapparaître, et ainsi de suite, plusieurs fois, comme si… l'on respirait à côté d'elle. Saisie d'effroi, elle recula de quelques pas.

C'est alors qu'elle sentit un courant d'air sur sa nuque. Puis un autre. Lorsqu'elle se résolut à compter les secondes qui séparaient ces courants d'air, elle s'aperçut qu'ils lui parvenaient avec la régularité d'un métronome, toutes les quatre secondes. Elle tressaillit à la pensée qu'il s'agissait possiblement d'un souffle. N'y avait-il donc nul endroit dans cette maison où elle pouvait trouver refuge ? Elle passa sur son front une main tremblante et regagna sans tarder sa chambre et son lit.

*

Une heure plus tard (environ), ivre de fatigue, Lucille sortait de sa chambre lorsque Mr Talbott l'informa d'un appel téléphonique.

« Qui est-ce ? demanda-t-elle, non sans une certaine angoisse.

— La communication est si mauvaise que je ne suis pas certain d'avoir bien compris. Je crois que l'appel vient de France. »

Lucille choisit d'y répondre dans la bibliothèque.

« Toutes les horloges se sont arrêtées hier soir, Madame, lui dit-il en chemin.

— Je sais. Voyez ce que vous pouvez faire. »

Il ne se vanta pas d'avoir déjà essayé de voir, sans succès.

Dans la bibliothèque, toujours encombrée de piles de livres, il prit le combiné et annonça :

« Je vous passe Madame. »

Ce qu'il fit. Avant de parler, Lucille prit quelques secondes pour remettre ses cheveux en ordre.

« Allô ? demanda-t-elle. Allô ? Vous m'entendez ? *(...)* Allô ? Je ne vous entends pas bien. Allô ? *(...)* »

Le majordome, qui était resté, vit Lucille blêmir et lui rendre le combiné avant de défaillir.

« Madame ? Madame ! »

Il la rattrapa de justesse et resta planté là quelques secondes, ne sachant que faire. Puis il l'allongea délicatement sur le tapis, avant de lui administrer deux gifles trop timides pour la réveiller. À la suite de quoi il alla tirer sur le cordon qui fit venir Ruby.

« Madame ! s'exclama celle-ci en entrant dans la pièce.

— Ne restez pas plantée là comme une cruche ! Allez chercher les sels ! »

Elle allait s'exécuter quand il se ravisa :

« Non, aidez-moi plutôt à allonger Madame sur la banquette ! »

Ruby le rejoignit et attrapa les chevilles de Mrs Montgomery, qu'ils transportèrent aussi délicatement que possible. Lorsque cette dernière fut confortablement installée, ils hésitèrent quant à la procédure qu'il convenait de suivre. Ils restèrent là, un instant, les bras ballants, puis Mr Talbott se ressaisit :

« Eh bien ! Les sels ! Dois-je aller les chercher moi-même ? »

La domestique fila immédiatement et revint en un temps record avec les sels de pâmoison, ainsi qu'avec Pearl.

« Madame ! » s'exclama la jeune fille.

Mr Talbott déboucha le flacon de cristal sous le nez de Lucille et l'odeur du carbonate d'ammonium fit son œuvre. Déboussolée, elle ouvrit les yeux sur ses trois employés, penchés sur elle.

« Comment va Madame ? » s'enquit son serviteur le plus zélé.

Elle le regarda d'un œil vide.

« Je… Je crois que je vais me sentir mal… »

Elle réprima un haut-le-cœur. Le majordome lui donna un vase Legras à large encolure.

« Au cas où, Madame. »

Lucille prit le vase à deux mains.

« C'est cette odeur ! s'exclama Mr Talbott, incriminant les sels. Ouvrez la fenêtre ! »

Pearl se pressa d'obéir. Lorsqu'un nouveau spasme secoua la maîtresse de maison et qu'elle se pencha sur le vase, prête à restituer le dîner de la veille, le majordome intima aux sœurs Collins :

« Eh bien ! Laissez-nous ! »

Il tapa dans ses mains comme pour chasser une volée de moineaux.

« Allez ! Ouste ! Dehors ! »

Les deux sœurs ne se firent pas prier, n'ayant pas particulièrement envie d'assister au triste spectacle.

*

Le docteur Poole, alerté sitôt que Lucille eut regagné son lit, la trouva au plus mal, agitée, délirant même, s'adressant à des absents. Il lui prescrivit de quoi l'aider à recouvrer son calme et le sommeil. Mr Talbott mandata alors Bertram, qui rapporta les calmants dans la demi-heure qui suivit.

Lorsque Alistair rendit visite à la malade plus tard dans la matinée, elle n'était pas en mesure de le recevoir plus de quelques minutes, aussi ne s'attarda-t-il pas.

Le cousin d'Archie profita de son passage au manoir pour saluer George et Viviane, occupés à étudier *La Vie et les Aventures étranges et surprenantes de Robinson Crusoé de York, marin, qui vécut vingt-huit ans sur une île déserte sur la côte de l'Amérique, près de l'embouchure du grand fleuve Orénoque, à la suite d'un naufrage où tous périrent à l'exception de lui-même, et comment il fut délivré d'une manière tout aussi étrange par des pirates. Écrit par lui-même*, mieux connu sous le titre plus facilement mémorisable de *Robinson Crusoé*. L'échange fut bref mais, au son de la voix de son parrain, l'enfant le sentit bouleversé et en déduisit que, contrairement à ce que sa mère lui avait fait dire, elle n'avait pas simplement « attrapé un coup de froid ».

Lorsque, plus tard, il fit part de ses soupçons à Viviane, celle-ci, se remémorant la conversation à cœur ouvert qu'elle avait eue avec Lucille, rassura son élève : sa mère était simplement victime d'un coup de fatigue imputable à leur arrivée dans le Sussex, aux travaux du manoir qu'elle avait supervisés seule, à l'absence de son père et sans doute à d'autres facteurs encore. Elle se garda d'évoquer la solitude dont Lucille s'était plainte, de même que les phénomènes surnaturels qui l'inquiétaient. En effet, pour la première fois de sa vie, Viviane présuma que toute vérité n'était peut-être pas bonne à dire et qu'il était plus sage de préserver l'enfant. Dans cette optique, elle fit de son mieux pour lui occuper l'esprit tout le reste de la journée, une journée exempte d'horaires, faute de pendule ou de montre en état de marche, et durant laquelle tous ne purent se fier qu'à leur horloge biologique, la seule qui ne se fût pas arrêtée. Ainsi, les habitants de Winnicott Hall prirent le thé dès que l'envie s'en fit sentir, dînèrent quand ils eurent faim et montèrent se coucher à leurs premiers bâillements.

Viviane fut la dernière à quitter l'office. Elle remontait l'escalier de service lorsqu'elle vit Mr Talbott, visiblement pressé, quitter un des salons et rejoindre l'autre escalier de service, qui menait aux quartiers des employés masculins. Puis, tout de suite après, ce fut au tour de Pearl de sortir de ce même salon, en reniflant. Viviane fut tentée de remonter en vitesse, mais la domestique l'aperçut.

« Oh ! Vous êtes là ? fit-elle en s'essuyant les yeux.

— Que vous arrive-t-il ?

— Rien, c'est Mr Talbott... Il est vraiment méchant avec moi !

— Ah ? Je croyais que...

— Que quoi ?

— Que... cela se passait mieux entre vous.

— Pensez-vous ! Il est toujours sur mon dos... »

Une image vint immédiatement à l'esprit de Viviane, mais elle fit de son mieux pour la chasser au plus vite.

Pearl se mit à sangloter et se jeta dans ses bras.

« Allons, allons... »

La préceptrice, bien empruntée, tapota mécaniquement le dos de la pauvre enfant qui bavait sur sa chemise.

« Je le déteste », confia Pearl.

Viviane tombait des nues.

« Mais... je vous croyais... proches... »

La femme de ménage renifla en se dégageant.

« Quoi ? Où vous êtes allée pêcher une idée pareille ? »

Viviane, qui n'aimait rien moins que de se mêler de la vie des autres, hésita avant de lui demander :

« Est-ce qu'il vous force ? »

Pearl la dévisagea, déconcertée.

« Me force ? À quoi ?

— À... avoir des rapports avec lui.

— Quoi ? »

La stupéfaction de la domestique fut telle qu'elle fit un bond en arrière.

« Vous... Vous savez ?

— Je sais.

— Je... »

Pearl cherchait ses mots. Viviane attendit patiemment qu'elle les trouvât.

« Je sais pas pourquoi je fais ça… »

La suite tarda à venir, mais fut à la hauteur de l'attente.

« C'est comme si je me regardais faire, sans pouvoir agir. C'est ça. Comme dans un cauchemar. Un cauchemar qui revient tout le temps et me salit à chaque fois. »

Elle eut un frisson.

« Donc… vous n'êtes pas amoureuse de Mr Talbott ?

— Grands dieux, non ! Je sais pas pourquoi, mais je peux pas m'empêcher d'y retourner. Je vous choque, hein ? »

Viviane ne démentit pas.

« Remarquez, poursuivit Pearl, je vous comprends, je me choque aussi. Mais c'est plus fort que moi. Et je suis sûre que pour lui, c'est pareil… J'ai ces pulsions incontrôlables pour Mr Talbott. Je sais pas ce que ça veut dire… »

La panique se lut dans ses yeux tout à coup.

« Vous croyez que je peux être amoureuse de lui ?

— C'est possible. De la haine à l'amour, il n'y a qu'un pas.

— Mais enfin… enfin… c'est… le… le croque-mort !

— On ne choisit pas l'objet de son affection. »

Un instant, Pearl sembla abattue. Puis elle se reprit :

« Non ! Non, c'est pas de l'amour. Je sais ce que c'est que l'amour… C'est pas ça… »

Pearl pleurait à chaudes larmes et ne cessait de se lamenter :

« Je veux pas être amoureuse de lui ! »

Viviane la réconforta de son mieux, lui jura de ne parler de cette liaison scandaleuse à personne, puis elles montèrent se coucher.

Tout le monde dormait lorsque les pendules, horloges et autres comtoises du manoir se remirent en marche, en même temps, à onze heures vingt-six. À onze heures trente, lorsque leurs sonneries résonnèrent à travers Winnicott Hall, personne ne put en profiter, surtout pas Lucille qui, assommée de calmants, dormait enfin comme une bienheureuse.

Le lendemain, le soleil n'était pas encore levé quand Viviane, qui ne dormait pas et n'en pouvait plus de se retourner dans son lit, décida de sortir faire sa promenade matinale.

Arrivée à l'office, elle constata avec stupeur que la porte de l'entrée de service était grande ouverte. Elle prit soin de la refermer derrière elle et, éclairée par la pleine lune – la cause de son insomnie, se dit-elle –, avança dans le parc. Alors qu'elle s'approchait de l'étang, son attention fut attirée par une masse blanche qui flottait sur les eaux sombres encore nimbées à cette heure d'une brume fantomatique. Intriguée, elle s'avança vers ce qui ressemblait à un drap ondoyant au milieu des nénuphars. À mesure que ses pas la menaient vers la berge, un doute s'insinua dans son esprit ; un doute tel qu'elle finit par courir, jusqu'à ce que l'évidence s'imposât : c'était bien Pearl qui flottait là sur l'eau, dans la robe de mariée qu'elle se plaisait à essayer en cachette !

« PEARL ! »

La jeune domestique continuait à fixer la lune d'un œil indifférent, les mains affleurant à la surface de l'eau, paumes ouvertes vers le ciel. Viviane ne prit pas le temps d'ôter ses chaussures ; elle entra précipitamment dans l'eau glacée.

« PEARL ! PEARL ! »

Elle nagea jusqu'à celle qu'elle espérait en vie et la saisit à bras-le-corps, la sortant de sa léthargie.

« AAAAAAH ! hurla la jeune fille en se débattant.

— Calmez-vous ! Je vous tiens !

— AAAAAH !

— Je suis là ! Faites-moi confiance ! »

Pearl continua de crier et de se débattre, et ce fut tant bien que mal que Viviane parvint à l'entraîner jusqu'à la berge, sur laquelle toutes les deux s'écroulèrent, trempées jusqu'aux os et grelottantes.

« Qu'est-ce… Qu'est-ce qui m'a pris ? » demanda Pearl.

Viviane, qui tentait de reprendre son souffle, lui jeta un regard de totale incompréhension.

« Ce n'est pas à cause de Mr Talbott tout de même ? demanda-t-elle.

— Noooon ! Je sais pas pourquoi j'ai fait ça… Je me souviens de rien… »

Frigorifiées, les deux femmes, se soutenant mutuellement, se hâtèrent de regagner la chaleur des cuisines, où Mrs Dodds et Ruby les accueillirent par d'autres cris.

« Seigneur ! s'exclama Mrs Dodds. Vous êtes trempées ! Vous allez attraper la mort ! »

Mr Talbott, toujours prompt à réagir, fonça chercher des couvertures.

« Qu'est-ce qui s'est passé ? s'inquiéta Ruby. Qu'est-ce que tu fais dans ma robe ? »

Sa petite sœur, encore sous le choc, secoua la tête.

« Je sais pas… Je me suis réveillée dans l'étang… »

Viviane et elle allèrent dans la buanderie retirer leurs vêtements mouillés et s'emmitoufler dans les couvertures que Mr Talbott leur avait rapportées.

« Installez-vous près du feu, leur conseilla Mrs Dodds quand elles réapparurent. Je vous ai mis deux chaises devant la cheminée. »

Elles s'y assirent sans discuter.

Le silence se fit, seulement troublé par le bruit des bûches que l'on entendait craquer dans l'âtre de temps en temps.

« Tu te souviens vraiment de rien ? finit par demander Ruby.

— Rien du tout. Je... »

Les joues en feu, elle baissa les yeux.

« J'essayais la robe de mariée de maman dans une des chambres du deuxième quand j'ai été attirée par l'étang... Après, je sais plus. »

Viviane se demandait si c'était « le monstre de l'étang » qui l'avait attirée là. Elle garda ses questionnements pour elle et confia :

« Quand je l'ai trouvée, flottant à la surface de l'étang, on aurait dit l'*Ophélie* de Millais...

— Quoi ? fit Mrs Dodds.

— *Ophélie*. Le tableau, précisa la préceptrice. Le tableau de Millais. »

Les autres, qui n'avaient pas la moindre idée de ce dont elle parlait, ne surent que répondre et le silence retomba, pour perdurer durant tout le petit déjeuner.

*

« MR TALBOTT ! MR TALBOTT ! »

Longeant les portraits drapés, Ruby dévalait l'escalier quatre à quatre pour rejoindre le vestibule où le majordome était occupé à réarranger les coussins sous le lustre de manière à ce que leur disposition fût agréable à l'œil. Il s'alarma aussitôt :

« Qu'y a-t-il ? C'est Madame ?

— Non, ce sont les meubles !

— Les meubles ?

— Ils sont moisis !

— Attendez... »

Il se releva et, victime d'un étourdissement, vacilla.

« MR TALBOTT ! cria Ruby en se précipitant vers lui.

— Ça va, ça va, la rassura-t-il. Ne criez pas, vous allez réveiller Madame. De quels meubles parlez-vous ?

— De tous !

— Dans... Dans le salon vert ? Dans le cabinet de Monsieur ?

— Partout ! »

Épouvanté, Mr Talbott porta une main à sa bouche. Puis il examina la console à côté de lui et y trouva effectivement de toutes petites taches blanches et duveteuses.

« Miséricorde... »

La domestique secouait la tête en répétant :

« Je comprends pas... Je comprends pas...

— Ce doit être l'humidité. Cela peut arriver.

— Mais pas comme ça ! Pas du jour au lendemain ! Pas dans tout le manoir !

— Eh bien, si ! s'agaça Mr Talbott. La preuve !

— C'est forcément autre chose. Je suis sûre que vous y pensez, vous aussi.

— À quoi ? Que voulez-vous me faire dire ?

— Eh bien, aux fant...

— Taisez-vous !

— Mais...

— JE NE VEUX PLUS ENTENDRE PARLER DE…

— Chuuuut ! l'interrompit la domestique. Vous allez réveiller Madame. »

Le majordome leva les yeux vers l'étage.

« Vous avez raison. Je… »

Il semblait perdu, respirant à grand-peine.

« Pardon ? demanda-t-il, se tournant vers Ruby. Qu'avez-vous dit ?

— Moi ? J'ai rien dit.

— Vraiment ? »

Elle le regarda d'un drôle d'air.

« Qu'est-ce que vous avez entendu ?

— Non, rien… Rien. »

Il avait dû rêver. Du moins tenta-t-il de s'en convaincre.

« Bon, reprit-il, nous allons nettoyer tout cela. Vite, pressons, allez chercher votre sœur.

— Elle se repose.

— Ah… Ah, oui. Dans ce cas, nous nous débrouillerons sans elle.

— D'accord. Mais… le moisi risque de revenir, non ?

— C'est à craindre, en effet. »

Ils soupirèrent tous deux à cette perspective. Ruby eut alors une idée que certains lecteurs jugeront pleine de bon sens et d'autres totalement saugrenue. À chacun d'en juger, donc. Elle proposa :

« Si ça revient, il faudra mettre du talc.

— Du talc ?

— Sur les meubles. C'est ce que fait ma mère. Ça absorbe l'humidité.

— Vous n'y pensez pas ! s'indigna Mr Talbott. Vous imaginez tous les meubles du manoir couverts de talc ? »

Ruby porta son regard sur les coussins au sol, puis sur les tableaux recouverts de draps avant de constater :

« Au point où on en est… »

*

Au terme d'une journée épuisante, tant nerveusement que physiquement, Mr Talbott et les sœurs Collins firent particulièrement honneur au dîner. Après quoi, ils eurent le plus grand mal à rassembler leurs forces pour se relever. Aussi s'attardèrent-ils, suffisamment longtemps pour voir Viviane redescendre faire son infusion.

« Il y a des jours où je donnerais tout pour oublier ce fichu manoir… soupirait Ruby.

— Il faut qu'on retourne au cinéma, suggéra Pearl. Pour penser à autre chose pendant deux heures…

— Vous pouvez aussi faire le vide dans votre tête », proposa Viviane en remplissant d'eau la bouilloire.

Quatre paires d'yeux se tournèrent vers elle.

« Le vide ? l'interrogea Mrs Dodds, perplexe.

— Cela s'appelle méditer. C'est une pratique courante aux Indes. Cela consiste à ne penser à rien. »

Le majordome ricana.

« Il n'est nul besoin d'aller aux Indes pour trouver des gens capables de ce prodige !

— Pour une fois, nous sommes d'accord », répondit Viviane alors qu'elle mettait l'eau à chauffer.

Mr Talbott se demanda s'il ne s'agissait pas d'une pique déguisée.

L'idée de « méditer » semblait avoir plongé Mrs Dodds dans un abîme de perplexité.

« Comment voulez-vous ne penser à rien ? On a toujours quelque chose en tête… Non ?

— C'est une question de pratique, répondit la préceptrice. Il faut s'exercer.

— Comment ? demanda Ruby.

— Par exemple… »

Les yeux de Viviane se posèrent sur le dallage des cuisines.

« …vous fixez un point au sol. Et vous vous concentrez dessus. Intensément. Au bout de quelques secondes, vous ne verrez plus qu'une tache beige et vous ne serez, pour ainsi dire, plus vraiment là… »

Les quatre autres s'y essayèrent quelques minutes. Oui, même Mr Talbott, qui aurait prétendu le contraire si on l'avait pris sur le fait.

« Je crois que ça marche ! s'emballa Pearl.

— Moi, je vois toujours le dallage… regretta Mrs Dodds.

— Moi aussi, je suis toujours là, déplora Ruby.

— Vous êtes trop terre à terre, leur expliqua Pearl. Moi, je vois du sable…

— Alors, c'est que ça marche pas ! rétorqua sa sœur. Tu devrais rien voir du tout, si tu penses à rien.

— Ah, oui… En tout cas, j'étais plus là. »

Et en effet, le temps d'un instant, elle était allée en Irak, auprès de Monsieur.

« Il faut s'exercer, rappela Viviane en arrêtant la bouilloire qui commençait à siffler.

— Ouais, eh ben, je crois qu'on va plutôt retourner voir un film ! conclut Mrs Dodds.

— Une comédie ! précisa Ruby.

— Ou une histoire d'amour ! suggéra Pearl.

— Ou une comédie avec une histoire d'amour ! souscrivit Ruby.

— En tout cas, surtout pas un film qui fasse peur, énonça Mrs Dodds.

— Surtout pas ! approuvèrent en chœur les deux sœurs.

— On a déjà tout ce qu'il faut ici ! » conclut la cuisinière.

Ce mercredi 31 octobre, personne à Winnicott Hall n'eut le cœur à célébrer Halloween, chacun ayant déjà eu son compte de frayeurs et de revenants. Néanmoins, Alistair, à défaut de pouvoir traîner Lucille et George au village pour y faire la fête – en costumes de sorcière, de fantôme et de pirate, comme il l'avait naïvement envisagé à un moment –, insista pour que l'on observât une des traditions en vigueur à l'époque. Il sculpta donc un navet en forme de tête, comme c'était l'usage, y glissa une bougie et posa le tout devant la porte principale du manoir afin d'effrayer les mauvais esprits. La maîtresse des lieux, son fils et tout le personnel accueillirent chaleureusement cette initiative.

« Après tout, ça mange pas de pain ! » observa Mrs Dodds.

Le jeudi, jour de la Toussaint, Viviane, catholique perdue en terre anglicane, fut la seule à commémorer ses défunts. Elle alluma dans sa chambre une bougie qu'elle plaça, non sans une certaine mélancolie, devant des photos de Roland et de ses parents.

Le vendredi, ce fut au tour des autres habitants du manoir, anglicans, d'honorer de cette même façon leurs morts pour *All Souls' Day*, « le jour de toutes les âmes ».

Le lundi suivant, le 5 novembre, Lucille, en dépit d'une certaine amélioration de son état de santé, n'avait toujours pas quitté le lit et avait décidé de rester seule à Winnicott Hall tandis que tous les autres devaient se rendre au village pour célébrer *Guy Fawkes Night*.

« Êtes-vous bien sûre que vous ne voulez pas que je reste avec vous ? » insista Mr Talbott pour la énième fois.

Elle paraissait si petite et si frêle, perdue dans son grand lit d'ébène. Si pâle aussi – on pouvait distinguer sous la peau diaphane de ses tempes un lacis de veines bleues.

« Certaine. Je préfère que vous veilliez sur George.

— Il pourra déjà compter sur son parrain ainsi que sur tous les membres du personnel, y compris miss Lombard.

— Oh ? Vraiment ?

— Oui, apparemment, il a réussi à la convaincre de prendre part aux réjouissances. Alors vous voyez, je peux tout à fait rester avec vous.

— Non, je vous assure. Je serai plus tranquille de vous savoir aux côtés de George. »

Le majordome l'abandonna à contrecœur.

Après son départ, Lucille se fit la réflexion qu'elle ne s'était encore jamais retrouvée seule dans le manoir et elle dut se rendre à l'évidence : elle n'était pas sereine. Elle s'angoissa quelques minutes et tenta de se dominer, avant de s'arracher à son lit, chancelante, pour verrouiller la porte de sa chambre.

Une demi-heure plus tard, alors que la nuit était tombée, George, Alistair, Viviane, Mr Talbott, Mrs Dodds, Ruby, Pearl, Bertram et Reggie, chaudement couverts en cette soirée glaciale, déambulaient dans la grand-rue du village voisin parmi une foule de badauds, sous les feux d'artifice, au milieu des explosions de pétards, des feux de joie et des mannequins à l'effigie de Guy Fawkes.

Viviane lança aux autres :

« Vous imaginez si ces conspirateurs avaient réussi à faire sauter le Parlement et à assassiner le roi ? Vous seriez catholiques aujourd'hui !

— Dieu nous en garde ! plaisanta Mr Talbott.

— Ces pauvres bougres ne pouvaient pas imaginer que l'on fêterait encore leur échec trois siècles plus tard, fit remarquer Alistair.

— George ! » entendit l'intéressé malgré le brouhaha.

Il reconnut immédiatement la voix de Rosie, qui lui avait promis le dimanche précédent qu'elle serait présente, ce qui n'était pas pour rien dans son désir de se joindre aux festivités.

« Oh ! se réjouit Alistair. Ton amie Rosie est là ! Avec sa cousine.

— Quelle bonne surprise ! surjoua le garçonnet, inconscient du regard amusé qu'Alistair échangea avec Viviane.

— Cela va vous changer de vos petits rendez-vous à l'office du dimanche ! » le taquina son parrain.

George passa le reste de la soirée avec sa chère et tendre, et accessoirement avec Gemma – qui attirait les regards de tous les autres petits garçons –, Viviane, Alistair, Mr Talbott, Ruby, Pearl, Mrs Dodds, Bertram, Reggie et quelques centaines de personnes. Malgré tous ces fâcheux, le temps de la fête, les deux amoureux, qui se donnaient la main sous prétexte de ne pas se perdre dans la cohue, se sentirent seuls au monde.

*

Un bruit au rez-de-chaussée avait sorti Lucille de son demi-sommeil. Se pouvait-il que George et les autres fussent déjà de retour ? Des pas firent bientôt craquer l'escalier puis le parquet du corridor, jusqu'au seuil de sa chambre. Elle attendait, se demandant de qui il pouvait s'agir. De son fils ? De Mr Talbott ? D'Alistair ? Des secousses agitèrent vivement la poignée ronde, puis toute la porte. Son cœur fit un bond. Elle était tétanisée, presque hypnotisée par le tumulte. Un instant, il lui sembla que même la cloison tremblait. Puis, brutalement, tout cessa.

Le charivari fit alors place à un silence presque plus inquiétant. Elle entendait son cœur battre jusque dans ses tempes et priait pour que *l'autre*, quel qu'il soit, ne l'entendît pas. C'est alors que son regard se trouva attiré par la seconde porte, celle qui menait à son boudoir. Elle se dressa sur ses jambes, comme mue par un ressort, et se rua sur elle. Elle allait l'atteindre lorsqu'elle la vit s'ouvrir. Avec l'énergie du désespoir, elle la repoussa de toutes ses forces en s'aidant d'un cri de rage, d'une sauvagerie dont elle ne se savait pas capable, et la verrouilla. Elle s'y adossa pour la maintenir fermée tandis qu'on y assénait des coups d'une violence inouïe qui résonnaient dans tout son corps. Des coups, des coups, des coups. Puis la première porte recommença à s'affoler, elle aussi, de plus en plus, comme si l'on tentait de l'arracher.

« LAISSEZ-MOI ! hurla Lucille. ALLEZ-VOUS-EN ! SORTEZ ! SORTEZ DE CHEZ MOI ! »

Puis le silence.

Le souffle court, assise contre la porte, elle attendit.

Longtemps.

Lorsqu'elle entendit des pas au-dessus d'elle, elle se précipita hors de la chambre, pieds nus, simplement vêtue de son pyjama de satin, et s'élança dans la pénombre jusqu'au cabinet de travail d'Archie. Là, elle prit la clé de la vitrine où étaient exposés quelques fusils de chasse, l'ouvrit et se saisit d'une des armes, qu'elle chargea, d'une main malhabile, avant de remplir ses poches de munitions.

Rassurée de n'être plus sans défense et déterminée à chasser les intrus, elle alla jeter un œil dans le corridor. Là, elle vit une ombre emprunter l'escalier pour rejoindre le rez-de-chaussée. Elle épaula son fusil et la suivit, entreprenant à son tour de descendre, sur la pointe des pieds. Cependant qu'elle frôlait un des tableaux, le drap qui le recouvrait fut projeté dans les airs, comme si quelqu'un l'en avait arraché, avant de retomber sur le marbre du vestibule. Puis un autre drap voltigea, révélant le visage de « Rudolph Valentino », qui en fut quitte pour un coup de fusil en plein cœur. Le recul surprit Lucille qui perdit l'équilibre et tomba assise sur une marche. Elle se releva tant bien que mal et, tandis qu'elle poursuivait sa descente, un à un les draps s'envolèrent. Son deuxième tir manqua de peu « le Dindon ». Elle venait de recharger lorsque la porte d'entrée s'ouvrit et que le grand lustre s'illumina. Désorientée, elle se retourna d'un seul coup et appuya malencontreusement sur la détente. La balle frôla la tête de Mrs Dodds et alla se loger dans le mur derrière elle. Le vestibule résonna instantanément des cris de la cuisinière et de ceux des sœurs Collins. Échevelée, les yeux hagards, Lucille braquait son personnel et son fils qui venaient de rentrer. Quand elle les reconnut enfin, elle eut quelques secondes d'absence avant de baisser son arme. Abasourdie, elle s'appuya contre le mur avant de se laisser glisser lentement jusqu'à se retrouver à nouveau assise sur une marche. Où elle s'effondra, en larmes.

Cette balle, qui avait bien failli venger toutes les bêtes que Mrs Dodds avait cuisinées, fut la goutte d'eau qui fit déborder le vase. Paniquées, la presque victime et les deux sœurs gagnèrent leurs chambres plus vite que jamais.

Quand Mr Talbott, après avoir couché Lucille, monta voir comment les trois femmes se sentaient, il les trouva en train de boucler leurs valises. Il tenta bien de les convaincre de rester, plaidant l'épuisement de leur patronne, mais c'était peine perdue. Dès lors, pragmatique, le majordome organisa leur départ :

« Bertram va vous conduire où vous voudrez. »

Puis il alla prévenir Viviane et George, qui redescendirent pour les au revoir.

« Je vais vous regretter, assura l'enfant à la cuisinière.

— Moi aussi, mais ça devient trop dangereux de travailler ici ! Cela dit, vous en faites pas, je continuerai à vous faire la cuisine, de chez ma sœur. Enfin, si votre mère est d'accord. *(À Mr Talbott.)* Bertram aura qu'à passer prendre les repas. Vous aurez plus qu'à les réchauffer.

— Je ne m'inquiétais pas pour les repas, se vexa George. C'est vous que nous regretterons.

— Ooooh, fondit la cuisinière en lui pinçant affectueusement une joue.

— Au revoir, Mr George, dit Ruby, gênée. J'ai été ravie de vous connaître.

— Moi aussi, admit l'enfant. Ce manoir ne sera pas le même sans vous.

— Oh, il sera juste un peu plus poussiéreux, c'est tout.

— Non, ne croyez pas cela. J'aimais vous entendre rire et vous avoir à nos côtés. »

La gorge de Ruby se noua.

« Au revoir, dit Pearl, très émue elle aussi. Vous allez me manquer. Vous, Madame et Monsieur. »

Elle jeta un dernier regard au portrait d'Archie.

« Au revoir, répondit George.

— Courage ! dit Mrs Dodds à Viviane. Occupez-vous bien du petit.

— J'aimais bien nos conversations pendant les repas, confia Ruby.

— Et même en dehors des repas, ajouta Pearl en lui lançant un regard entendu.

— J'espère que nos chemins se recroiseront », leur répondit Viviane.

Et elle le pensait, comme tout ce qu'elle disait.

Les trois femmes eurent également un mot pour Mr Talbott, à qui elles avaient fini par s'attacher au fil du temps.

« Vous êtes le meilleur majordome qu'ait connu Winnicott, le flatta Mrs Dodds. En tout cas, depuis que j'y suis, et ça fait un bail !

— Merci, répondit-il, touché.

— Votre sale caractère va pas me manquer, plaisanta Ruby.

— Vos gloussements ne vont pas me manquer non plus », répondit-il sur le même ton.

Pearl, qui n'osa pas le regarder dans les yeux, se contenta d'un simple :

« Au revoir, Mr Talbott. »

Ce à quoi il répondit, tout aussi sobrement :

« Au revoir, mademoiselle. »

Viviane s'empêcha d'interpréter cette apparente indifférence.

Quand le majordome ouvrit la porte, Bertram attendait déjà. Il ne lui fallut guère plus de deux minutes pour charger l'automobile qui, quelques secondes plus tard, quittait Winnicott Hall – ou, pour reprendre les mots de Mrs Dodds, « cette maison de fous ! ».

Le matin qui suivit, en l'absence de cuisinière, ce fut Mr Talbott qui prépara les œufs brouillés, les petites saucisses, le bacon et le porridge de George. Pour la première fois, l'enfant, qui avait insisté pour prendre son petit déjeuner dans les cuisines, avec le majordome et miss Lombard, s'assit à la table de l'office.

« Je veux bien faire une exception pour aujourd'hui, précisa Mr Talbott, parce que les circonstances sont... exceptionnelles, mais c'est la dernière fois.

— À présent que vous êtes seul, insista Viviane, vous n'allez pas vous fatiguer pour rien...

— Et je suis très bien ici, le rassura George.

— Tout de même, se scandalisa Mr Talbott, c'est inconvenant. Dans les cuisines !

— Vous savez bien que je ne fais pas très attention au décor... »

Le majordome, capitaine désemparé aux commandes d'un navire sans équipage, en pleine tempête qui plus est, n'eut pas la force d'argumenter. Heureusement que Mrs Dodds avait proposé de continuer à préparer les repas depuis la cuisine de sa sœur !

Pour l'heure, il servit à Mr George ses œufs et le reste.

« Merci. »

L'enfant commença à manger, bien qu'il n'eût que peu d'appétit.

« Mère file décidément un mauvais coton… Peut-être faudrait-il prévenir père.

— C'est aussi mon avis, répondit Viviane.

— Je n'ai pas voulu l'inquiéter, se justifia Mr Talbott, le nez dans son assiette. Mais… j'en parlerai à Monsieur votre parrain. »

Ils mangèrent en silence.

« Elle aurait pu tuer quelqu'un, reprit George. Vous devriez peut-être mettre les armes sous clé…

— Elles l'étaient, Monsieur.

— Je veux dire que vous devriez peut-être cacher la clé.

— C'est fait, Monsieur.

— Ah, ainsi, vous êtes inquiet !

— Pas du tout, Monsieur.

— Pas du tout, mais… tout de même… ! »

D'agacement ou de gêne, les joues du majordome s'embrasèrent.

« Je me fais beaucoup de souci, poursuivit l'enfant. Croyez-vous que j'aie raison de m'alarmer ?

— Je ne sais pas… Je… »

Viviane, qui se taisait depuis quelques minutes, vint à la rescousse de Mr Talbott :

« Il faut que votre mère se repose.

— Mais si elle s'obstine à ne pas manger ?

— Si elle s'obstine à ne pas manger, c'est une autre histoire, mais nous n'en sommes pas là. Le médecin ne devrait plus tarder. Soyez sûr qu'il prendra le plus grand soin d'elle. »

George devrait se contenter de cette réponse.

Lorsque l'heure fut venue pour l'enfant et sa préceptrice de gagner la salle d'étude, Mr Talbott adressa à miss Lombard, à voix basse – quoique pas suffisamment basse pour que George ne l'entendît pas –, un :

« Merci d'être restée. »

Et en effet, il lui était infiniment reconnaissant de ne pas avoir quitté le navire.

*

« Plus lent. »

George, au piano, ne semblait pas avoir entendu la consigne de sa préceptrice.

« Êtes-vous avec moi ? » lui demanda-t-elle en s'approchant.

Il cessa de jouer.

« Pour l'instant, oui. Mais pour combien de temps ?

— Comment cela ?

— J'ai peur que vous ne nous quittiez, vous aussi.

— Soyez tranquille, ce n'est pas à l'ordre du jour.

— Tant mieux. »

Le silence s'imposa quelques instants.

« Ne trouvez-vous pas ce manoir terriblement vide sans Mrs Dodds, Ruby et Pearl ?

— Terriblement, avoua-t-elle.

— Je voudrais tant que père soit là…

— Je sais.

— Heureusement, vous êtes là, vous.

— C'est gentil, mais j'ai bien conscience que ce n'est pas la même chose.

— C'est déjà beaucoup.

— Et puis vous avez Tobias », lança-t-elle innocemment.

Il pianota nerveusement sur le clavier, laissant échapper quatre notes, avant de demander :

« Vous souvenez-vous de votre promesse ?

— Laquelle ? Je vous en ai fait deux. »

Il était tout content qu'elle n'eût pas oublié. Elle poursuivit :

« Je vous ai fait le serment de ne rien dire à votre mère au sujet de Tobias et celui de ne pas partir sans vous dire au revoir.

— Je vous délivre du premier. Mère est au courant.

— Je m'en doutais. Pour ce qui est du deuxième serment, n'ayez crainte. Je vous le répète, ce n'est pas à l'ordre du jour. »

Il se sentait un peu rassuré et un peu moins seul lorsqu'il reprit sa sonate.

*

Plus tard dans l'après-midi, George demanda à rendre visite à sa mère, mais Mr Talbott le pria de patienter jusqu'au lendemain, le médecin ayant prescrit à Madame un repos total.

Lors du dîner, dans les cuisines, l'enfant fut heureux d'apprendre que le majordome avait réussi à faire manger la convalescente.

Il trouva le sommeil sans trop de difficulté, fatigué par tant d'émotions. Il ne savait pas combien de temps il avait pu dormir lorsqu'il fut réveillé par le grincement du parquet. Il se pétrifia lorsqu'il sentit que l'on se glissait dans son lit. Puis il sentit des jambes contre ses pieds. Il ne respirait plus, ou si peu. C'est alors qu'un bras passa autour de sa taille. Il allait hurler lorsqu'il entendit murmurer :

« Vous dormez ? »

Alors seulement, il reconnut les effluves du parfum capiteux de sa mère, qui confirma à voix basse :

« C'est moi, mon chéri. »

Il se blottit contre elle et lutta contre le sommeil le plus longtemps possible afin de profiter de ce moment d'intimité comme ils n'en avaient plus partagé depuis des années.

Quand il sombra enfin, ce fut le sourire aux lèvres.

*

Une heure à peine avait passé lorsque Lucille fut réveillée par le froid qui régnait dans la chambre. Elle ouvrit péniblement les yeux, déboussolée, puis détacha ses bras de George pour se redresser. À sa grande surprise, les doubles-rideaux n'étaient plus tirés et les voilages voletaient devant les fenêtres grandes ouvertes. Elle promena son regard à travers la pièce et eut un mouvement de recul lorsqu'elle distingua, dans l'obscurité, tout au fond, une petite silhouette.

« T… Tobias ? » balbutia-t-elle d'une voix blanche.

L'enfant s'avança jusqu'au pied du lit et elle put discerner ses traits. Elle réprima un cri d'effroi à la vue du visage du pauvre garçon, défiguré par des pustules. Une rafale de vent s'engouffra alors dans la pièce et elle détacha ses yeux de l'apparition pour regarder les voilages se débattre dans la tourmente. Lorsqu'elle se tourna à nouveau vers le fantôme, il avait disparu.

Comme elle regretta que George n'eût pas d'utilité à posséder une lampe de chevet ! Elle se força à se lever et à traverser la pièce pour allumer le lustre. Quand la lumière inonda la chambre, elle fouilla du regard les moindres recoins pour s'assurer que leur petit visiteur n'était plus là. Son corps tout entier frissonna, sans qu'elle pût dire si elle le devait au froid ou à la peur. Elle se hâta d'aller refermer les fenêtres, puis secoua doucement son fils.

« George. Réveillez-vous, mon chéri. Il fait trop froid ici. Venez. »

Il la suivit, à demi endormi, jusqu'à sa chambre à elle, où ils ne reçurent pas d'autre visite. Lucille s'en assura en passant le reste de la nuit à veiller sur son fils, toutes lumières allumées.

Le ciel commençait à pâlir lorsque de lointains aboiements parvinrent à une Mrs Montgomery épuisée par sa courte nuit et les sombres pensées qui la hantaient. Ce qui lui était d'abord apparu comme une vague rumeur se précisa peu à peu, jusqu'à se muer en une cacophonie inquiétante. Quand explosa le son du cor de chasse, Lucille bondit hors de son lit.

De sa fenêtre, elle vit au loin une biche quitter la lisière du bois et filer à vive allure en direction du manoir. Puis, quelques secondes plus tard, ce fut au tour d'une meute de chiens de jaillir de l'horizon.

Son sang ne fit qu'un tour. Sans réfléchir, elle fonça dans le cabinet de travail d'Archie et se précipita vers la vitrine qui renfermait les fusils. Les lecteurs les plus attentifs ne seront pas étonnés d'apprendre qu'elle la trouvât verrouillée. La clé n'étant pas à sa place, elle attrapa une pierre… Songeant alors qu'il s'agissait peut-être d'un fossile datant de plusieurs millions d'années, elle la reposa pour s'emparer d'une statuette en bronze résolument contemporaine qu'elle balança dans la vitre, brisant celle-ci en mille morceaux. Elle se saisit d'un fusil – peut-être celui de l'avant-veille, peut-être un autre – et d'une boîte de munitions avant de descendre en trombe, prête à en découdre.

Lorsqu'elle sortit en pyjama et en pantoufles, sa tenue de prédilection depuis quelque temps, une dizaine de cavaliers s'apprêtaient à passer devant elle. Elle se dressa en travers de leur chemin et tira un coup de feu en l'air. Les hommes stoppèrent net leurs montures.

« ALLEZ-VOUS-EN ! hurla-elle. VOUS ÊTES CHEZ MOI !

— Mille excuses, bredouilla le maître d'équipage. Les chiens ont…

— RAPPELEZ-LES ! PARTEZ !

— Madame ! » intervint Mr Talbott, qui accourait, en pyjama lui aussi, hors d'haleine.

Personne ne prêta attention au majordome, ce qui, en d'autres circonstances, l'aurait flatté.

« Nous avons une propriété à quelques *miles*, mais nous n'y venons que rarement, s'excusa le responsable de la petite troupe. Nous ne savions pas que le manoir était à nouveau occupé. »

Mr Talbott posa un plaid sur les épaules de sa maîtresse, qui ne semblait pas souffrir du froid mordant.

« RAPPELEZ VOS CHIENS, VOUS ENTENDEZ ? VOUS ÊTES CHEZ MOI ! CHEZ MOI ! FICHEZ LE CAMP ! »

Les chasseurs se regardèrent, perplexes. Lucille mit alors son interlocuteur en joue.

« Madame ! » s'exclama-t-il en même temps que Mr Talbott.

Devant l'air décidé de cette furie qui n'avait vraisemblablement pas toute sa tête, le sonneur se résolut à rappeler les chiens. Et sonna du cor.

« Madame ! supplia le majordome. Rentrez… »

Imperturbable, Lucille tenait toujours le maître d'équipage en joue lorsque les chiens, encore tout excités par la traque, rejoignirent les hommes et les chevaux dans une frénésie de mouvements et d'aboiements. Les intrus adressèrent quelques regards noirs à la harpie hystérique qui avait interrompu la fête, puis, déconfits, battirent en retraite.

Mr Talbott peinait à reconnaître la femme qui se tenait à ses côtés et qui continuait à menacer les cavaliers de son arme. Il baissa le canon du fusil, avant de le lui prendre.

« Mère ! s'écria George en sortant. Que se passe-t-il ?

— Rien, répondit Lucille. Tout va bien.

— Des chasseurs ont envahi le parc », expliqua le majordome.

Viviane, que tout ce fracas avait alertée elle aussi, rejoignit son élève tandis que Mr Talbott prenait Madame par les épaules pour la ramener précautionneusement vers le manoir.

« J'imagine qu'ils traquaient un gibier, poursuivit-il en montant les marches. Apparemment, ils ignoraient que le manoir était à nouveau habité.

— Qui a tiré ? voulut savoir l'enfant.

— C'est moi », mentit Mr Talbott.

Lucille, étonnée, sut gré à son majordome de cet aveu mensonger sur lequel se referma la porte du manoir.

*

« Elle va beaucoup mieux. »

Dans la salle d'étude, assis à son pupitre, George faisait à Viviane un compte rendu de son petit déjeuner en tête à tête avec sa mère.

« Elle a bien mangé, ce matin. Je crois que le pire est derrière nous.

— Tant mieux, répondit sa préceptrice, debout à la fenêtre sur laquelle venaient s'écraser de fines gouttes de pluie.

— J'ai hâte qu'elle reprenne la lecture. Ce sera le signe qu'elle va mieux. »

Viviane vit Lucille, en robe de chambre, longer une allée du parc pour aller s'asseoir sur un des bancs de pierre.

« J'aimerais tant qu'elle soit pleinement rétablie au retour de père.

— Mhm. »

Viviane s'étonnait que Lucille fût sortie si peu vêtue par ce froid et qu'elle restât tranquillement assise alors que la pluie commençait à tomber à grosses gouttes.

« Si seulement parrain pouvait convaincre Mrs Dodds, Ruby et Pearl de reprendre du service…

— Attendez-moi une seconde. Je reviens. »

Elle sortit en hâte et pressa le pas dans le corridor et l'escalier. Quand elle franchit la porte de derrière, il pleuvait à verse. Et Lucille n'avait pas bougé. Viviane courut jusqu'à elle, bravant la pluie froide.

« Madame ! Rentrez ! »

Elle ne réagissait pas. Quand Viviane fut suffisamment proche, elle s'aperçut que des larmes se mêlaient à la pluie qui ruisselait sur son visage sans fard. Déstabilisée, elle insista :

« Madame ! Ne restez pas là, vous allez tomber malade ! Madame ? »

Lucille se tourna vers elle, les yeux dans le vague.

« Il est mort…

— Qui ?

— Archie. »

Viviane accusa le coup. Elle se laissa tomber, plus qu'elle ne s'assit, à côté de Lucille, faisant fi de la pluie battante.

« Quand ?

— Vous souvenez-vous du soir où toutes les pendules se sont arrêtées ?

— Oui.

— Ce soir-là. À cette heure-là. Un accident d'automobile. »

Viviane fit le calcul.

« C'était… il y a deux semaines… »

Lucille poursuivit :

« Sa mère et son frère sont là-bas. Ils s'occupent de faire rapatrier le corps. »

Elle soupira.

« Tout est si long. »

Viviane avait oublié la pluie qui détrempait ses cheveux et ses vêtements.

« Qui est au courant ?

— Mr Talbott. Et Alistair, qui s'occupe des formalités. »

Viviane tentait d'assimiler toutes ces informations, tandis que Lucille continuait :

« Je lui ai demandé de faire en sorte que cela ne paraisse pas dans le journal. Je ne voulais pas d'un déferlement de condoléances… Je n'ai même pas voulu que mes parents viennent. Je n'en avais pas la force.

— Et George ? »

Lucille parut enfin voir la préceptrice.

« Je le lui apprendrai le plus tard possible. C'est autant de temps de gagné sur le malheur. Si je pouvais le lui cacher toute sa vie, je le ferais. J'aimerais tant lui épargner ce cauchemar éveillé que je vis depuis deux semaines. Depuis ce maudit appel téléphonique… Mon fils est ma seule raison de vivre, à présent. S'il n'était pas là, je ne sais pas si j'aurais la force de continuer. »

Viviane lui prit la main.

« Il faut que je sois à la hauteur, reprit Lucille. Pour George. Je ne sais pas comment je vais faire, toute seule. J'ai peur. Tellement peur. »

Viviane cherchait les bons mots, ces mots qu'elle n'avait jamais su trouver pour elle-même. En désespoir de cause, elle se contenta de ceux-là :

« Vous allez y arriver. »

Elle se surprit à le croire, et se dit que ce qui était valable pour Mrs Montgomery l'était peut-être aussi pour elle.

« Je donnerais une année de ma vie pour que l'on m'accorde ne serait-ce que cinq minutes avec Archie… » confia Lucille.

Ces paroles trouvèrent un écho en Viviane.

Lucille et elle restèrent là encore un moment, sans se préoccuper de l'averse.

« Madame ! » cria Mr Talbott qui courait vers elles sous un parapluie.

Les deux femmes tournèrent la tête. Une fois devant elles, il tendit son parapluie à Lucille, qui consentit à le prendre pour s'abriter.

« Vous n'êtes pas raisonnable, Madame ! » la gronda-t-il avec toute l'affection qu'il lui portait.

Puis il ouvrit un deuxième parapluie qu'il partagea avec Viviane et tous les trois regagnèrent le manoir.

Quand la préceptrice retrouva George dans la salle d'étude, après s'être séchée et changée, il pleurait à son pupitre.

« Que vous arrive-t-il ? s'inquiéta-t-elle.

— C'est Tobias. Je lui ai expliqué que je ne pouvais pas jouer avec lui parce que je devais travailler, alors il m'a dit des choses horribles. »

Elle s'avança vers lui.

« Quelles choses horribles ? »

Il hésita un instant.

« Que père était mort.

— Oh.

— Mais je ne l'ai pas cru, bien sûr. Comment pourrait-il savoir ce qui se passe en Irak, lui qui est coincé ici ? »

Quoi qu'il en dît, l'enfant était visiblement bouleversé. Viviane ne sut que faire : devait-elle lui annoncer la vérité ou attendre que sa mère le fît ?

« Je crois que vous n'êtes pas en mesure de travailler aujourd'hui, dit-elle.

— Si, si, accordez-moi quelques minutes.

— Non, insista la préceptrice, je... Je crois que moi non plus, je ne suis pas en mesure de poursuivre la leçon. »

Il l'entendit refermer son manuel d'arithmétique.

« Nous devrions prendre notre journée. »

Au son de sa voix, George perçut comme un malaise.

« Y a-t-il quelque chose que je devrais savoir ? »

Elle ne répondit pas.

Et ce faisant, répondit.

L'enfant se leva d'un bond, attrapa Lady d'Herbemont et quitta la salle d'étude.

Il frappa à la porte de la chambre de sa mère et entra avant qu'elle ne l'y autorisât. Il ne vit rien du triste spectacle qu'elle offrait, les yeux grands ouverts, la mine défaite, allongée dans son lit, les rideaux tirés.

« Mère ? appela-t-il, désemparé.

— Oui, mon chéri ? »

Elle se redressa jusqu'à s'asseoir.

« Est-ce que père est mort ?

— Mon Dieu… Est-ce miss Lombard qui vous a dit cela ?

— Miss Lombard ? s'étonna George. Non, c'est Tobias. Il m'a dit que père était mort voilà deux semaines et que s'il me l'avait caché jusque-là, c'est seulement parce qu'il ne voulait pas que je cesse de jouer avec lui… »

Lucille se leva et alla prendre son fils dans ses bras.

« Tout ira bien, mon chéri. Je suis là. »

Le petit garçon poussa un cri déchirant avant de fondre en larmes.

« Pauvre Monsieur ! hoqueta Mrs Dodds sur le banc de l'église. Un si brave homme… Si courageux… Et si travailleur… »

Oublié, le temps où elle lui reprochait d'être « une feignasse » et d'abandonner femme et enfant pour voyager et « déterrer de la vaisselle cassée et des vieux os ». Balayée l'image du gentleman « au-dessus du trou avec sa pipe et sa citronnade, à regarder des pauvres bougres se fatiguer » à creuser.

« Quitter son manoir, poursuivit-elle, admirative, pour aller vivre sous une tente dans le désert et creuser toute la journée sous une chaleur pareille… On n'en fera plus des hommes comme lui. »

Viviane, Mr Talbott, Ruby, Bertram et Reggie acquiescèrent en silence, tandis que Pearl sanglotait.

Sept rangées devant, au premier rang de l'église, Lucille, sous un voile de crêpe noir, était assise entre George et ses parents. À leurs côtés : Alistair, la mère, le frère, la belle-sœur et les neveux d'Archie. Derrière eux, des cousins, des amis, venus de Londres et d'ailleurs, un représentant de l'Oriental Institute de Chicago, les membres du cercle littéraire avec époux et enfants, ainsi que d'autres notables. Derrière le personnel, finissant de remplir l'église, bondée : Rosie, Gemma et leurs parents ; fermiers, métayers, contremaîtres et autres, qui travaillaient sur les terres des Montgomery ; des villageois compatissants et quelques curieux.

Le révérend Millward s'étant désisté, ce fut un autre vicaire qui officia.

« Il y a des êtres à travers lesquels Dieu nous aime, clamait ce dernier. Archibald Montgomery était incontestablement de ceux-là. »

Lucille, comme anesthésiée, ne se souviendrait de rien ou presque de cette journée, si ce n'est des détails sans importance : un rouge à lèvres un peu trop vif, un chapeau mauve… George, pour sa part, n'oublierait jamais un parfum de santal, une quinte de toux interminable, mais aussi, et surtout, un baiser… Son premier baiser. Mais n'allons pas trop vite.

Après la cérémonie vint le moment de la litanie des condoléances de parents plus ou moins proches et d'« amis » qui avaient si peu pris des nouvelles des Montgomery depuis leur exil dans le Sussex. Puis ce fut au tour des membres du cercle littéraire de s'avancer.

« Toutes mes condoléances, Lucille, commença une Mrs Steele sincèrement touchée. Quel drame épouvantable… C'est terrible. »

« Ma bonne amie, je voudrais tant pouvoir adoucir votre peine, compatit Mrs Poole. Si vous saviez… »

« Quelle épreuve cruelle ! s'indigna Mrs Barry. Je suis tellement… »

« Je ne voulais pas le croire quand je l'ai appris, confia Mrs Heslop. Je suis effondrée. Courage ! »

Mais ce furent les mines accablées, sinon anéanties, et les mots simples de leurs employés qui émurent le plus Lucille et son fils.

« Je suis de tout cœur avec vous, Madame, souffla Mrs Dodds, les yeux rougis. Monsieur était un homme rare. »

Elle caressa la joue de George.

« Soyez courageux, Monsieur. »

« Je regretterai beaucoup Monsieur, Madame, lâcha Ruby en tortillant son mouchoir. Il était si gentil. Il ne méritait pas… »

Elle fondit en larmes et s'éloigna.

« C'est affreux, balbutia Pearl en reniflant. Pourquoi lui ? Il était… »

Elle non plus ne put terminer sa phrase. Le simple fait de parler de Monsieur au passé lui était insupportable.

« Je suis à vos côtés, Madame, assura Mr Talbott. Vous et Mr George pourrez toujours compter sur moi. »

Lucille, au mépris des regards et du qu'en-dira-t-on, prit son majordome dans ses bras. Celui-ci hésita un instant avant d'oublier tout ce qu'on lui avait appris et de lui rendre son accolade.

Viviane se présenta ensuite, dans un manteau qui avait dû être très seyant dix ans plus tôt. Mais cette fois, Lucille n'avait cure de son apparence.

« Miss Lombard… »

La préceptrice lui prit les mains :

« N'ayez pas peur. N'oubliez pas ce que je vous ai dit. Vous avez en vous des ressources que vous ne soupçonnez pas. Vous vous en sortirez. Je vous le promets. »

Puis elle s'accroupit devant George et l'enlaça. Elle chuchota à son oreille :

« Nous savons tous les deux que les morts ne meurent pas vraiment. Votre père est avec vous. Il ne vous quittera plus désormais. »

L'enfant hocha la tête, incapable de prononcer un mot.

« Je… Je suis vraiment… désolé, m'dame, bredouilla Bertram, gauche, en pétrissant sa casquette qu'il tenait des deux mains. C'était un bon patron. C'est vrai, jamais un mot plus haut que l'autre. Soyez forte.

— Oui, soyez forte, répéta Reggie, les joues rouges d'émotion. On pense bien à vous deux. On voulait vous dire qu'on est là si vous avez b'soin. »

Il sera épargné au lecteur les paroles des dizaines d'hommes et de femmes qui défilèrent encore devant Lucille et George, mais qui n'ont pas trouvé leur place dans ce récit. Attachons-nous seulement à cette toute jeune personne qui prendrait, elle, une place de choix dans la suite des événements :

« Je suis tellement triste pour ton papa », murmura Rosie.

George entendit tout son désarroi et son regret de se sentir, ou de se croire, impuissante à le réconforter. Bouleversée, elle s'aventura à poser un baiser sur la joue du petit garçon et, le temps d'un instant, réussit le prodige inouï d'adoucir sa peine.

Les parents de Lucille décidèrent de repousser de deux semaines un voyage en Australie afin de rester auprès de leur fille et de leur petit-fils. Bien que l'intention fût touchante – et d'autant plus surprenante qu'ils faisaient partie de ces gens qui ne vivent que pour eux-mêmes –, la jeune femme, qui ne les avait jamais autant vus depuis son adolescence, goûta fort peu leur présence et leurs conseils. Parmi ceux-ci : placer George dans une institution, quitter Winnicott Hall et recommencer une autre vie ailleurs. Une fois débarrassée de son fils et de son manoir, elle pourrait plus facilement retrouver un beau parti, à condition de ne pas trop traîner…

Ce qu'ils ne comprenaient pas, eux qui, comme ils se plaisaient à le répéter, étaient « un peu bohémiens », c'était qu'il s'agissait de *leur maison*, à Archie, à George et à elle. Une maison dans laquelle son époux et elle avaient espéré vieillir ensemble. En outre, quand son absence lui était trop douloureuse, il arrivait à Lucille de s'imaginer qu'il était dans son cabinet de travail et qu'elle n'avait qu'à l'appeler pour qu'il la rejoignît. Elle ne *pouvait pas* partir. Et n'avait aucune envie de « refaire sa vie » quand elle aurait « fait son deuil », comme ils disaient.

Au-delà de leur propension à se mêler de ce qui ne les regardait pas, leur présence même lui était douloureuse. Avoir un couple sous ses yeux, à plus forte raison un vieux couple, quand bien même il s'agissait de ses parents, était une torture pour elle, qui ne pouvait s'empêcher de penser qu'après quarante ans de mariage et de bonheur ils n'avaient aucune idée de ce qu'elle traversait, elle qui n'aurait jamais la chance de fêter ses douze ans d'union avec Archie.

Lucille en vint rapidement à regretter que ses parents eussent repoussé leur voyage ; regrets que partageait son fils. Peut-être se serait-il attaché à ses grands-parents si ces derniers n'avaient eu de cesse de lui demander, lorsqu'ils se croisaient, s'il n'aimerait pas vivre dans une institution pour les enfants comme lui. Jamais il ne s'était autant senti un poids pour sa mère, et pourtant Dieu sait qu'il connaissait ce sentiment.

George, comme sa mère, comme ses grands-parents, commença bientôt à compter les jours avant leur départ.

*

Mr Talbott s'aperçut un matin, le jour du départ de Monsieur et Madame les parents de Madame, que le flanc gauche de la commode tombeau de leur chambre présentait comme un léger glacis blanc, à peine perceptible, piqué de toutes petites taches, blanches elles aussi.

Il inspecta le flanc droit…

… puis la console…

… et le bonheur-du-jour…

Ils avaient à nouveau moisi ! Le majordome transpirait déjà à la perspective de devoir tout frotter à nouveau, alors qu'il était seul désormais.

Après avoir beaucoup hésité, il s'en entretint avec Madame et lui parla d'un procédé – sans préciser qu'il lui avait été suggéré par Ruby – qui consistait à répandre du talc sur les meubles. Alors qu'il s'attendait à une opposition farouche, semblable à la sienne lorsqu'il avait lui-même entendu cette drôle d'idée pour la première fois, elle se contenta de soupirer, laconique :

« Faites donc cela. »

*

Ce même jour, l'après-midi, dans une tentative de lui changer les idées, Viviane proposa à George de dessiner.

À la table de la nursery, l'enfant dessinait donc, il ne savait quoi, assisté de sa préceptrice qui lui tenait la main et, il faut bien le dire, la guidait beaucoup. Ils discutaient de tout et de rien quand la conversation prit un tour surprenant, du moins pour Viviane, lorsque son élève déclara soudain :

« Je n'ai pas peur de la mort. Et encore moins depuis que père m'attend là-haut.

— Vraiment ?

— J'ai seulement peur de la peine que cela causerait à mère.

— Cela lui en causerait énormément.

— Cela la tuerait, je pense. En toute humilité.

— Je le pense aussi. »

Ils ne prononcèrent plus un mot pendant quelques instants, puis l'enfant demanda :

« Pensez-vous que c'était "son heure", comme j'ai pu l'entendre ?

— Je ne sais pas.

— Vous ne savez plus grand-chose depuis sa mort, observa-t-il.

— Je n'ai pas la réponse à toutes les questions », reconnut-elle.

Elle se tut de nouveau. Et puis tout à coup, la main de George lui échappa et il se mit à griffonner nerveusement sur la feuille.

« Qu'est-ce qui vous prend ? »

Son élève ne répondit pas. Il continuait à noircir la page.

« Eh bien ! George ! »

Elle se leva et jeta un œil à la feuille : il écrivait – oui, il *écrivait*, en toutes lettres, lui qui ne connaissait pourtant que les points du braille !

partez partez partez partez partez partez partez partez partez partez partez partez partez partez

Voilà ce qu'il griffonnait rageusement, dans une sorte de transe à laquelle Viviane se décida à mettre fin. Pour ce faire, elle l'attrapa et le souleva de sa chaise pour l'éloigner de la table. Il écrivit encore un peu, dans le vide, avant de s'effondrer, inerte, dans ses bras. Il s'était évanoui.

*

Quand le petit garçon revint à lui, Viviane le confia aux bons soins de Mr Talbott et partit à la recherche de Lucille. Elle la trouva dans le cabinet de travail d'Archie, occupée à déplacer des objets sur le bureau pour finalement les remettre à leur place initiale. Lorsque la préceptrice lui montra la feuille griffonnée et relata ce nouvel incident, qui, précisa-t-elle, lui rappelait ce qu'elle avait pu lire au sujet de l'écriture automatique dictée par des esprits, la mère de son élève enragea.

« POURQUOI NE VOUS ATTAQUEZ-VOUS PAS À MOI ? » cria-t-elle aux intrus invisibles qui tourmentaient son fils.

Elle se tourna d'un côté de la pièce, puis de l'autre.

« ESPÈCES DE LÂCHES ! QUE VOUS A-T-ON FAIT ? LAISSEZ-NOUS TRANQUILLES ! »

Elle sembla céder un instant à un certain accablement, puis fut prise d'un nouveau sursaut de colère :

« Et VOUS, pourquoi ne faites-vous RIEN ? POURQUOI nous avez-vous ABANDONNÉS ?

— Je ne vous ai pas abandonnés », se défendit Viviane.

Mais c'est à Dieu qu'elle s'adressait.

*

Ce soir-là, ou peut-être le lendemain matin, Lucille déambula en robe de chambre dans le parc, s'arrêtant devant chaque plante et arbuste, allant et venant dans la brume, perdue dans ses pensées.

Pourquoi m'avez-vous fait cela, Archie ? Comment vais-je faire sans vous ? Comment vais-je faire ? Est-ce un insecte sur ce… ? Non, c'est… Ah, si, c'est un insecte… Comment vais-je faire ? J'ai peur, Archie. Aidez-moi. Aidez-nous. Je vous en supplie, aidez-nous. J'ai demandé à Alistair de mettre en vente ce manoir. Aidez-nous à trouver un acquéreur. Winnicott Hall a si mauvaise réputation…

Elle en était encore là de ses prières une heure plus tard, alors qu'elle errait dans la bibliothèque entre les piles de livres, quand soudain, sur son passage, un ouvrage tomba, la faisant sursauter. Elle le ramassa machinalement, le referma sans s'attarder sur les illustrations – des roches du désert –, et le reposa là où il était.

Elle poursuivit ses errements, puis entendit dans son dos un autre bruit sourd. Elle se retourna : c'était le même livre qui était tombé à nouveau.

Elle revint sur ses pas, le ramassa une nouvelle fois et s'aperçut qu'il s'était ouvert à la même page. Ses yeux se posèrent alors sur l'illustration qui figurait tout en haut de la page de gauche, puis sur sa légende :

« *Rose des sables.* »

Le petit nom dont Archie l'avait tendrement affublée.

Son cœur s'emballa. Certes, il s'agissait d'un ouvrage sur le désert, mais tout de même, quelles chances y avait-il pour que… ?

À tort ou à raison, elle choisit d'y voir un signe que lui envoyait son archéologue de mari.

Elle n'était plus seule. Cette fois, Archie était là. Et bien là.

Le jour suivant, ou peut-être la veille, un matin en tout cas (à moins que… ?), Mr Talbott arpentait les corridors du premier étage lorsqu'une découverte le fit pâlir : des empreintes de mains dans le talc qu'il avait saupoudré sur une des consoles. Des mains d'enfants, des mains d'adultes… Des mains fines qui pouvaient appartenir à Madame ou à miss Lombard, mais aussi des mains épaisses qui ne pouvaient appartenir qu'à un homme. Des mains, des mains, des mains. Des mains partout ; partout sur les meubles qu'il croisa alors qu'il fuyait, moins vaillant que jamais.

*

En fin d'après-midi, Alistair, qui prit place face à Lucille dans le grand salon, la trouva étonnamment galvanisée. Preuve de sa vigueur retrouvée, elle n'avait plus aucune intention de vendre Winnicott Hall et le pria d'annuler les démarches qu'il avait entreprises dans ce sens.

« Je vais me battre », répétait-elle à l'envi, ce dont il se félicita.

Bien entendu, il ne percevait que la moitié du sens que renfermaient ces paroles – se battre pour survivre –, si bien que certains des propos de la veuve de son cousin lui semblèrent incohérents. Comme lorsqu'elle déclara, déterminée :

« Ils ne gagneront pas.

— Qui ? demanda-t-il alors. Qui ne gagnera pas ? »

Elle leva la tête et balaya la pièce d'une main.

« *Eux.*

— Qui eux ?

— Eux ! répéta-t-elle comme si cela coulait de source. Les fantômes ! Qui d'autre ?

— Vous n'allez pas me dire que vous croyez à ces histoires ?

— Pas vous ? »

Il était trop interloqué pour répondre.

« J'hésite à organiser une séance de spiritisme afin d'entrer en contact avec Archie, reprit sa veuve. Une seule chose me retient. Non, deux : j'ai peur de voir d'autres que lui se manifester et, pire encore, j'ai peur qu'Archie ne se manifeste pas. Cela signerait la fin de mes espoirs. »

Alistair était abasourdi. Ainsi, elle croyait aux fantômes... Le désespoir engendré par la mort de son mari avait-il eu raison de son discernement ?

Il se tourna vers l'amoncellement de coussins sous le lustre... Puis vers les meubles couverts de talc... Il songea ensuite aux piles de livres éparpillées dans la bibliothèque... Aux tableaux qu'elle avait dissimulés sous des draps... Tableaux sur lesquels elle avait tiré, d'ailleurs, avant de les faire remiser au sous-sol.

Et si ce qu'Archie avait toujours considéré comme des « facéties » ou des « lubies » n'avaient été en vérité que les manifestations d'une folie qui ne voulait pas dire son nom ? Après tout, n'avait-elle pas tiré sur son personnel, menacé des chasseurs et, bien avant cela, giflé le vicaire ? Fallait-il voir en elle une menace pour les autres et pour elle-même ? Dès lors, devait-il l'envoyer en maison de repos, pour son propre bien et celui de son fils ?

« George parle à un petit garçon, confia-t-elle. Tobias. Il joue avec lui. Et je l'ai vu, moi aussi, une nuit.

— Est-ce que je peux le voir ?

— Je ne sais pas. Il apparaît quand il veut.

— Je parlais de George. »

Alistair se trouvait dans un certain état de confusion lorsqu'ils rendirent visite à son filleul, à l'étage. Lucille frappa à la porte de la chambre avant d'entrer dans la foulée, et ils surprirent George debout sur une chaise, prêt à monter sur le rebord de la fenêtre grande ouverte.

Lucille hurla. Debout sur la fenêtre, face au vide, se tenait Tobias, qui tourna vers elle son visage défiguré.

« GEORGE ! cria Alistair.

— Tout va bien, assura son filleul.

— Ne bouge pas, mon grand. »

Alistair avançait doucement.

« Monte ! ordonna Tobias.

— NON ! s'écria Lucille. LAISSE MON FILS ! »

Alistair, surpris, se retourna vers elle et la vit courir jusqu'à George pour l'arracher à la fenêtre sur laquelle il venait de poser un pied.

Elle l'en éloigna et le serra contre elle. Tobias la fixait avec un air de défi. Elle remarqua alors qu'un de ses yeux était voilé de blanc.

« Tu ne me prendras pas mon fils », lui dit-elle, menaçante.

Puis, se tournant vers Alistair :

« Alors ? Me croyez-vous maintenant ? »

Il jeta un œil à l'encadrement de la fenêtre.

« À qui parliez-vous ?

— À cet enf... ! »

Tobias avait disparu.

« Ne l'avez-vous pas vu ? »

Alistair secoua la tête.

« Il n'y avait personne, Lucille...

— On jouait, mère, expliqua George. Je disais à Tobias que comme je ne vois pas le vide, je n'ai pas le vertige, alors il m'a mis au défi de monter sur la fenêtre. Mais je ne craignais rien avec lui.

— Il vous aurait poussé.

— Mais non ! C'est mon ami !

— Je vous interdis de jouer avec lui.

— Mais... mère !

— JE VOUS L'INTERDIS ! »

Alistair n'en croyait pas ses oreilles. Mrs Dodds ne s'y était pas trompée lorsqu'elle lui avait répété que le manoir était « une maison de fous » !

Lorsque Lucille relâcha enfin son étreinte et libéra son fils de ses bras, elle fut prise de violents tremblements.

« Trouvez-nous un spirite, demanda-t-elle à Alistair.

— Un quoi ?

— Un médium... Quelqu'un qui saura nous débarrasser de ces esprits. »

Sous le choc, le jeune homme ne savait que penser de ce qu'il avait vu. Et n'avait pas vu.

En dépit de son scepticisme, Alistair, qui n'avait jamais prêté beaucoup d'attention aux calomnies qui entachaient la réputation du manoir, se pencha enfin sur la question. Et ce qu'il entendit de la bouche de gens qu'il considérait comme sains d'esprit le stupéfia. Dans le doute, il s'adressa à une bonne amie plutôt fantasque et versée dans les choses de l'invisible, qui lui recommanda une certaine Myrtle Blackwell.

Lorsqu'il rencontra cette dernière, chez elle, dans une maison bourgeoise somme toute banale des environs d'Eastbourne, elle lui parut anormalement « normale », ce qui, tout en le rassurant, le déstabilisa quelque peu. La quarantaine, brune, de taille moyenne et à la mise plutôt classique – ni châle, ni foulard, ni créoles, ni yeux charbonneux –, la femme qui le reçut ne correspondait en rien à l'image qu'il s'était faite d'une nécromancienne. À tel point qu'il eut presque peur de passer pour fou au moment de lui faire part de l'affaire délicate qui le menait à elle ! Cependant, elle sembla accueillir ses paroles avec le plus grand naturel, comme si elle entendait ce genre de récit tous les jours. Ce qui était sans doute le cas, songea-t-il.

Elle insista pour que le jour de sa venue, tous les témoins des phénomènes fussent réunis.

« Y compris l'enfant ? s'inquiéta-t-il.

— Y compris l'enfant. »

Il acquiesça, à contrecœur.

Ainsi, quand, deux jours plus tard, en fin d'après-midi, Myrtle Blackwell pénétra dans le vestibule, tout Winnicott Hall était là pour l'accueillir.

« Ouh, il y a beaucoup de monde ! » remarqua la visiteuse à peine entrée.

Lucille compta : George, elle-même, Alistair, Mr Talbott, Viviane, ainsi que Mrs Dodds, Ruby et Pearl – qui avaient accepté de revenir « une heure ou deux, pour Madame et Mr George, et en souvenir de Monsieur », *dixit* la cuisinière.

« Nous sommes huit, dit-elle. Neuf avec vous.

— Je ne parlais pas des vivants. »

La maîtresse des lieux et tous les protagonistes présents accusèrent le coup.

La médium fit quelques pas dans le vestibule. Les yeux tournés vers le plafond, elle annonça :

« Je sens... au moins deux esprits en ce lieu.

— Sainte mère ! s'exclama la cuisinière. Je le savais !

— Peut-être davantage... »

Lucille posa une main sur son cœur, tandis que les sœurs Collins échangèrent des regards entendus : elles n'étaient donc pas folles !

Alistair, quant à lui, se demandait s'il avait affaire à une douce illuminée ou à une dangereuse mystificatrice.

« Je sens une énergie masculine. Un homme encore jeune, qui est mort de façon soudaine... Loin d'ici. Cela vous évoque-t-il quelque chose ? » demanda-t-elle en se tournant vers Lucille.

Et comment que cela lui évoquait quelque chose ! Cependant, Alistair, en prenant la parole, l'empêcha de révéler quoi que ce fût.

« Mais encore ? Sentez-vous autre chose ?

— L'odeur du tabac. D'une pipe. »

Lucille avala sa salive. Viviane posa ses mains sur les épaules de George.

« Puis-je monter ? demanda Mrs Blackwell. Je suis attirée à l'étage... »

Lucille répondit par l'affirmative et tous emboîtèrent le pas à la médium qui grimpait déjà l'escalier. Arrivée au premier, celle-ci regarda à gauche, puis à droite, et décida d'emprunter cette direction. Les autres la suivirent jusqu'à la porte du cabinet de travail d'Archie.

« Puis-je entrer ? »

Lucille acquiesça de nouveau, la gorge nouée.

Mrs Blackwell entra et marcha jusqu'au bureau. Elle passa ses doigts sur les objets qui s'y trouvaient.

« C'était votre époux, n'est-ce pas ?

— Oui », répondit Lucille, émue.

La médium ferma les yeux et donna l'impression d'attendre qu'on lui parlât.

« J'entends la lettre A... *(Une pause.)* Al... Alvin ? Non... »

Tous étaient suspendus à ses lèvres.

« Archie. »

Lucille étouffa un cri. Alistair et Mr Talbott la soutinrent, de peur qu'elle ne s'effondrât. Pearl se cramponnait au bras de sa sœur.

« C'est cela, confirma la médium en rouvrant les yeux. Archie.

— Papa ! » s'écria George.

La médium lui adressa un inutile sourire contrit. Puis, s'adressant à Lucille :

« Il regrette d'être parti. Il vous demande, à votre fils et à vous, de lui pardonner.

— Mon Dieu… lâcha Lucille.

— Il dit qu'il va bien. »

Alistair, qui bouillait, ne put se contenir davantage.

« Quelqu'un a très bien pu vous dire son nom et ce qui lui est arrivé. »

Elle avait l'habitude qu'on lui opposât ce genre d'arguments et ne se formalisa pas.

« Il rit, confia-t-elle. Il dit qu'il reconnaît bien là son cousin ! »

Alistair s'étonna qu'elle connût le lien qui l'unissait au défunt.

Mrs Blackwell s'adressa de nouveau à Lucille :

« Il veut que vous sachiez qu'il n'a pas souffert.

— Comment est-il mort ? demanda la jeune veuve. On m'a parlé d'un accident de la route, mais je n'ai pas eu plus de détails.

— Voulez-vous tout savoir ? »

La médium lança un regard vers George.

« George, dit Lucille, laissez-nous une minute.

— Non ! protesta l'enfant. Je veux savoir, moi aussi.

— Archie dit qu'il peut rester », rapporta la médium.

Lucille y consentit.

« Un animal a traversé devant la voiture. Le chauffeur a voulu l'éviter.

— On m'a dit qu'on l'avait transporté à l'hôpital… »

La médium écouta, avant de raconter :

« C'est vrai. Il est mort là-bas. Il me dit… que… *(Elle hésita.)* Vos pendules se sont-elles arrêtées ?

— Oui ! se souvint l'assemblée.

— C'était lui. Il venait de mourir. »

Tout le monde était bouche bée.

« Il dit qu'il est tout de suite venu vous voir. *(Un silence.)* Il vous a envoyé des signes. *(Un autre silence.)* Je vois… comme de la vapeur… Non, de la buée. C'est cela, de la buée, sur… un miroir ? Une fenêtre ? Est-ce que cela vous parle ? »

Lucille fit quelques pas pour aller s'asseoir.

« C'était lui, poursuivit la médium. *(Se tournant vers George.)* Mon grand… »

L'enfant se raidit à ces mots, ceux de son père.

« Il s'est assis sur ton lit une nuit. La nuit où il nous a quittés. Enfin, quittés… pas vraiment.

— Oh… fit George. Je croyais que c'était un fantôme… Enfin, un autre fantôme, se reprit-il.

— Est-ce que… ? commença Mrs Blackwell, avant de s'interrompre. Il me répète "Partez, partez". Attendez… Il me montre qu'il écrit. Ou bien est-ce toi qui écris ? Ce n'est pas clair… »

Lucille, Viviane et George comprirent à quoi elle faisait allusion.

« George a écrit ces mots, dans un état second, témoigna la préceptrice.

— C'était ton père, mon grand. *(À tous.)* Il cherchait à vous mettre en garde. Il y a d'autres esprits ici.

— Doux Jésus… Je le savais ! répéta Mrs Dodds en secouant la tête.

— Il me parle d'esprits très anciens et hostiles. *(À Archie.)* Je vais m'en occuper. *(…)* Oui. *(…)* Oui, naturellement. »

À la voir ainsi converser avec leur défunt cousin et maître, Alistair et Mr Talbott virent leurs certitudes vaciller.

Lucille interrompit ce dialogue avec l'au-delà :

« Demandez-lui pourquoi il ne me répond jamais quand *moi* je lui parle. »

Mrs Blackwell attendit la réponse. Puis elle rit.

« Il dit qu'il ne peut jamais en placer une ! Il a de l'humour. En tout cas, il vous écoute.

— Il était temps ! répondit Lucille.

— Je sens… un parfum de rose… Cela vous évoque-t-il quelque chose ? »

Lucille secoua la tête. La médium poursuivit :

« Je vois du… du sable…

— Il est mort en Irak, expliqua Alistair.

— Non, c'est autre chose.

— « Rose des sables”… souffla Lucille. C'est ainsi qu'il m'appelait. “Ma petite rose des sables.” »

Mrs Dodds se mordilla les lèvres, les yeux embués.

« Je vois un livre à présent, reprit la médium. Il y a quelque chose en rapport avec un livre…

— Un livre est tombé dans la bibliothèque, s'émut Lucille. Il était ouvert sur une illustration de rose des sables. J'ai pensé que c'était peut-être un signe…

— C'en était un. Il dit… *(Elle écouta quelques secondes.)* D'accord… Il dit que vous occupez toutes ses pensées là-haut.

— Comme c'est mal fait ! sourit Lucille, rejouant une conversation qu'ils avaient eue des mois auparavant.

— Son énergie faiblit. Il dit qu'il vous aime. Tous les deux. Qu'il ne vous l'a pas assez dit de son vivant.

— Moi aussi, je vous aime, père ! s'exclama George.

— Il dit qu'il le sait. »

Et, l'instant d'après :

« Je ne le sens plus. Il est là, quelque part, mais son énergie est trop faible pour que je la perçoive. »

Chacun reprit son souffle. Excepté la médium :

« Je commence à mieux sentir les autres. Il y a un enfant. *(Elle hésita.)* Thomas ? *(Elle semblait tendre l'oreille.)* Toby ?

— Tobias », attesta George.

Elle prit une grande inspiration… et quitta la pièce. Les autres la suivirent dans le corridor, dans l'escalier, jusque dans les combles. Elle s'arrêta devant la porte de la chambre condamnée.

« Mhm, fit-elle. C'était sa chambre.

— Je le savais ! » s'exclama Mrs Dodds.

Mr Talbott, agacé, lui rétorqua :

« Vous saviez tout mais, en attendant, cela fait des mois que nous nous posons des questions !

— C'est vous, aussi ! répondit-elle. Vous vouliez pas qu'on en parle ! »

Il haussa les épaules.

« Quelqu'un peut-il ouvrir la porte ? » demanda la médium.

Le majordome s'exécuta et la médium entra, suivie des autres. Seules Ruby et Pearl restèrent dans le corridor.

« Ah… Cela n'a pas toujours été sa chambre… »

Mr Talbott lança un regard narquois à Mrs Dodds qui l'ignora.

« Il est mort ici. »

Mrs Blackwell porta une main à sa tête et s'assit sur le lit.

« Me voilà prise d'une affreuse migraine tout à coup.

— Voulez-vous vous arrêter un instant ? proposa Lucille.

— Non, ce n'est rien. C'est seulement que je ressens la douleur de cet enfant. Il était malade… Oh, le pauvre ! Sa maladie l'a défiguré. Il me parle de… vérole… De "petite vérole". C'était il y a très longtemps. Plus d'un siècle… Peut-être deux.

— Il y a eu une terrible épidémie de variole en 1721, intervint Viviane.

— Non, elle a dit "petite vérole", fit remarquer Mrs Dodds.

— C'est comme cela que l'on nommait la variole à l'époque, lui apprit la préceptrice. C'était extrêmement contagieux.

— C'est pour cela qu'on l'a enfermé ici », continua la médium en se relevant.

Mr Talbott, stupéfait, révéla alors :

« J'ai vu un enfant défiguré. Lorsque j'avais de la fièvre.

— Moi aussi, je l'ai vu, confia Lucille. Deux fois.

— Il a perdu un œil, poursuivit la spirite. À cause de la maladie. »

Elle se tourna vers George.

« C'est en partie pour cette raison qu'il s'est attaché à toi. Et aussi parce que tu es le seul qui n'ait pas peur de son apparence. »

George eut de la peine pour ce petit garçon qui était mort ici, abandonné par les siens.

La médium demanda à Tobias :

« Sais-tu que tu es mort ? »

Tous attendaient la réponse, qui tardait à venir.

« Alors ? la pressa Lucille.

— Il le sait… *(À George.)* Il joue avec toi, n'est-ce pas ?

— Oui.

— Oui, il aime jouer. C'est un petit garçon très vif, très… *(Elle s'interrompit.)* J'allais dire… "vivant"… Ce qui m'inquiète, c'est qu'il ne veut pas que tu grandisses… *(Elle s'arrêta une seconde.)* Oui, c'est cela, il veut que tu le rejoignes, pour continuer à jouer avec toi.

— Comment cela, qu'il “le rejoigne” ? s'inquiéta Lucille.

— Dans la mort. »

Lucille poussa un cri et serra son fils contre elle.

« Ne vous inquiétez pas, cela n'arrivera pas. Tu entends, Tobias ? Ce-la n'a-rri-ve-ra pas ! Tu dois partir, Tobias. Ta place n'est plus ici. Tu dois rejoindre l'autre monde. Tu appartiens au royaume des morts. »

Toute l'assemblée attendait de voir ce qui allait se passer ensuite.

« Il résiste un peu, commenta la médium. *(Puis, à Tobias.)* Non, fais-moi confiance, tu dois passer de l'autre côté. C'est là-bas que tu trouveras la paix. Tu comprends ? *(Après une seconde.)* Non, tu ne seras plus seul. *(…)* Tu retrouveras tes parents. Ils s'en sont tant voulu de t'avoir isolé. Mais ils n'avaient guère le choix… Je les vois rongés par le chagrin et le remords. Et il y a tes amis aussi, tous tes amis, qui t'attendent depuis si longtemps. *(…)* Dis-lui au revoir, George. Ne le retiens pas.

— Au revoir, Tobias, dit George, ému.

— Il te dit au revoir.

— Je sais. Je l'entends. »

Les autres se regardèrent. Après un instant, George s'exclama :

« Oh ! Je ne le sens plus !

— Non, il est parti », confirma Mrs Blackwell.

Lucille poussa un immense soupir de soulagement.

« Merci ! »

La médium lui adressa un maigre sourire, mais elle semblait préoccupée.

« Est-ce que quelqu'un a été tué dans ce manoir ? se renseigna-t-elle, sans laisser à ses hôtes une seconde de répit.

— Euh... Je ne sais pas, reconnut la maîtresse des lieux.

— Je pense que oui. Je sens, depuis tout à l'heure, une âme très noire. Pouvons-nous redescendre ? »

Dans l'escalier, Lucille vit soudain Mrs Blackwell s'effondrer devant elle et dévaler une volée de marches.

« OH ! cria-t-elle. MRS BLACKWELL ! »

*

Alistair et Mr Talbott s'étaient précipités pour aider Mrs Blackwell à se relever. Quand la médium recouvra ses esprits, elle balbutia, hébétée :

« C'est... C'est lui. C'est lui qui m'a poussée. Il doit avoir... beaucoup d'énergie pour être capable de faire ce genre de chose. »

Les autres songèrent à la commode qu'on avait traînée devant la porte de la chambre de George.

« Il est très menaçant, poursuivit Mrs Blackwell. *(...)* Il me somme de partir. *(...)* Non, ce n'est pas à moi de m'en aller ! » se défendit-elle en fixant un point dans le vide.

Puis elle indiqua le corridor du deuxième étage :

« Je suis attirée par là... »

Elle s'y enfonça d'un pas décidé, jusqu'à la chambre qui avait été saccagée par un corbeau le jour de l'arrivée de Viviane. Elle entra sans hésiter.

« Oh... »

Elle frissonna. Ce qui ne présageait rien de bon.

« C'est ici que tu es mort, n'est-ce pas ? *(Aux autres, qui l'avaient suivie dans la pièce.)* Je vois du sang. *(Puis, sans transition.)* Y a-t-il un moulin près d'ici ? »

Viviane et Alistair échangèrent un regard.

« Oui… répondit ce dernier.

— Il est lié à ce moulin, d'une façon ou d'une autre.

— Est-ce qu'il a des petits yeux sombres, très enfoncés ? voulut savoir Viviane.

— Oui.

— Et un menton en galoche ? demanda Mr Talbott, vers qui tous les regards convergèrent.

— Oui », confirma la médium.

Elle ferma les yeux, avant de poursuivre :

« C'était un sale type. Il est venu au manoir. C'était il y a, oh, plus d'un siècle. Il a vu une jeune fille. Il l'a suivie jusqu'ici, et… il s'est jeté sur elle pour… »

Elle rouvrit les yeux et vit George.

« Je vous passe les détails. »

Elle se concentra de nouveau. Sa tête bougeait de gauche à droite. Parfois, elle sursautait ; parfois, c'est tout son corps qui se tournait, comme si se déroulait sous ses yeux une scène qu'elle était la seule à voir. Les autres suivaient son regard, en vain.

« Un homme est arrivé. Un domestique… Je les vois. Ils se battent. *(Elle s'affola.)* Le domestique attrape un tisonnier et… Non ! *(Elle porta une main à sa tempe gauche.)* Il le frappe à la tempe ! »

Toute l'assistance resta muette, comme si le viol et le meurtre venaient d'avoir lieu.

La porte de la chambre claqua, faisant sursauter tout le monde. Puis une commode glissa avec une rapidité stupéfiante vers Mrs Blackwell, qui l'évita de justesse.

« Eh bien ! Ce genre de prouesse requiert une énergie folle. Nous devrions être tranquilles un petit moment.

— Je... » commença Mr Talbott.

Une nouvelle fois, le majordome concentra vers lui toute l'attention, ce qu'il détestait.

« Oui ? demanda la spirite.

— Quand j'étais fiévreux, j'ai vu une jeune fille, avec l'homme et l'enfant.

— Cela ne m'étonne pas. Je perçois aussi une énergie féminine. *(À Lucille.)* Vous arrive-t-il de trouver vos affaires en désordre ?

— Oui.

— C'est elle. Elle aime beaucoup vos vêtements et vos bijoux. *(Elle se concentra.)* O... Olive... Olivia.

— Olivia... répéta Lucille pour elle-même.

— Je vois de l'eau. Y a-t-il un lac près d'ici ?

— Nous avons un étang dans le parc.

— J'ai besoin d'y aller. »

Elle quitta la pièce sans autre forme de cérémonie.

La nuit était tombée sur le parc lorsque l'assemblée sortit et prit la direction de l'étang, à la lueur des lanternes que portaient Lucille, Alistair, Mr Talbott et Ruby. Le vent se leva.

« Je n'aime pas cet endroit », constata Mrs Blackwell en resserrant son manteau alors qu'ils approchaient de la berge.

Elle porta une main à son cou.

« J'ai du mal à respirer. »

Elle inspira et expira plusieurs fois avant d'énoncer, sûre d'elle :

« Elle s'est noyée dans cet étang. »

Viviane et George comprirent en même temps que c'était elle que le garçonnet avait senti lorsqu'ils s'étaient baignés. La médium demanda ensuite :

« Ne vous arrive-t-il jamais de trouver… comme des flaques d'eau dans le manoir ? »

Mr Talbott allait répondre quand elle reprit :

« Non. Elle ne s'est pas noyée. *On* l'a noyée. *(…)* Non, ce n'était pas un accident. *(À l'assemblée.)* Elle me dit que c'était un accident. *(À Olivia.)* On vous a poussée. *(…)* Le spectre de ce sale type vous a poussée à l'eau, Olivia. Comme il m'a poussée dans l'escalier. *(…) (Aux autres.)* Elle est bouleversée. »

Mrs Dodds, les yeux écarquillés, la bouche ouverte, avait l'impression de suivre un de ces feuilletons radiophoniques auxquels sa sœur l'avait convertie depuis quelques jours.

« Ce fantôme voulait une compagne pour passer l'éternité à ses côtés. Alors il a noyé cette jeune fille. *(…)* Oh, mon Dieu ! Je le vois en tuer d'autres avant elle… Mais toutes sont passées immédiatement dans l'autre monde. *(…)* Et puis… il y a eu Olivia. Elle était jeune. Dix-sept ans, peut-être. *(Elle hésita.)* Depuis plus d'un siècle, ils… ils prennent régulièrement… possession de certains habitants du manoir pour… s'aimer… *(Elle regarda Mr Talbott et Pearl.)* S'aimer… charnellement. »

Les autres suivirent son regard. S'il avait fait jour, ils auraient vu pâlir les deux amants, qui comprenaient tout à coup quelles forces démoniaques les avaient poussés l'un vers l'autre.

Viviane s'expliquait enfin l'attirance de Pearl pour Mr Talbott. Les intéressés aussi y voyaient plus clair !

Une statue près du petit groupe tomba de son piédestal et se brisa.

« C'est elle. Elle est furieuse, poursuivit Mrs Blackwell. Elle sait que je dis vrai. *(…)* Il a essayé de noyer quelqu'un d'autre ici… »

Ruby et Pearl échangèrent un regard. La médium se tourna vers cette dernière :

« Vous. Il vous voulait à ses côtés. Heureusement, Olivia est intervenue. »

Pearl frissonna en même temps que les arbres du parc. La médium reporta son attention sur Olivia.

« Vous devez partir, Olivia. Cet homme n'est pas bon pour vous. *(...)* Vous devez aller vers la lumière. Il vous maintient dans les ténèbres. Je sens votre énergie positive. Rappelez-vous comme vous étiez gaie avant. Comme vous aimiez rire et danser. *(...)* Je sais, mais n'ayez pas peur, on vous attend de l'autre côté. »

Un coup de vent glacial figea l'assemblée.

« Ne l'écoutez pas, Olivia. Partez !

— Partez ! cria Mrs Dodds, surprenant ses compagnons.

— Il ne peut rien contre vous ! poursuivit la médium. Sauvez votre âme ! Quittez cet étang ! Quittez ce manoir ! Partez ! Allez vers la lumière !... Oui ! Allez-y ! »

Elle se tut tout à coup et reprit son souffle.

« Elle est passée de l'autre côté.

— Et lui ? demanda Alistair, définitivement converti. Est-il passé de l'autre côté ?

— Non. Il est furieux. *(Au fantôme.)* Non, tu ne peux rien contre nous. Tu es mort ! C'est à mon tour de te sommer de partir ! »

Elle écoutait.

« Votre époux est de retour, dit-elle à Lucille. Il me parle d'un cadeau qu'il a fait à votre fils. Un... Un talisman ?

— Pazuzu ! s'exclama l'enfant.

— Une pierre bleue.

— C'est cela, confirma George. Père a dit que Pazuzu était une divinité protectrice.

— C'est ce qu'il vient de me dire. Ce talisman chasse les mauvais esprits.

— Il est dans ma commode. Au fond du premier tiroir.

— Rentrons », lança Lucille.

Tous se hâtèrent de rejoindre le manoir. Dans le vestibule, Lucille pria Mr Talbott d'aller chercher dans la chambre de George le talisman en lapis-lazuli.

Deux minutes plus tard, le majordome revint en claudiquant. « On m'a poussé », expliqua-t-il en remettant à la médium le vestige aux yeux globuleux.

Elle brandit le talisman en ordonnant :

« Hors d'ici ! Je te chasse de cette demeure ! Au nom de toutes les puissances qui œuvrent pour le Bien depuis la nuit des temps, je te somme de rejoindre les ténèbres ! Cesse de tourmenter les vivants et rejoins le royaume des ombres ! Tu n'es pas chez toi et tu ne l'as jamais été ! *(À Lucille.)* Dites-lui de partir. Dites-lui que vous êtes chez vous et qu'il n'est pas le bienvenu.

— Allez-vous-en ! cria Lucille.

— Continuez.

— Je vous ordonne de partir de chez moi !

— Il doit vous sentir forte et décidée. N'ayez pas peur de lui. Il se nourrit de votre peur.

— Partez, vous m'entendez ? Je ne veux pas de vous ici ! Et vous ne me faites plus peur ! Vous êtes mort et je suis vivante ! Vous n'avez aucun pouvoir sur moi ! »

Mrs Blackwell lui fit signe de continuer.

« Je… Je ne veux pas de vous ici ! répéta Lucille, à court d'idées. Euh…

— Fous-moi le camp ! s'emporta Mrs Dodds. Ou tu vas avoir affaire à moi, mon bonhomme ! C'est quand même pas un mort qui va faire la loi, non ?!

— Tu es chez nous ici ! s'écria Mr Talbott. On ne veut pas de toi, canaille !

— Dégage, vermine ! » tonna Alistair.

Chacun y alla de ses invectives et injonctions, et le vestibule ne fut bientôt plus qu'une chambre d'écho résonnant d'imprécations et d'injures de toutes sortes, puis de cris lorsque les meubles, les tableaux, le lustre monumental se mirent brusquement à trembler, provoquant un tel chambardement qu'on eût dit que le manoir tout entier allait s'effondrer.

« FOUS LE CAMP DE CHEZ MOI, SALOPARD ! » hurla enfin Lucille avec une violence qui la pétrifia elle-même.

À la seconde, un silence de plomb s'abattit sur une assemblée tout à coup muette de stupeur.

Tous restèrent figés.

Puis Mrs Blackwell, visiblement exténuée, abaissa le talisman.

« C'est fini… réussit-elle à articuler. Il est parti… »

Il sembla à Lucille que l'atmosphère s'était allégée tout à coup. Elle prit quelques profondes inspirations, avant d'enlacer son fils.

« C'est fini, répéta la médium.

— Et père ? demanda George. Est-il parti, lui aussi ? »

Lucille lança un regard interrogateur à Mrs Blackwell.

« Non… déclara celle-ci. Pas encore. Mais… on vient le chercher…

— Qui ? demanda Lucille.

— Un homme. Non, deux hommes… Et un enfant… Son père et ses frères.

— C'est la question que sa mère se posait. Elle espérait qu'ils soient réunis tous les quatre.

— Le petit n'arrête pas de répéter : "Dites à maman que le petit singe est toujours avec moi."

— "Le petit singe" ? s'étonnèrent Lucille et Alistair.

— C'est ce que j'ai compris. *(…)* Oui, c'est cela. "Le petit singe." »

Elle écouta encore ce qu'on lui dit, puis rapporta :

« Maintenant, il est temps pour votre époux de nous quitter.

— Ne peut-il pas rester avec nous ? se lamenta George.

— Ce n'est pas sa place, trésor. N'est-ce pas, Archie ? *(…)* Il dit qu'il reviendra.

— Je ne veux pas que vous partiez, père ! »

Mrs Blackwell s'agenouilla devant le petit garçon et lui prit les mains.

« Il sera là quand ta mère et toi lui parlerez. Il sera là dans les moments importants. Il vous rendra visite dans vos rêves. Il vous enverra des signes. Un papillon ou une coccinelle se posera sur toi et ce sera lui… »

Viviane songea avec émotion aux papillons qui venaient régulièrement se poser sur son assiette, sa main, son cahier…

« Mais, poursuivit la médium, tu ne dois pas le retenir. Il lui faut suivre son propre chemin dans l'autre monde. Tu comprends ?

— Oui… » marmonna George.

Elle posa un index sur le cœur de l'enfant et ajouta :

« Il dit qu'il sera toujours *là.* »

Elle se releva et s'adressa à Lucille :

« Il veut que vous soyez heureuse. Il *sait* que vous serez heureuse. Parce que la vie continue et que vous le portez en vous. *(…)* Il dit que la mort va être plate sans vous. »

Lucille sentit les larmes lui monter aux yeux. C'était du Archie dans toute sa splendeur. Que n'aurait-elle pas donné pour l'entendre lui dire, comme à chaque fois qu'il devait s'absenter, que *la vie* allait être plate sans elle ?

« Dites-lui que je l'aime, lâcha-t-elle dans un souffle.

— Il vous entend. Il veut que vous sachiez qu'un jour vous serez à nouveau réunis.

— Le plus tard possible, plaisanta Lucille en retenant ses larmes.

— C'est ce qu'il a ajouté en même temps que vous », confia la médium en souriant.

Puis le silence retomba sur le vestibule. Archie venait de les quitter une seconde fois.

*

Lorsque Mrs Blackwell, très éprouvée, prit place dans la Wolseley Hornet d'Alistair, elle ne put retenir un petit soupir de contentement. Le confort du véhicule mêlé à la satisfaction du devoir accompli augurait d'un trajet retour des plus plaisant.

Son chauffeur d'un soir allait démarrer quand elle l'arrêta en posant une main sur son bras.

« Attendez !

— Quoi ? »

Elle se tourna vers le manoir.

« Quelque chose ne va pas ? s'inquiéta le jeune homme.

— Je ne sais pas. »

Elle sembla sonder la façade sombre qui, avec ses quelques fenêtres éclairées, se découpait sur un ciel noir.

« C'est seulement que… reprit-elle. J'ai cru un instant… »

Alistair retenait son souffle.

« Non, le rassura-t-elle. Ce n'est sûrement rien… »

Elle lâcha son bras et regarda à nouveau droit devant elle.

Il démarra.

Alors qu'ils s'éloignaient, la médium, qui ne parvenait pas à se départir d'un certain malaise, ne put quitter des yeux l'imposante bâtisse qui rapetissait dans son rétroviseur.

Dès le lendemain, Mrs Dodds, Ruby et Pearl étaient de retour à Winnicott Hall. Ne redoutant plus d'éventuelles manifestations paranormales, les deux sœurs décidèrent de faire à nouveau chambre à part.

Sitôt qu'il croisa Pearl, Mr Talbott sollicita un entretien en privé, dans le petit salon bleu du rez-de-chaussée.

« Au sujet de… vous savez quoi, commença-t-il, je tiens à vous exprimer mon total embarras et ma parfaite consternation. Mais vous savez à présent que ce n'était pas vraiment moi…

— C'était pas vraiment moi non plus… se dédouana la jeune fille au moins aussi confuse que lui.

— Non, bien sûr. C'est heureux ! Remarquez que nous aurions pu tous deux tomber plus mal ! » tenta-t-il de plaisanter.

Parlez pour vous ! songea-t-elle. Depuis la veille, elle se demandait pourquoi diable ce fantôme n'avait pas choisi Archie pour donner corps à ses terribles pulsions.

« Bien, reprit le majordome. Je vois que nous sommes d'accord pour oublier ces malheureux incidents qui n'étaient pas de notre fait. Nous pouvons donc nous remettre à la tâche, la conscience tranquille et l'esprit dégagé.

— Oui, Mr Talbott. »

Les yeux de Pearl s'attardèrent sur le talc qui recouvrait la table rognon à côté d'elle.

« Eh bien, eh bien ! la tança le majordome. Qu'attendez-vous, mon petit ? Enlevez-moi tout ce talc !

— Ah ? Déjà ?

— Oui. À tous les coups, ce moisi était le fait de ces... créatures malsaines.

— Ah, mais oui, bien sûr, vous avez raison ! Comme les flaques d'eau.

— Voilà ! Allez chercher une pelle et une balayette, et au travail ! »

Elle songea que rien n'avait changé et s'empressa d'obéir. Mr Talbott, qui avait retrouvé toute sa superbe, se mit à parader seul au milieu du salon bleu. Il contempla la pièce, magnifique, abstraction faite du talc.

Ah, il avait hâte de rendre toute sa majesté à son intérieur !

*

Après avoir hésité toute la matinée, Lucille se décida enfin à passer ce coup de téléphone qu'elle redoutait tant.

« Allô ? fit sa belle-mère à l'autre bout du fil.

— Bonjour, Eleanor. C'est Lucille. »

Il y eut un silence.

« Comment allez-vous ? se renseigna la veuve d'Archie.

— Aussi mal que vous, j'imagine. »

S'ensuivit un autre silence.

« Je voulais vous dire… relança la jeune femme sur un ton qui se voulait anodin, que j'ai fait venir une médium au manoir.

— Oh… Quelle idée ! Réflexion faite, vous êtes encore plus désespérée que moi. »

Lucille se demanda pourquoi elle l'avait appelée. Elle prit une grande inspiration et décida de clore cette conversation aussi rapidement que possible.

« Cette… femme m'a dit qu'Archie était avec son père et ses frères.

— Mhm… C'est vous qui lui avez posé la question ?

— Non. Elle les a spontanément évoqués.

— Ah, oui ?

— Et… Jacob avait un message pour vous. »

Il y eut un nouveau silence.

« Vraiment ?

— Oui. Il a insisté pour que l'on vous dise que… »

Elle se sentait ridicule.

« … que le petit singe est toujours avec lui.

— …

— Eleanor ?

— …

— Allô ? »

La mère d'Archie demeura muette.

« Tout va bien ? Eleanor ? »

Lucille crut entendre un sanglot.

« Archie… reprit enfin sa belle-mère, n'avait qu'un an lorsque son frère est tombé malade. Jacob, lui, en avait quatre. »

Elle s'interrompit.

« Noël approchait, poursuivit-elle, et nous n'étions pas sûrs qu'il puisse le fêter avec nous… Alors… nous lui avons offert son cadeau… le 20 décembre. Un de ces… petits singes mécaniques qui jouent des cymbales… »

Eleanor renifla, avant d'ajouter :

« Il l'a adoré… Le 22 décembre 1900, quelques heures avant de s'en aller, il m'a dit… qu'il… qu'il ne voulait pas “être seul dans la boîte”. Et… il m'a demandé d'y mettre le singe. Ce que j'ai fait, évidemment. »

Lucille s'assit. Sa belle-mère précisa :

« Depuis que mon mari est mort, je suis la seule à connaître cette histoire. Même Archie n'était pas au courant. »

Lucille, les larmes aux yeux, bredouilla :

« Je… Je suis désolée.

— Il ne faut pas. Vous venez de me faire le plus beau des cadeaux… Merci. »

Et Eleanor raccrocha.

Depuis quelques jours, Lucille n'avait plus d'appétit et gardait le lit. Bien qu'elle s'y opposât, Mr Talbott, encouragé par George et le reste du personnel, prit sur lui de faire revenir le docteur Poole. Lorsque ce dernier entra dans la chambre aux rideaux tirés, il trouva sa patiente étendue sur les draps, le regard perdu. Il pria le majordome, fébrile, de les laisser seuls.

Tout le monde trompait son inquiétude comme il pouvait : Mr Talbott rabrouait les sœurs Collins, George récitait ses déclinaisons latines qu'il connaissait sur le bout des doigts, Viviane faisait de son mieux pour l'écouter et Mrs Dodds frottait rageusement une marmite en cuivre déjà rutilante.

Quand le médecin eut fini de l'ausculter, Lucille partagea avec lui les angoisses qui la torturaient.

« Je ne peux pas mourir… Je ne peux pas abandonner George. Il a déjà perdu son père…

— Je comprends. Mais il n'en est pas question, Dieu merci. »

Il s'assit au bord du lit avant de lui prendre la main et de lui faire part à son tour de ses inquiétudes.

« En revanche, vous devez absolument vous alimenter. Ne serait-ce que pour le bébé.

— Pardon ? »

Le médecin sourit à Lucille.

« Vous n'êtes pas malade. Vous êtes enceinte. D'environ trois mois.

— C'est impossible… »

Il lui semblait qu'Archie était parti depuis si longtemps. L'esprit embrouillé, elle fit un rapide calcul.

Si… C'est possible…

Elle repensa aux mots de la médium : « Il sait que vous serez heureuse. Parce que la vie continue et que vous le portez en vous. »

Et que vous le portez en vous…

Du grand Archie.

George était fou de joie : non seulement sa mère n'allait pas mourir, mais, en plus, il allait enfin avoir le petit frère ou la petite sœur dont il avait tant rêvé ! Il annonça la nouvelle à qui voulut l'entendre, y compris à Chicken ! Lequel avait cessé d'aboyer contre des ennemis invisibles et acceptait désormais d'entrer dans le manoir, à l'insu de Lucille et de Mr Talbott – c'est du moins ce que croyait George.

La rumeur s'était répandue dans toute la région qu'une spirite presque centenaire avait débarrassé Winnicott Hall d'une dizaine de fantômes d'égorgeurs d'enfants, d'empoisonneuses et de filles de mauvaise vie. On racontait que les portes de l'enfer s'étaient ouvertes au-dessus du manoir pour avaler ces démons et qu'elles avaient été scellées à tout jamais par la médium.

Le manoir ainsi libéré de ses locataires indésirables, Mr Talbott reçut dans la foulée la visite de jeunes gens à la recherche d'une place et put enfin engager une femme de chambre pour Madame, qui ferait également office de dame de compagnie, trois femmes de ménage supplémentaires, que

Ruby et Pearl accueillirent à bras ouverts, une aide-cuisinière et deux jardiniers. Dans un premier temps.

Aux rires des sœurs Collins – aux gloussements, aurait dit Mr Talbott – se mêlèrent bientôt ceux des nouvelles employées. Quoi qu'il en dît, le majordome ne fut pas mécontent de ce vent de fraîcheur qui souffla sur l'antique demeure.

Lucille, qui considérait sa grossesse comme un cadeau d'Archie – et de Dieu –, et qui savait que son mari veillait sur elle de là-haut, reprit goût aux petits bonheurs simples du quotidien tels qu'une promenade dans le parc, quelque sonate jouée au piano ou la lecture d'histoires à George. Apaisée, elle décida de sortir les ancêtres de leur retraite et de les remettre à l'honneur dans le grand escalier. Elle accepta même que son fils se rendît chez Rosie et qu'elle et Gemma revinssent prendre le thé le samedi suivant. Le manoir rouvrit également ses portes à une nouvelle réunion du cercle littéraire et à ses discussions bon enfant, quoique parfois enflammées.

Viviane, pour sa part, noircit les pages de son cahier à dessin des portraits des habitants du manoir, des portraits si fidèles que certains ne manquèrent pas de prendre la mouche.

Quant à Alistair, il passa régulièrement rendre compte à Lucille des affaires du domaine, qu'il – entre nous soit dit – gérait brillamment.

Bref, la vie reprit ses droits.

Et trois semaines après la venue du médecin, alors que le poste de radio diffusait « Life Is Just a Bowl of Cherries » de Rudy Vallée, Lucille, en dépit de sa grossesse, attrapa George et l'entraîna dans une joyeuse petite danse, comme un pied de nez au destin.

Comme souvent dans ces cas-là, le jour tant redouté par George arriva sans crier gare. Ce fut au début du mois de décembre.

« Je dois vous quitter », lui annonça Viviane alors qu'ils sortaient du manoir pour se promener.

Il s'arrêta net.

« Quand ?! s'exclama-t-il, sous le choc. Pourquoi ?

— Aussitôt que possible. Ma cousine est très malade. J'ai reçu ce matin une lettre de son mari. »

Il sentit sa préceptrice émue et serra le bras qu'elle lui donnait.

« Je suis désolé.

— Je dois partir à son chevet. »

Ils se turent quelques secondes, puis George finit par dire :

« Je comprends. Et… savez-vous combien de temps vous devrez vous absenter ?

— Non. Le temps qu'il faudra. Quelques semaines… Quelques mois, peut-être.

— Quelques mois ? s'épouvanta-t-il.

— Les médecins ont peu d'espoir et si elle doit mourir, je veux l'accompagner jusqu'au bout. »

Ils reprirent leur marche en silence, jusqu'à ce que George demandât :

« Est-ce que mère est au courant ?

— Pas encore. Je voulais vous l'annoncer d'abord. »

Des picotements envahirent les yeux et le nez de l'enfant.

« Merci. »

Elle tapota le bras de son élève.

« Je n'aurais pas voulu que vous l'appreniez par quelqu'un d'autre.

— Moi non plus. Alors il va falloir vous remplacer le temps de votre absence.

— Oui.

— … Vous allez me manquer. »

Des coups de pioche parvinrent à leurs oreilles. Viviane, qui se refusait à verser dans la sensiblerie, en profita pour changer de sujet. Elle expliqua à George :

« Reggie plante un cèdre près du kiosque.

— Oui, c'est mère qui le lui a demandé. Père aimait ces arbres.

— Alors il sera ravi d'en trouver un ici quand il reviendra vous voir.

— Je le pense aussi. »

Viviane sourit de ce dernier échange somme toute surréaliste pour qui n'aurait pas l'esprit ouvert à ces choses-là.

« Au moins, la consola George, si votre cousine vient à vous quitter, vous savez qu'elle ne rejoindra pas le néant…

— Oui. Et ce qui m'importe à présent, c'est qu'elle le sache, elle aussi. »

Deux jours plus tard, George, Lucille, Alistair et tout le personnel, ancien et nouveau, se tenaient dans le vestibule pour souhaiter un bon voyage à Viviane.

« Je vous ai préparé un petit quelque chose pour la route, lui dit Mrs Dodds en lui tendant un panier-repas.

— Oh, merci beaucoup.

— Ma pauvre, vous allez devoir vous réhabituer à la cuisine française… »

Viviane sourit.

« Écrivez-nous surtout, la pria Ruby.

— Oui, donnez-nous de vos nouvelles, ajouta Pearl.

— Comptez sur moi. »

La préceptrice se tourna ensuite vers Mr Talbott, qui se fendit d'un petit salut de la tête et d'un :

« Bon voyage, miss Lombard. Revenez-nous vite. Cette maison ne sera pas tout à fait la même sans vous.

— C'est gentil. »

« Ça va faire bizarre de p'us vous croiser le matin, nota Reggie. Ce sera p'us pareil. »

Les nouveaux venus, la dame de compagnie de Lucille, les trois autres femmes de ménage, l'aide-cuisinière et les deux nouveaux jardiniers se contentèrent de lui souhaiter un bon voyage.

« Vous nous manquez déjà », lui assura Alistair en lui serrant la main.

« Je suis triste de vous voir partir, lui confia ensuite Lucille. Mais je sais que nous sommes appelées à nous revoir bientôt… *(Puis, se rendant compte de sa maladresse.)* Enfin, pas trop bientôt, évidemment. Soyez courageuse, miss Lombard.

— Merci. »

Lucille, plus émue qu'elle ne l'aurait cru, la prit dans ses bras, à la grande surprise de Viviane, elle aussi très touchée.

Enfin, ce fut au tour de George de dire au revoir à sa préceptrice.

« Merci pour tout, *mademoiselle**. »

Deux larmes roulèrent le long de ses joues. Viviane s'accroupit pour prendre le visage de son élève entre ses mains et, de ses pouces, essuya tendrement ses larmes. Puis elle saisit les mains de l'enfant… et les posa sur son propre visage. Il le parcourut de ses doigts pour enfin savoir à quoi ressemblait sa professeure.

« Vous souvenez-vous de ce que vous m'avez répondu quand, le jour de notre rencontre, je vous ai demandé si je pouvais toucher votre visage ?

— Me connaissant, j'ai dû vous dire que je détestais qu'on me tripote.

— C'est exact. Et vous avez ajouté que vous n'étiez pas sûre que j'aie les mains propres !

— Je m'en souviens », dit-elle, amusée.

Quand il eut fini de promener ses doigts sur son visage, elle saisit à nouveau les mains du petit garçon et les embrassa.

« Je pourrai faire votre portrait maintenant », plaisanta-t-il.

Sentant l'émotion l'envahir, elle se hâta de désamorcer la situation :

« Vous n'aurez qu'à me l'envoyer, vieux barbon ! »

Elle se releva et l'enfant, tel un parfait gentleman, prit sa main et l'escorta jusqu'à l'automobile. Bertram, qui avait déjà chargé sa valise, lui ouvrit la portière.

Quand ils furent prêts à partir, Viviane baissa sa vitre et, comme elle détestait les au revoir, adressa à George un moins solennel :

« *Kenavo.* »

Auquel il répondit par un :

« *À bientôt, mademoiselle**. »

D'un hochement de tête, Viviane, craignant que sa voix ne s'étranglât, fit signe à Bertram de démarrer.

« Prenez bien soin de votre cousine ! entendit-elle crier George. Et de vous ! »

La Daimler parcourut plus vite qu'elle ne l'aurait voulu les deux cents mètres qui les séparaient du sentier sinueux, puis s'enfonça dans l'allée cavalière surplombée d'une voûte de branches de chênes dénudées, une allée qui lui sembla à la fois la même et très différente de celle sous laquelle elle s'était avancée pour la première fois dix mois plus tôt. À moins que ce ne fût elle qui eût changé.

Bertram descendit de l'automobile et ouvrit les grilles de Winnicott Hall, qui ne laissaient plus échapper de cri strident depuis qu'il les avait huilées.

Lorsqu'ils redémarrèrent, Viviane se retourna vers les lions de pierre qui trônaient au sommet des deux piliers massifs. Ils veilleraient sur le manoir et ses habitants en son absence. Puis elle enfonça ses mains froides dans ses poches. Étonnée, elle en sortit… un des soldats de plomb de George.

L'artilleur à la baïonnette cassée.

Leur préféré à

tous les

deux.

Ligny-en-Barrois, le 17 décembre 1934

Cher George,

J'ai bien reçu votre carte pour Noël. Je vous en remercie, ainsi que tous ceux qui ont bien voulu ajouter un petit mot. Tous ces messages d'amitié m'ont réchauffé le cœur.

Ma cousine et son époux se joignent à moi pour vous souhaiter en retour de joyeuses fêtes. Il faut dire que tous les deux ont l'impression de vous connaître, tant je leur parle de vous. Cela distrait ma chère Émilienne qui, en dépit de sa grande faiblesse, me dit tout le temps comme elle est heureuse que je sois à ses côtés.

Je poursuis seule nos promenades quotidiennes, à l'heure habituelle (heure anglaise), et je dois vous avouer qu'il m'arrive de vous parler et que, bien souvent, je suis tentée de vous décrire le paysage !

Merci encore pour vos pensées qui m'accompagnent et me soutiennent dans ces moments difficiles.

Je m'en retourne auprès d'Émilienne.

Sincèrement,

Miss Lombard

Winnicott Hall, le 1er janvier 1935

Chère miss Lombard,

Je vous souhaite, ainsi que tout le monde ici, une bonne année 1935. Nous espérons que votre cousine se porte aussi bien que possible. Je ne manque jamais de prier pour elle et Rosie m'a assuré qu'elle est aussi dans ses prières.

Vous nous avez beaucoup manqué durant ces fêtes. Mrs Dodds et Mary se sont surpassées. Comme mère a eu raison d'engager cette aide-cuisinière ! Oh, à propos de nouveau venu, mon précepteur est arrivé ! Il s'agit d'un jeune homme très gentil, très compétent et très bien de sa personne si j'en crois le personnel féminin du manoir. Mère, à qui je dicte cette lettre, confirme qu'il a effectivement un certain charme. Mrs Dodds dit qu'il pourrait être acteur de cinéma, c'est tout dire ! Il se nomme Mr Flynn. Walton Flynn. C'est à ses côtés, et aux côtés de notre fidèle Chicken bien sûr, que je poursuis nos marches, moi aussi. Votre remplaçant s'y connaît moins que vous en plantes, mais ce n'en est pas moins un très agréable compagnon.

Comme il sait l'attachement que je vous porte, il me fait travailler au piano « Once Upon a Time in Paris » d'Erik Satie, que je jouerai à la perfection à votre retour.

Encore une fois, tous mes vœux pour la nouvelle année.

Sincèrement vôtre.
Votre élève respectueux et reconnaissant,
George

P.-S. Avez-vous de la neige à Ligny-en-Barrois ? Ici, elle se fait timide…

Ligny-en-Barrois, le 15 janvier 1935

Cher George,

Merci beaucoup pour vos vœux. Si j'ai tardé à répondre, c'est qu'Émilienne nous a quittés. Comme vous pouvez l'imaginer, je suis anéantie. Même les souvenirs gais se sont faits tristes… Je me console en me répétant que beaucoup n'auront jamais la chance de la connaître. Je les plains. Je les plains et je les envie, car s'ils savaient quelle femme merveilleuse nous a quittés, ils la pleureraient avec moi aujourd'hui.

Avant qu'elle ne s'en aille, nous avons beaucoup parlé de la vie après la mort, mais aussi de la vie <u>avant</u> la mort. Émilienne m'a fait prendre conscience que la vie est extrêmement courte. Et précieuse. Il ne me reste, au mieux, qu'une vingtaine de beaux étés devant moi. J'entends, d'étés où je serai en pleine possession de mes moyens. C'est beaucoup et c'est peu.

C'est pourquoi j'ai décidé de tenir la promesse que je lui ai faite sur son lit de mort, à savoir réaliser notre vieux rêve d'aller aux Indes. Je vous annonce donc par cette lettre mon départ pour Bombay dans deux semaines. Ne m'en veuillez pas. Si je ne pars pas maintenant, je ne le ferai jamais. Cette décision n'a pas été facile, tant j'ai hâte de vous retrouver et de parfaire votre instruction. Mais je vous sais entre de bonnes mains. Cela atténue ma peine de ne pas vous revoir tout de suite.

Quoi qu'il en soit, cela ne m'empêche pas de vous souhaiter, ainsi qu'à votre mère et à tous ceux que j'ai laissés à Winnicott Hall, une très bonne année 1935.

Embrassez-vous pour moi.

Sincèrement,

Miss Lombard

P.-S. Ici, il a neigé bien assez à mon goût !

Winnicott Hall, le 26 janvier 1935

Chère miss Lombard,

Comme tout le monde ici, j'ai été très peiné d'apprendre le décès de votre cousine et tiens à vous faire savoir, mais vous le savez déjà, que nous partageons votre peine.

L'autre nouvelle, celle de votre départ pour les Indes, m'attriste également, mais, quand bien même je le pourrais, je comprends que ce serait égoïste de vous retenir. Je ne vous dis pas que je n'ai pas versé quelques larmes, mais mère m'a expliqué que quand on aime quelqu'un, on veut qu'il soit heureux, peu importe où, et même si c'est loin de soi. Aussi, soyez rassurée, je ne vous en veux pas. J'espère seulement que vous ne vous y plairez pas trop…

Soyez tranquille, je peux compter sur Mr Flynn pour me distraire. Il me confirme qu'il est là pour moi (car c'est à lui que je dicte cette lettre) et tient à vous saluer et à vous féliciter pour l'excellent travail que vous avez fait avec moi. Il ne veut pas croire que j'étais déjà brillant avant votre arrivée ! Toute plaisanterie mise à part, il vous souhaite également un bon séjour, et me garantit que ce n'est pas seulement parce qu'il est assuré de garder son emploi un peu plus longtemps à présent (lui aussi a de l'humour).

Mr Talbott, qui sait que je dois vous écrire, m'a également prié de vous faire savoir qu'il vous trouve très courageuse d'entreprendre un tel périple. Toutefois, il est certain que vous apprendrez beaucoup de ce voyage, en matière de méditation notamment. À ce sujet, il m'a parlé d'une leçon que vous avez dispensée à l'office. Croyez bien que je regrette de ne pas y avoir assisté.

J'attends avec impatience la venue de mon petit frère ou de ma petite sœur (je n'ai pas de préférence). Plus que quatre mois à attendre. Pour patienter, mère me fait la lecture d'un roman assez cocasse paru cette année : Mary Poppins. *L'histoire d'une nourrice qui sort de l'ordinaire. Tiens, cela me rappelle quelqu'un…*

Toujours vôtre.
Votre dévoué et fidèle,
George

Darjeeling, le 23 mars 1935

Cher George,

Mille excuses pour cette réponse tardive, mais j'ai été très occupée depuis mon arrivée aux Indes. J'ai déjà beaucoup voyagé : Bombay, Udaipur, Jaipur, New Delhi, Varanasi… Et je viens de poser mes valises à Darjeeling. Autant de noms qui nous faisaient rêver, Émilienne et moi. J'imagine qu'elle n'est jamais très loin…

Ce pays est si vivant, si beau, si bruyant, si chaotique aussi. Je parle ici du mélange constant, surprenant au premier abord, du profane et du sacré, mais aussi des tensions nationalistes qui agitent toujours le pays (le chef des indépendantistes, Gandhi, a réchappé à trois tentatives d'assassinat l'an dernier…).

Je me sens étrangement bien et sereine au milieu de ce tourbillon de bruits, de couleurs et d'odeurs qui excite tous les sens ou presque, et m'apaise comme peut le faire l'orage.

Les gens me paraissent tous beaux et je ne me lasse pas de les croquer dans mes carnets. Les femmes en particulier sont magnifiques, dans leurs saris flamboyants. Je pense en essayer un bientôt… Les enfants aussi sont d'une incroyable beauté avec leur peau mate, leurs yeux noirs, leurs longs cils et leurs cheveux de jais. Les hommes ne sont pas en reste, avec leurs traits fins et aristocratiques. En dépit de leur pauvreté, tous savent se montrer extrêmement hospitaliers. Et puis il y a ces sourires, dont ils ne se départent que rarement…

Tout est si intense ici. La vie elle-même paraît plus dense. Oui, pour l'instant, tout me plaît.

Pour autant, soyez certain que je ne vous oublie pas. D'ailleurs, j'ai sur la table qui me sert de bureau votre petit artilleur à la baïonnette cassée. Et j'ai accroché au mur de ma chambre le portrait que j'ai fait de vous, ainsi que les dessins que nous avons réalisés ensemble au bord de l'étang et que vous m'avez généreusement offerts. Je me perds souvent dans leur contemplation et me retrouve à Winnicott Hall en moins de temps qu'il n'en faut pour le dire. J'y ai des souvenirs pour mille ans.

Vous pouvez m'écrire au :
52, Hill Cart Road
Darjeeling, India

Namasté.
Sincèrement,
Miss Lombard

Winnicott Hall, le 29 mai 1935

Chère miss Lombard,

J'ai été heureux de recevoir de si bonnes nouvelles. Je dois vous dire que Mrs Dodds ne comprend pas que vous soyez partie au bout du monde pour vivre dans un « tourbillon de bruits et d'odeurs » quand il vous suffisait de descendre dans ses cuisines ! Elle est un peu de mauvaise foi, je vous l'accorde, mais c'est que, comme nous tous, elle s'est attachée à vous.

Le portrait que vous me dressez des Indes me donne envie de m'y rendre à mon tour. Qui sait ? Quand mon petit frère sera un peu plus grand... Car oui, je peux enfin vous l'annoncer : j'ai un frère ! Qui se porte à merveille, comme mère. Sans doute voudrez-vous connaître le prénom de l'enfant. Je dois vous prévenir, il risque fort de vous étonner, tant il est original, mais il s'agit d'un hommage à père qui l'aimait beaucoup. Bref, mon petit frère s'appelle Patrocle (mais tout le monde l'appelle Pat). Il pèse 9 livres[1]*, a les yeux verts (à travers lesquels il semble voir parfaitement), beaucoup de*

1. 4 kilos.

cheveux (châtains) et sent très bon. Inutile de vous dire qu'il tient d'ores et déjà une grande place dans nos cœurs. J'ai hâte de vous le présenter.

J'ai d'autres nouvelles à vous annoncer. D'abord, Alistair nous a fait la surprise de nous rendre visite accompagné d'une jeune femme dont il semble très épris. Mère la trouve fort convenable et estime qu'ils forment un très joli couple. Quant à moi, qui ne peux juger que de sa voix, de son parfum, de son esprit et de sa gentillesse, je la trouve charmante.

Dans le même registre, Pearl et Reggie, qui semblaient s'être à peine regardés jusque-là, ne se quittent plus ! N'est-ce pas surprenant ? En tout cas, cela me ravit pour eux deux.

Mère et les autres, dont Mr Flynn, qui a eu la gentillesse d'écrire cette lettre sous ma dictée, se joignent à moi pour vous saluer chaleureusement.

Kenavo.

Sincèrement et pour toujours, votre vieux barbon,

George

Darjeeling, le 12 juin 1935

Mon cher vieux barbon,

Je suis très heureuse d'apprendre la naissance du petit Patrocle, un prénom qui ne manque pas d'originalité, effectivement. Je regrette de ne pas pouvoir déposer moi-même un baiser sur sa joue, mais vous fais confiance pour vous en charger. Transmettez mes félicitations à votre mère. Ainsi qu'à Alistair à qui je souhaite tout le bonheur du monde auprès de sa chère et tendre. Quant à Pearl et Reggie, vous ne me dites pas si leur relation est officielle ou seulement le fruit de votre observation. Ne les félicitez peut-être pas s'ils ne vous savent pas au courant… Quoi qu'il en soit, merci pour toutes ces nouvelles dont je me réjouis !

J'ai aussi une nouvelle à vous annoncer : je vais rester ici. Il y a de cela un mois, j'ai commencé à travailler dans un institut pour jeunes aveugles, des enfants abandonnés pour la plupart, et je crois être plus utile à Darjeeling que nulle part ailleurs.

Rétrospectivement, tout dans ma vie semble m'avoir menée ici : la cécité de ma mère d'abord, puis le décès de mon fiancé, mon choix de devenir préceptrice, ma venue à Winnicott Hall, notre rencontre et enfin le décès d'Émilienne. Quelque part, cela me réconforte, car cela donne du sens à des années d'errance et de questionnements.

Je vous en prie, ne m'en veuillez pas.

Je dois vous dire que le proverbe « Loin des yeux, loin du cœur » ne m'a jamais paru aussi absurde. Dans notre cas, je dirais plutôt « Loin des yeux, près du cœur ». Je vous invite néanmoins à me rendre visite avec votre mère et Pat(rocle) dès que cela sera possible. D'ici là, votre mère pourrait-elle me faire parvenir ma malle ?

En attendant de vous revoir, je vous fais le serment de ne jamais vous oublier.

Je ne vous oublierai jamais.

Je ne vous oublierai jamais.

Je ne vous oublierai jamais.

Recevez mes plus affectueuses pensées,

Miss Lombard

Les années passèrent, jusqu'à ce jour de juillet 1965.

Désormais âgé de quarante et un ans, George, assis sur un banc du parc, à l'ombre d'un grand cèdre, rêvassait. De temps à autre lui parvenaient les cris et les rires d'Alexander, son fils de vingt ans, rentré d'Oxford pour les vacances, et de Vivienne et Angela, ses deux filles de dix-sept et quinze ans, qui jouaient tous les trois au badminton avec leurs amis à une centaine de mètres. Sur le transistor de ces jeunes gens, un peu trop fort au goût de l'adulte, passait un des succès du moment, « What the World Needs Now Is Love » de Jackie DeShannon.

Soudain, George entendit le son d'une clochette qui le ramena instantanément des années et des années en arrière. Son cœur se serra. Puis une voix, une intonation, un léger accent… reconnaissables entre tous. Comme l'odeur de cette eau de Cologne.

« Bonjour, vieux barbon ! »

Il n'en crut pas ses oreilles.

« Viviane ? »

Cela faisait bien longtemps que, à la demande de celle-ci, il avait cessé de l'appeler miss Lombard.

« Comme c'est étrange de revenir à Winnicott Hall ! J'ai l'impression que j'en suis partie hier… Ou, disons, avant-hier. »

Il la sentit s'asseoir à ses côtés.

« N'est-ce pas le cèdre que Reggie a planté il y a… trente ans ?

— Celui-là même.

— Bigre ! Il est immense… Ce que le temps passe !

— Ian n'est pas avec vous ?

— Non, il est resté aux Indes. C'est la première fois que nous sommes séparés en… vingt-huit ans de mariage !

— Notre fondation a besoin de lui, bien sûr.

— Autant que de votre argent », dit-elle dans un rire.

Il y eut un silence, après lequel Viviane constata :

« Je vous l'avais dit que vous feriez de grandes choses. Votre carrière de pianiste, votre famille, notre institut qui a aidé, aide et aidera encore tant de petits Indiens… Je suis fière de l'homme que vous êtes devenu, George.

— Tout cela, je vous le dois en partie. »

Un autre silence.

« Comment se porte votre mère ? demanda Viviane.

— Elle est en pleine forme. Cela vaut mieux, avec les filles de Pat qui sont encore petites et très… toniques. Et mes trois enfants. Sans compter leurs amis ! »

Une voix féminine hurla tout à coup :

« Tout le monde à l'eau ! »

S'ensuivit un déchaînement de cris et de bruits de plongeons dans l'étang.

George sourit.

« Et Pat, justement ? demanda Viviane. Comment va-t-il ?

— Il est à Paris pour encore une semaine, avec Martha et les filles.

— Il devait avoir l'âge de sa petite dernière quand vous m'avez rendu visite à Darjeeling pour la première fois.

— À peu près, oui.

— Je revois la tête de votre mère, lorsqu'elle m'a vue en sari… Et son émotion devant tous ces enfants des rues.

— La Fondation Winnicott était née ! »

Elle tapota la cuisse de son ancien élève.

« George ? appela Rosie. Tu préfères prendre le thé ici ou bien sous le kiosque ? »

Tout sourire, il s'exclama :

« Regarde qui est là !

— Qui ?

— Eh bien ! Viviane ! »

Il s'étonna de son silence.

« Il n'y a personne, chéri… »

Il posa une main sur le banc, là où Viviane était assise quelques secondes plus tôt.

Personne.

Rosie déposa un tendre baiser sur le bout du nez de son époux et se moqua gentiment de lui :

« J'en connais un qui s'est endormi ! Tu as dû rêver. »

Pourtant, il aurait juré que…

*

Le lendemain, Lucille frappa à la porte du cabinet de travail de George – autrefois celui de son père. La femme de soixante et un ans, qui n'avait rien perdu de son élégance, se racla la gorge en entrant.

« Nous venons de recevoir un télégramme…

— Oui ?

— De Ian. Il nous annonce que… Viviane nous a quittés hier soir.

— Quoi ? »

Il sembla s'enfoncer un peu plus dans son fauteuil. Sa mère posa une main réconfortante sur son épaule.

« Je suis désolée.

— Dit-il autre chose ? s'enquit George en triturant un bouton de sa chemise.

— Seulement qu'elle n'a pas souffert. C'était très soudain. Elle est morte aux alentours de dix heures du soir. C'est-à-dire…

— Quatre heures et demie, hier après-midi. »

Soit l'heure de leur dernière rencontre…

D'autres années passèrent, et nous fûmes bientôt en août 2011.

George, quatre-vingt-sept ans, s'était assoupi sur son transat, au bord de l'étang, bercé par le bruit des conversations et des jeux de ses enfants, petits-enfants et arrière-petits-enfants. Lorsqu'il s'éveilla et rouvrit les yeux, il ne comprit pas tout de suite ce qui lui arrivait. Puis l'évidence s'imposa à lui : la lumière l'éblouissait ! Quand le phénomène se dissipa, il put enfin, pour la première fois, voir l'étang face à lui. Il se leva avec une agilité déconcertante, plus léger que jamais, et se perdit dans la contemplation de l'eau – limpide sur le bord et de plus en plus obscure à mesure que l'on s'éloignait de la rive –, des ronds qui naissaient à la surface argentée lorsque des insectes y posaient leurs pattes graciles, ainsi que des ondulations scintillantes que formaient le vent et les occupants des barques en ramant. Il s'attarda, non sans éprouver une certaine fierté, sur ces jeunes hommes et ces jeunes femmes : ses petits-enfants. Il identifia instantanément chacun d'eux sans l'avoir jamais vu.

Il se tourna ensuite vers la vieille dame aux cheveux blancs à ses côtés, qui gardait un œil – encore vif et pétillant – sur leurs arrière-petits-enfants. Il reconnut immédiatement Rosie. Il la regarda longuement, trop heureux de voir enfin son beau visage.

Puis il posa les yeux sur son propre transat et s'y vit, étendu, à jamais endormi. Envahi d'un étrange sentiment de sérénité, il n'en éprouva ni regret ni tristesse.

Ébahi, curieux de tout, il s'extasia ensuite sur le ciel, les nuages, les arbres, l'herbe…

Enfin, il se retourna et put admirer le manoir, si grand, si beau. Fichtre ! Voilà donc à quoi ressemblait Winnicott Hall !

Là, il croisa le regard surpris d'Emily, trois ans, une de ses arrière-petites-filles qui rivait sur lui ses yeux plus bleus que le ciel.

« Qu'est-ce que tu regardes, trésor ? » demanda Rosie qui s'était levée pour la rejoindre d'un pas mal assuré.

Il fut submergé par une vague de tendresse infinie pour ce petit bout de femme vacillant qui lui parut si fragile. La femme qu'il avait aimée toute sa vie.

L'enfant désigna du doigt son arrière-grand-père, qu'elle était manifestement la seule à voir. George lui sourit, puis se rapprocha de son épouse, sur le nez de laquelle il déposa un doux baiser qui la fit éternuer.

Il adressa à Emily un petit signe de la main en guise d'au revoir, signe qu'elle lui rendit en lui souriant malicieusement avant que Rosie ne la ramenât à ses jouets.

George se sentit alors comme « appelé » par le manoir, vers lequel il se dirigea. Il ne cessait de s'étonner de l'aspect des allées qu'il découvrait après les avoir tant arpentées, des pelouses, des statues, des jeux de lumière et d'ombre sur la végétation, la pierre, les fenêtres…

Jusqu'à ce qu'il aperçût, sur les marches qui menaient à la grande porte de derrière, deux silhouettes qui semblaient l'attendre et qu'il identifia spontanément : ses parents ! Alors qu'il se rapprochait d'eux, il s'étonna de leurs mines rayonnantes. Tous deux semblaient si jeunes ! Il se jeta dans leurs bras, avec toute sa vitalité d'antan. Lucille et Archie, tout à leur joie de ces retrouvailles, l'enlacèrent tendrement.

Après un instant, il remarqua la présence d'une grande femme vêtue d'une manière plus confortable qu'élégante. Viviane. Évidemment. À son tour, elle lui donna une franche et affectueuse accolade. Puis il prit le bras de sa préceptrice, comme autrefois, et tous les quatre disparurent dans le manoir.

– Épilogue –

Je sais ce que vous pensez. Vous vous dites que George, Lucille, Archie et Viviane hantent à leur tour Winnicott Hall. Mais non, ils s'en sont allés là où s'en vont les morts. Où ? Je dois vous avouer que je n'en ai aucune idée, moi qui suis toujours resté ici. Ah, oui, pardon, je ne me suis pas présenté : Branwell J. Winnicott. Vous vous souvenez ? L'ancêtre austère dont le portrait ornait – et orne toujours – l'escalier du manoir. L'homme aux yeux sombres, au long nez droit et aux lèvres minces qui a fait bâtir Winnicott Hall et lui a donné son nom. J'ai tant aimé cette demeure que je ne me suis jamais résolu à la quitter.

C'est ma présence que Myrtle Blackwell a vaguement ressentie le soir où elle est intervenue. Du reste, je dois dire que cela m'a fort étonné. C'est que j'ai toujours été d'une extrême discrétion. Voyez-vous, je n'aimais rien tant que d'observer mes contemporains, si bien que, déjà de mon vivant, on me remarquait à peine. J'aurais pu être un majordome d'exception, si je n'étais pas si bien né !

Pour l'anecdote, c'est cette discrétion qui m'a fait cacher à tous que j'avais moi-même dessiné les plans de Winnicott

Hall. J'ai donné aux curieux le nom d'un jeune architecte inconnu dont j'avais remarqué le travail. Comment aurais-je pu imaginer que Christopher Wren allait passer à la postérité en concevant plus tard, entre autres choses, la cathédrale Saint-Paul de Londres ?

À l'heure de clore ce récit, je veux préciser, pour ceux qui se poseraient la question, que Gary Cooper n'est jamais venu au manoir pour demander à Mrs Dodds de le suivre. En revanche, un certain Horace Duckenfield se présenta un jour pour effectuer des travaux de plomberie et partagea les vingt dernières années de la cuisinière.

Ruby n'a jamais travaillé sur le *Queen Mary*, ni sur aucun autre paquebot. Elle s'est mariée, dans la robe de sa mère, deux fois. Avant la Seconde Guerre mondiale, qui l'a faite veuve, et après. Elle a eu trois enfants de son second époux.

Pearl portait elle aussi la robe de leur mère lorsqu'elle a épousé Reggie quelques années avant la mobilisation du jeune homme. Lorsqu'il est enfin rentré, miraculeusement sain et sauf, ils ont décidé d'aller vivre en Australie où ils ont, semble-t-il, connu un mariage heureux et fécond puisqu'ils ont été les parents de cinq enfants.

Mr Talbott n'a épousé personne et est resté travailler au manoir aussi longtemps qu'il l'a pu. Mrs Montgomery a tenu à garder son fidèle serviteur auprès d'elle jusqu'à ce qu'il s'éteignît, dans la chambre qu'il occupait depuis quelques années au premier étage, sa main dans celle de Madame.

Madame qui ne s'est jamais remariée. Après s'être consacrée à George et à Patrocle, Lucille s'est dévouée à ses petits-enfants et à la Fondation Winnicott (à ce propos, je dois bien avouer qu'en dépit de ma modestie naturelle je ne suis pas peu fier que mon nom fût et demeure associé à cette œuvre). Elle a rendu l'âme dans sa quatre-vingt-deuxième année, entourée des siens. Des vivants comme des morts.

Vous l'aurez compris, je suis depuis des siècles le témoin discret des joies et des peines des habitants du manoir, et tous, maîtres et valets, ont, à leur façon, marqué ma mémoire, ainsi que les lieux, de leur empreinte.

Quelques personnes se souviendront de George, de Viviane, de Pearl ou de Ruby pour encore un temps, puis, comme tous ceux qui les ont précédés, leur ont déjà succédé et leur succéderont encore, ils tomberont dans l'oubli. On ne saura bientôt plus rien de la rencontre de Viviane et de George, de leurs promenades l'après-midi, de leurs confidences, de l'affection qu'ils se sont témoignée. En disparaissant, ils ont emporté les mots et les rires échangés. Aujourd'hui, on se promène dans leurs pas, dans les allées du parc ou les corridors du manoir, sans songer une seconde à eux. Pas plus qu'on ne songe à moi, qui les ai arpentés voilà bien longtemps.

Un jour, on regardera les portraits de George, enfant et adulte, et on ne sera pas certain qu'il s'agisse de la même personne. « Ah, si, diront peut-être les plus observateurs, regardez, il a l'air d'être aveugle ici aussi… » Lorsque ses arrière-petits-enfants seront morts, c'est ainsi que l'on se souviendra vaguement de lui. Il sera « l'aveugle ». Pas l'arrière-grand-père, pas le grand-père, ni le père, ni le fils. Pas « mon chéri », pas « mon grand », pas « Mr George », pas « mon jeune ami » ni le « vieux barbon ». Seulement « l'aveugle qui vivait ici autrefois ».

Il n'y a que ces murs et moi qui n'oublierons pas.

À moins que… ?

Nous serons peut-être plus nombreux, maintenant que je vous ai raconté cette histoire. Et peut-être davantage encore, si vous la racontez à votre tour.

Quoi qu'il en soit, j'ai aimé les faire revivre, tous, pour vous. Et il me plaît de savoir que désormais, ils existent, tels qu'ils étaient en cette année 1934, pour quelqu'un d'autre que moi. Et qu'il vous arrivera, pour une raison ou pour une autre, de songer à eux, peut-être même de parler d'eux. Et qu'alors, pour un temps, ils vivront à nouveau.

Il est une autre idée qui me fait sourire lorsque je me prends à philosopher, c'est que je fus un de leurs fantômes et qu'à présent ce sont *eux* les fantômes.

Mes fantômes.

Branwell J. Winnicott

Remerciements

Mille mercis à Sébastien Manchette qui demeure notre premier lecteur et dont les encouragements tout au long de l'écriture nous ont portés.

Nos sincères remerciements à celles et ceux qui nous ont lus par la suite : Marion Bessay, Danielle et Yvonne-Marie Strullu, Diane et Mike Flynn, Christel Salgues, Claire et Patrick Fabry, Corinne Hulin, Patricia Archer, Alexis Souchu, Philippe Benoit, Angélique Vimont, Benoit André, Carole Batista, Myriam Volle et Viviane Dhoury.

Merci du fond du cœur à Laurence et Thierry Couspeyre, Caty Cavaillès, Stéphanie Laures et Elisabeth Common pour leurs réflexions et anecdotes concernant la cécité. Leur expérience nous a été très précieuse. Toute notre gratitude va également au CTEB (Centre de transcription et d'édition en braille) qui nous a mis en relation avec ces généreux témoins.

Un grand merci à Alison Whittlestone et à Neil Navin Raj de la British Library, qui ont été si prompts à nous répondre et à nous envoyer tous les articles dont nous avions besoin, et plus encore.

Brenda Flynn, merci mille fois d'avoir eu la gentillesse de replonger pour nous dans les souvenirs de votre enfance, dans l'Angleterre des années 1930.

Un immense merci à notre éditeur, Jean Le Gall, ainsi qu'à toute l'équipe du Cherche Midi : Maëva Saudrais, Aurélie Schaller, Justine Dupré, Bérengère Gaullier, Virginie Pompon, Guillemette Franque, Cécile Rauby, Valérie Borgèse, Sabine Mille, Nathalie Omnès… et tou(te)s les autres ! Merci pour votre confiance et votre soutien.

Tous nos remerciements à Josiane Attucci-Jan et Delphine Gerbe, nos correctrices aux yeux de lynx.

Nous remercions également Aurèle Marthan et Amandine Buisson pour leurs lumières respectives concernant leur instrument, le piano.

Nous n'oublions pas Jacques Pradel. Merci pour nos sympathiques échanges… autour des sœurs Papin ! Entre autres.

Nous tenons à remercier aussi le fabricant, l'imprimeur, le distributeur, les représentants, les libraires, les journalistes et les blogueurs : toutes celles et ceux grâce à qui ce livre est aujourd'hui entre vos mains.

Merci infiniment à vous, naturellement. Nous vous sommes très reconnaissants d'avoir choisi de nous lire.

Merci à nos familles et à nos amis, avec lesquels nous passons beaucoup moins de temps qu'avec nos personnages, mais qui ont la gentillesse de ne pas nous en tenir rigueur.

Enfin, merci à nos fantômes, qui ne sont jamais bien loin.

#lisez engagé !
www.lisez.com
Pour plus d'information :
Imprimé sur du papier issu de forêts gérées durablement.

Achevé d'imprimer en mai 2024
par la Société TIRAGE - 91941 COURTABŒUF

M17992/62
Imprimé en France